윤홍석의
수심결 강의

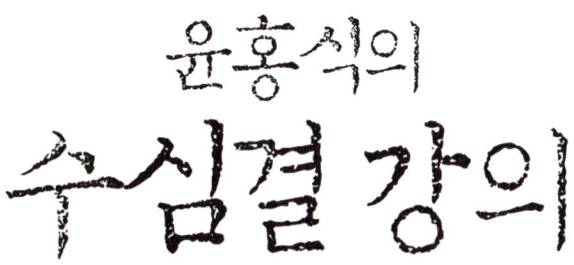

윤홍식의
수심결 강의

지은이 **보조국사 지눌** 풀어쓴 이 **윤홍식**

봉황동래

차례

- 추천의 글 ······· 6
- 들어가며 ······· 9
- 보조 스님과 『수심결』에 대하여 ······· 15

- 제1장_ 3계의 번뇌를 벗어나는 비결 ······· 23
- 제2장_ 부처가 되기 위한 올바른 방법 ······· 53
- 제3장_ 밖에서 구하지 말고 내 마음에서 구하라 ······· 65
- 제4장_ 불성을 보는 비결 ······· 77
- 제5장_ 모든 성인들께서는 돈오와 점수의 길을 걸으셨다 ······· 119
- 제6장_ 단박에 깨닫고 점진적으로 닦아가라 ······· 161
- 제7장_ 오직 모를 뿐! ······· 191

- 제8장_ 텅 비고 고요하되 신령스러운 알아차림(空寂靈知) ······· 205
- 제9장_ 그대의 참나를 곧장 바라보라 ······· 221
- 제10장_ 단박에 참나를 깨닫는 비결 ······· 235
- 제11장_ 단박에 깨달은 뒤 점진적으로 닦아 나가는 법 ······· 269
- 제12장_ 선정과 지혜를 고르게 챙겨라 ······· 347
- 제13장_ 깨달은 뒤에 참다운 수행이 시작된다 ······· 415
- 제14장_ 지금 이 생에 깨달으라 ······· 457

- 부록 - 구주심九住心 : 몰입의 9단계 ······· 484
  - 화엄 10지 : 보살이 닦아가는 길 ······· 492
  - 십우도十牛圖 ······· 500
  - 양심경영의 6가지 원칙 ······· 511
  - 6바라밀선禪의 구체적 실천법 ······· 512
  - 보살의 길, 6바라밀의 실천법 ······· 515
  - 선정·지혜·실천의 3가지 공부 ······· 519
  - 아공·법공·구공 증득의 요결(선정지침) ······· 520
  - 아공·법공·구공의 진리(이론지침) ······· 522
  - 대승보살 실천지침 14조(실천지침) ······· 523
  - 6바라밀과 6도윤회 ······· 525

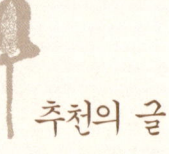

추천의 글

　보조 지눌 스님은 고려 시대 선종과 교종의 극심한 대립을 극복하고 돈오돈수와 돈오점수, 정혜쌍수와 간화선을 아우르며, 타락한 불교계의 현실 속에서 치열한 구도 열정과 날카로운 비판 의식을 지니고, 끊임없는 자기 수련과 정혜결사라는 불교 개혁 운동으로 고려 이후 한국 불교를 새로운 차원으로 승화시킨 당대의 고승이다.

　지눌 스님은 한국 불교사에서는 보기 드물게 이론과 실천을 겸비한 분으로서, 정혜쌍수와 돈오점수로 대표되는 그의 핵심 사상이 고스란히 녹아 있는 이 『수심결』은 중생들이 부처가 되는 길에 대하여 명쾌하게 밝힘으로써, 이후 조선 시대를 거쳐 현대에 이르기까지 한국적인 선禪 사상의 확립에 결정적인 영향을 미친 우리나라의 대표적인 선서禪書이다.

　그런데 지금의 현실은 일반 사회는 물론 불교계에서조차도

타인을 인정하지 않고 자기만 옳다는 편협한 주장이 득세하고 있다.

선종과 교종, 정혜쌍수와 간화선, 돈오돈수와 돈오점수의 회통 사상이 왜곡되고 있을 뿐만 아니라 화석화된 간화선에만 매달려 편협하게도 다양한 불교 전통을 무시하는 모순에 차 있으며, 지혜와 자비의 배양으로서의 점수라는 수행을 소홀히 하는 풍조가 만연해 있다. 이처럼 고려 이후 조선을 관통하여 이어져 오던 한국 고유의 불교 사상이 폄하되고 있어 안타까움을 금할 수가 없다. 이것은 비단 불교만의 문제가 아니라 한국 정신사의 큰 단절이다.

『수심결』의 본뜻을 21세기 오늘날에 맞게 되밝히고자 이번에 출간된 이 책은, 역대 모든 성인들이 따랐다는 정혜쌍수와 돈오점수론을 새롭게 재조명함으로써, 현재 돈오돈수적 자아도취에 빠져서 안주하고 위기감에 빠져 있는 한국 불교계가 다시금 지혜와 자비로써 중생구제를 위한 끝없는 행을 닦아 나가는 데 새로운 바람을 일으킬 것이라고 본다. 또한 보조 스님의 회통 사상을 통하여 불교만이 아니라 타종교 간의 배타성을 극복하는 데 큰 일조를 하리라고 기대한다.

특히 저자는 불교 전반에 대한 해박하고 심도 있는 지식을 바탕으로, 지눌 스님이 『수심결』에서 전하고자 하는 불교의 핵심

메시지와 선禪 수행의 방법에 대하여 정확한 해석과 더불어 일반 대중들이 이해하기 쉽고 명료하게 서술하고 있다. 스스로의 체험을 바탕으로 한 젊고 참신한 시각을 보이면서도 객관성을 유지하고 있어 『수심결』 공부에 많은 보탬이 될 수 있다고 본다.

이 『수심결』 강의를 통하여, 진정한 보물은 밖에 있는 것이 아니라 내 안에 있는 것이며 지혜와 자비의 양 날개를 가지고 중생 구제를 위하여 끊임없이 닦아 나가자는 지눌 스님의 지극히 세계적이며 한국적인 선禪 사상이 다시금 활발하게 논의되고 부활하기를 기대한다.

2007년 8월

최병헌
서울대학교 국사학과 교수
보조사상연구원 연구이사

들어가며

지금으로부터 약 2,500년 전 부처님께서 "자신의 본래 모습을 되찾고 널리 중생을 구제하자!"라는 핵심종지를 담은 '불교佛敎'를 인류에게 제시하신 이래로 수많은 수행자들이 '부처에 이르는 길'을 닦았으며, 이를 통해 지혜와 자비, 그리고 자유와 행복을 얻을 수 있었습니다.

불교의 발원지인 인도는 물론이거니와 동남아시아·티베트·중국·한국·일본 등을 거치면서, 부처에 이르는 길은 끝없이 연구되고 체계화되어 왔습니다. 각 나라마다 수많은 고승·대덕들이 출현하시어 각각의 논저들을 통하여 일체 중생들이 보다 쉽게 부처의 경지에 이르도록 인도하고 계도하였습니다. 이러한 노력의 결정판이 바로 한국의 대표적인 선서禪書인 보조普照 지눌知訥(1158~1210) 스님의 『수심결修心訣』이라고 할 수 있습니다.

보조 스님은 『수심결』에서 '부처에 이르는 길'을 ① 돈오頓悟

② 점수漸修로 요약합니다. '돈오'란 '참나의 각성'(見性)을 말하는 것이니, 영원불멸하며 항상 고요하고 광명한 절대계(理)를 곧장 깨닫는 길을 말하며, '점수'란 세세생생 묵은 자신의 모든 업장을 정화하여 지혜와 자비를 배양하자는 것을 말하니, 돈오를 통해 체득한 절대계의 영원불멸한 진리를 현상계(事)에 그대로 구현하자는 것입니다.

불교는 자신의 해탈만을 목적으로 하는 작은 종교가 아닙니다. 나의 깨달음은 물론 일체 중생의 깨달음을 목표로 윤회계가 다하도록 정진하자는 종교입니다. 이것이 '부처의 길'입니다. 세상사의 이치에 나에게 없는 것을 남에게 줄 수는 없는 법입니다. 따라서 일체 중생을 구제하여 부처의 길에 이르고자 서원을 세운 이는, 무엇보다 먼저 자신의 본래 모습에 대해 투철히 각성해야 합니다. 이것이 바로 '돈오'입니다.

그리고 자신의 참나를 각성한 수행자는, 자신이 세세생생 살아오면서 생각으로, 말로, 행동으로 지은 묵은 업장을 남김없이 정화해야 합니다. 그래야만 자신도 완전한 해탈을 이룰 수 있으며, 일체 중생도 해탈로 인도할 수 있기 때문입니다. 온 우주에 번뇌·망상에 허덕이는 중생이 한 명도 존재하지 않을 때 이 현상계는 완전히 정화될 수 있습니다.

현상계는 우리 마음의 표현일 뿐입니다. 내 마음이 곧 우주라는 것입니다. 사정이 이런데 내 일신이 편안하다고 어찌 중생의 아픔을 모른 척할 수 있겠습니까? 중생의 아픔은 곧 우리 자신의 아픔이니, 모든 중생을 행복의 나라로 인도한 뒤에야 현상계는 완전하게 정화될 수 있을 것이며, 우리 스스로도 완전한 부처의 경지에 이를 수 있을 것입니다.

절대계를 깨달았다고 해서 현상계가 그냥 정화되는 것이 아닙니다. 현상계의 정화는 6바라밀(보시布施·지계持戒·인욕忍辱·정진精進·선정禪定·반야般若)의 끝없는 배양을 통해서만 이루어질 수 있는 것입니다. 따라서 '돈오'(참나의 각성)와 '점수'(업장의 정화·지혜와 자비의 배양)의 길만이 우리를 부처의 길로 인도해 줄 수 있습니다. 돈오가 없는 점수나 점수가 없는 돈오는 모두 반쪽짜리 공부로서, 우리를 부처의 경지까지 인도해 주지 못할 것입니다.

요즘 여러 학설들을 들어 보면, 돈오·점수를 함께 닦자는 주장보다 '돈오돈수頓悟頓修'설이 더 각광을 받고 있는 것 같습니다. 그 주장을 들여다보면 "돈오만 하면 모든 업장이 정화되니 더 닦을 것이 없다."라는 것입니다. 돈오를 한 뒤에 참으로 모든 업장이 정화되어 지혜와 자비, 6바라밀이 자유자재로 나와서 부처님의 경지에 이르게 된다면 혹 모르겠거니와, 그런 지혜와 능력, 자비가 나오지 않는다면 닦고 또 닦아가야 할 것입니다. 닦을 것이 있는데 없다고 믿는 것만큼 진리의 길을 가는 데 장애가 되는 것도 없습니다. 완벽한 부처의 경지에 이르는 그날까지 돈오·점수의 2가지 수단으로 갈고닦는 것이 가장 최선의 비법임은 더 말할 나위도 없을 것입니다.

이러한 '돈오점수'의 길은 이후 한국 불교 최고의 고승들이신 휴정休靜(1520~1604) 스님과 경허鏡虛(1849~1912) 스님에게도 전승되었으니, 휴정 스님은 그의 대표적 저서인 『선가귀감禪家龜鑑』에서

'이치'(理)는 단박에 깨달아 알 수 있으나,
'습기'(事)는 단박에 제거되지 않는다.
理雖頓悟 事非頓除

라고 하였으며, 경허 스님은 진진응 강백에게 답하는 글에서

단박에 깨달아 내 본성이 부처님과 동일한 줄은 알았으나
수많은 생애를 살면서 익힌 습기는 오히려 생생하구나.
바람은 고요해졌으나 파도는 여전히 솟구치듯
이치는 훤히 드러났으나 망상이 여전히 일어나는구나.
頓悟雖同佛 多生習氣生
風靜波尙涌 理顯念猶侵

라고 하였으니, 보조 스님의 돈오점수론이 조선 시대를 관통하며 면면이 이어져 온 것을 명확히 알 수 있습니다.

참으로 돈오한 이는 언제 어디서나 고요함과 광명함을 잃어버리는 일이 없습니다. 그것은 억지로 그렇게 만들어서가 아니라, 우리의 '참나'가 본래 그런 모습을 하고 있기 때문입니다. 우리의 참나는 고요하고 광명한 순수의식입니다. 그래서 참나를 각성한 이는 언제 어디서나 그 고요함(선정)과 광명함(지혜)을 맛볼 수 있습니다. 심지어 깊은 잠 속에서도 그러한 참나의 고요함과 광명함을 잃어버리지 않을 수 있습니다.

이러한 참나가 내 마음속에 현현할 때, 진정한 점수의 길을 닦을 수 있습니다. 고요하고 광명하여 이기심이 조금도 붙지 못하는 참나가 아니고서, 누가 생각·감정·말·행동으로 지은 무수한 업보를 깨끗이 정화할 수 있겠습니까? 우리 마음속에서 부처의 씨알(佛性)인 참나를 되찾지 못하고서, 어떻게 부처의 열매를 거둘 수 있겠습니까?

참나를 되찾기 위해 밖에서 헤맬 필요가 없습니다. 참나는 우리 마음속에 있으니까요. 우리 마음속에 존재하는 불성(참나)을 찾아서 단단히 붙잡으십시오. 그리고 이기적 에고가 원하는 삶이 아닌, 불성이 원하는 삶을 살아가십시오. 그것이 부처가 되는 최고의 첩경입니다. 보조 스님의 『수심결』에서 그 길을 자세히 설명하고 있습니다. 우리에게 불성이 있고, 그 불성을 완성하는 길이 여기 펼쳐져 있는데, 어떻게 그 길을 걷지 않을 수 있겠습니까?

이 길은 우리 자신에게만 이득이 되는 길이 아닙니다. 부처란 존재는 자신만을 위해서 사는 이가 아닙니다. 인간 중의 인간이신 부처님은 자신은 물론 일체 중생을 자신처럼 아끼고 돌보시는 분입니다. 한 사람 부처의 탄생은 그 자신은 물론 그 사람이 속한 나라·겨레, 나아가 전 인류에게 이익이 되는 일입니다. 우리나라, 우리 민족에서 부처의 경지에 이르는 위대한 수행자들이 수없이 배출되어, 우리 겨레의 영원한 이상인 '홍익인간弘益人間' 이념이 이 땅에 실현되는 날이 하루속히 오기를 여러 부처님들께 기원하며 이 글을 마칩니다.

마지막으로 필자의 부족한 글에 대하여 애정과 관심으로 아낌없는 조언과 함께 추천의 글을 써 주신 서울대학교 최병헌 교수님께 진심으로 감사드립니다.

2007년 8월
삼각산三角山 홍익학당에서
홍익학당 대표 윤홍식

보조 스님과 『수심결』에 대하여

보조 스님에 대하여

보조 스님의 생애

보조普照 지눌知訥(1158~1210) 스님은 고려 중기 이후 선종의 중흥 및 한국적인 선禪 사상의 확립에 결정적 영향을 끼친 고승입니다. 보조 스님은 1158년(고려 의종 12년) 황해도 서흥군에서 출생했습니다. 휘는 지눌知訥이고, 자호는 목우자牧牛子(소를 기르는 사람이라는 뜻으로, 소[참나]를 현상계에 완전히 실현하기 위한 닦음에 정진하는 수행자라는 뜻)입니다.

스님은 1165년에 구산선문 가운데 사굴산문에 속하는 종휘 선사에게 의지하여 출가했는데, 출가한 후 특정한 스승 없이 홀로 불도를 닦았습니다. 1182년 승과에 급제했으며, 창평 청원사에서 『육조단경六祖壇經』의 다음 구절을 읽다가 첫 번째 깨달음을 얻게 됩니다.

참나가 한 생각을 일으켜서, 비록 6근(눈·귀·코·혀·몸·생각)이 보고 듣고 느끼고 아는 것이 있다고 하더라도, 참나는 온갖 형상에 물들지 않으며 항상 자유자재하다.
眞如自性起念 六根雖有見聞覺知 不染萬境而眞性常自在

그 후 1185년 하가산 보문사에서 『화엄경華嚴經』 「여래출현품如來出現品」의 다음 대목에서 선禪·교敎가 하나로 돌아감을 깨닫고 크게 감격하여 눈물을 흘렸다고 합니다.

여래의 지혜 또한 이와 같아서, 중생들의 몸 가운데 모두 갖추어져 있으나, 단지 어리석은 중생들이 알지 못하고 깨닫지 못할 뿐이다.
如來智慧 亦復如是 具足在於衆生身中 但諸凡愚 不知不覺

당시 고려는 혼란한 무신정권 하에 있었고, 불교는 선과 교의 대립이 심화되면서 타락하고 있었습니다. 이때 보조 스님은 선禪은 '부처님의 마음'이며 교敎는 '부처님의 말씀'이라는 선교합일禪敎合一의 원리를 깨닫고, 대립과 타락 속에 빠져 있던 불교를 쇄신하기 위해 1190년 『권수정혜결사문勸修定慧結社文』을 발표하여, '정혜결사定慧結社(선정과 지혜를 함께 닦는 결사)' 운동을 일으킵니다.

그 후 지리산 상무주암에서 은거할 때, 『대혜어록大慧語錄』을 읽다가 다음 구절에서 큰 깨달음을 얻습니다.

> 선禪이라는 것은 고요한 곳에 있는 것도 아니며, 시끄러운 곳에 있는 것도 아니며, 일상의 인연에 대응하는 곳에 있는 것도 아니며, 생각으로 헤아리고 분별하는 곳에 있는 것도 아니다. 그러나 우선적으로 고요한 곳, 시끄러운 곳, 일상의 인연에 대응하는 곳, 생각으로 헤아리고 분별하는 곳을 버리지 말고 참구하여야 한다.
> 禪不在靜處 亦不在鬧處 不在日用應緣處 不在思量分別處 然第一不得捨却 靜處鬧處 日用應緣處 思量分別處參

보조 스님은 1200년 송광산 길상사(지금의 송광사)로 와서 본격적으로 '돈오점수'(단박에 깨달은 뒤 점진적으로 닦아감)와 '정혜쌍수'(선정과 지혜를 균등하게 닦음)를 주장하고 널리 중생을 이롭게 하자는 큰 뜻을 펼칩니다. 이에 전국적으로 많은 사람들이 참여하게 되니, 늘어나는 수행자들을 위해 점차 넓은 도량이 필요하게 되었습니다. 그 결과 지금의 송광사가 그 중심지로 자리 잡게 되었습니다.

스님께서는 1210년 "천 가지 만 가지가 다 이 속에 있다."라는 게송을 남기고 입적하셨습니다. 입적 후 희종으로부터 불일佛日보조普照국사라는 시호를 받았으며, 대표적인 저서로는 『권수

정혜결사문』, 『목우자수심결』, 『계초심학입문』, 『원돈성불론』, 『간화결의론』 등이 있습니다.

보조 스님의 사상

보조 스님은 특정한 스승의 구애를 받지 않고 불도를 닦은 바, 당대의 경전들과 선어록들을 자유롭게 읽고 독자적인 사상의 체계를 세울 수 있었습니다. 보조 스님은 6조 혜능慧能의 사상을 근본으로 하면서도 영가 현각玄覺, 하택 신회神會 및 규봉 종밀宗密의 정혜쌍수·돈오점수 사상, 그리고 대혜 종고宗杲의 간화선 사상의 영향을 받았습니다. 또한 이통현李通玄 장자의 화엄교학을 수용하였습니다.

그는 이러한 중국의 사상들을 재해석하여, '선교일치'의 대원칙 하에 '정혜쌍수'와 '돈오점수'를 두 기둥으로 하는 독자적인 사상체계를 세우게 됩니다. '정혜쌍수'는 '선정'과 '지혜'를 아울러 닦자는 것으로, 선정과 지혜는 동전의 앞뒤와 같아서 참다운 지혜는 선정을 동반하며 참다운 선정은 지혜를 동반한다는 것을 의미합니다. 이는 선정의 안락함에만 도취하지 말고 지혜로써 일체 중생들의 아픔과 고민을 돌볼 수 있어야만 참다운 부처가 될 수 있다는 선언입니다.

한편 보조 스님이 가장 중점을 둔 것은 바로 역대 모든 성인들이 걸으셨다는 '돈오점수'입니다. 이는 자신의 본성이 부처라는 진실을 깨달은 뒤에도 수많은 전생의 습기를 지우기 위해 끊임없이 계속 닦아 나가야 한다는 것을 의미합니다. 이는 견성 즉 돈오를 통해 깨달은 우리의 본래면목인 참나를 각성했다고 하더라도, 진리에 대한 '무지'와 나·나의 것에만 집착하는 '아집'을 모두 정화하기 전에는 참다운 부처가 될 수 없다는 선언입니다. 이러한 '정혜쌍수'와 '돈오점수'의 이론은 이후 한국 불교의 골자가 되었습니다.

보조 스님의 업적과 그 영향

순수 토종 국내파인 보조 스님은 원효 스님 이래 회통사상·자타불이自他不二(나와 남은 둘이 아니라는 뜻)·요익중생饒益衆生(중생을 넉넉히 돕자는 뜻)으로 대표되는 고유한 한국 불교의 전통을 계승하였습니다. 또한 선종과 교종을 한데 아우르고, 각자의 근기와 능력에 맞는 수행을 존중하였으며, 간화선을 처음 소개하는 등 한국 선불교의 토대를 세우는 데 큰 업적을 세웠습니다.

보조 스님은 중국 불교 대가들의 가르침을 흡수하면서도, 오히려 그들을 넘어서서 편협하고 배타적이지 않은 가르침으로 부처님의 빛을 이 조선 땅에 비추었습니다. 내 안의 참나를 되찾고 널리 중생을 구제하자는 보조 스님의 사상은 조선의 서산 대사 휴정休靜으로 이어졌고, 근현대에 이르러 위대한 선지식들인 경허鏡虛·혜월慧月·용성龍城·한암漢岩·효봉曉峰 스님 등으로 전해져, 오늘날에도 그 큰 빛을 발하고 있습니다.

『수심결』에 대하여

보조 스님의 마음 닦는 비결인『수심결修心訣』은 비록 5천여 자의 짧은 내용이지만, 명·청과 일본의 대장경에도 수록되었고, 국내외에 깊은 영향을 미친 한국을 대표하는 선서禪書입니다. 조계종 초대 종정이셨던 방한암 스님께서 "반고씨 이전에는 누가 있었을까?" 하고 오랜 의심을 가지고 있다가『수심결』을 읽고 홀연한 깨침을 얻었다는 일화는 유명합니다.

마음 닦는 비결인『수심결』의 내용을 간략히 살펴보면 다음과 같습니다.

① **서분序分(서론) : 1~3장**

보조 스님은 서분에서, 3계를 윤회하는 고통을 벗어나기 위해서는 무엇보다 자기 안에 있는 부처를 찾아야 한다고 강조합니다.

과거의 모든 부처님들도 오직 이 '마음'을 밝히신 분들일 뿐이며,

현재의 여러 성현들도 또한 이 마음을 닦은 사람들일 뿐이다. 사정이 이러하니 미래에 수행하고 배울 사람들도 마땅히 이 진리에 의지해야 할 것이다. 바라건대 모든 진리를 닦는 사람들이여, 절대로 밖에서 구하지 말아야 한다!

② 정종분正宗分(본론) : 4~13장

정종분에서는 9가지 질문과 그에 대한 대답을 통해서 참나를 찾는 구체적인 방법과 돈오점수, 정혜쌍수의 구체적 내용에 대해 명확하게 설명합니다.

이 '돈오·점수'의 2가지 문은 모든 성인聖人들께서 걸으신 길이니, 예전의 모든 성인들께서는 먼저 깨닫고 뒤에 닦으셨으며, 그 닦은 바에 따라 경지를 증득하셨다.

'돈오頓悟·점수漸修'의 의미는 마치 수레의 두 바퀴와 같아서 하나만 없어도 안 되는 것이다.

만약 가르침의 참뜻을 풀어 본다면, '진리'에 들어가는 천 가지 문이 결국엔 '선정'과 '지혜'를 벗어나지 않는다. 그 대강을 들어 보면, 자신의 본성에는 '본체'(體)와 '작용'(用)의 2가지 뜻이 있다. 전에 말한 '텅 비되 고요한 신령스러운 알아차림'(空寂靈知)이라는 것이 이것이다. 선정은 본체요, 지혜는 작용이다.

③ 유통분流通分(결론) : 14장

마지막 유통분에서는 『수심결』의 가르침을 만난 것은 큰 인연이니 부디 이번 생에 끊임없는 실천을 통해 깨달으라는 간곡한 부탁을 하고 있습니다.

> 지금 만약 닦지 않는다면 10,000겁이 모두 어긋나게 될 것이며, 지금 만약 수행을 하기 힘들더라도 억지로라도 자꾸 닦아가면 점점 쉬워져서, 공부의 진도가 자연히 나아가게 될 것이다.

보조 스님은 『수심결』을 통해, 중국을 거쳐 들어온 불교의 가르침을 주체적으로 승화·재해석하여, 선정과 지혜로 자신 안의 불성을 깨닫는 단박 깨달음과 자신의 모든 업장을 정화하여 지혜와 자비를 완성하는 점진적 닦음의 문제에 대하여 명쾌하게 설명하고 있습니다.

본서는 『수심결』의 완역본으로서 성화成化 19년(1483) 벽운사간碧雲寺刊을 저본으로 하되, 오자·탈자가 명백한 경우에는 다른 판본들을 참조하여 수정하였습니다.

제1장

3계의 번뇌를 벗어나는 비결

제1장
그 첫 번째 이야기

3계三界[1]의 고통은 불타는 집과 같으니, 그대로 참고 머물면서 그 기나긴 고통을 달게 받을 수 있겠는가? 윤회를 벗어나고자 한다면 '부처'를 찾는 길이 최고이다. 그리고 만약 부처를 찾고자 한다면, 부처란 바로 이 '마음'일 뿐이니, 마음을 어찌 멀리서 찾을 것인가? 이 몸뚱이를 떠나지 않는다.

三界熱惱 猶如火宅 其忍淹留 甘受長苦 欲免輪廻 莫若求佛 若欲求佛 佛卽是心 心何遠覓 不離身中

---

1) 3계
우주를 3가지 차원으로 구분한 것으로, ① 욕망의 세계(욕계欲界) ② 미묘한 형상의 세계(색계色界) ③ 순수한 정신의 세계(무색계無色界)로 이루어진다.

불교의 세계관을 이해하려면, 먼저 한 가지 중요한 사실을 알아 두어야 합니다. 그것은 바로 불교에서는 우리가 일반적으로 세계를 바라보고 이해하는 방식과는 정반대의 방식을 취한다는 사실입니다.

태양이 지구를 중심으로 돈다는 '천동설天動說'과는 반대로 지구가 태양을 중심으로 돈다는 '지동설地動說'이 있는 것처럼, 불교에서 이 우주 전체를 바라보고 이해하는 관점은 우리가 흔히 세상을 바라보는 관점과는 정반대입니다. 이것을 이해해야 불교가 제대로 보입니다.

우리는 흔히 상상을 초월할 정도로 큰 우주의 한 부분인 은하계, 그중에서도 아주 작은 부분인 태양계의 지구 위에 우리의 '육신'이 존재하고 있다고 봅니다. 티끌보다도 작은 부분을 차지하면서 말이죠. 그러한 미미한 육신의 뇌 속에 깃들어 있는 것이 바로 우리의 '정신'이라는 것입니다. 그런 우주적 관점에서 보면 인간의 정신이라는 것이 얼마나 미미하겠습니까? 그런데 불교는 완전히 반대로 봅니다.

불교에서는 방금 우리가 떠올려 본 우주·은하계·태양계·지구·육신 등등을 모두 우리의 '오감'이 알아낸 정보에 불과하다고 생각합니다. 보고·듣고·냄새 맡고·맛보고·만져 보는 오감의 정보일 뿐이라는 것이죠. 그러면 세상이 조금 달리 보이지 않나요? 우리는 우리의 '오감'을 통해서만 이 우주 전체를 느끼고 알아차릴 수 있습니다.

그리고 그렇게 취합한 정보는 우리의 '의식'을 통해서 의식의 구미에 맞게 '개념'으로 정립됩니다. 이것이 현실이자 우리가 살아가는 실상입니다. 저 '시간·공간'이라는 것도 우리의 '의식'이 없다면 파악할 수 없는 것들이죠. 그리고 모든 개념은 철저히 우리 의식의 시스템에 맞게 이해되고 정립됩니다. 관찰 대상은 관찰자의 조건에 달려 있으니까요.

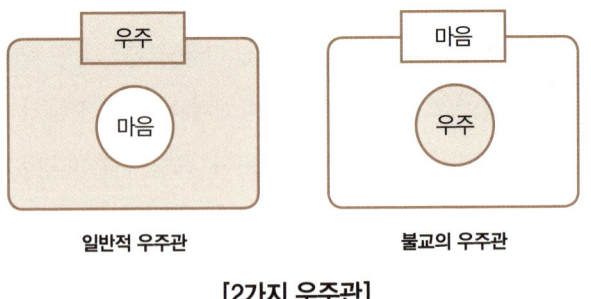

[2가지 우주관]

우리는 그동안 절대적인 객관 세계가 있고, 우리의 의식은 그것을 반영할 뿐이라고 생각하면서 살아왔습니다. 그러나 현실은 조금 다릅니다. 우리는 '오감'을 통해서만 현상계를 받아들입니다. 오감의 바깥에 존재하는 '현상계 그 자체'는 우리에겐 상상의 영역일 뿐이죠. 우리의 '오감'과 '의식'이 그것을 받아들이는 방식에 의해서만, 우리는 객관적 현상계를 느끼고 알아차릴 수 있습니다.

현상계는 마음의 현상입니다!

불교에서 보는 '현상계' 즉 '시간·공간의 제약을 받으면서 운행하는 세계'는 '① 오감 ② 의식'으로 이루어져 있습니다. 우리가 은하계, 은하계 너머 무슨 우주, 무슨 우주를 다 따져 보아도, 그것들은 결국 오감 또는 의식에 의해 파악되는 세계일 뿐이라는 것입니다. 이것이 불교에서 바라보는 현상계의 전부입니다.

따라서 불교에서 '우주 전체' 또는 '현상계'를 말하면 그것은 '오감'과 '의식'을 말하는 것이라고 이해해야 합니다. 일체의 현상계는 '마음의 현상'인 것입니다. 이것이 "일체는 오직 마음이 만든 것이다."(일체유심조一切唯心造)라는 말의 의미입니다. 이것은 객관 세계의 존재를 부정하자는 이야기가 아닙니다. 마치 '마음이라는 VR(가상현실, virtual reality)'을 통해서 세상을 실감나게 보고 듣고 체험하는 것처럼, 우리가 인지하는 일체의 현상계는 '마음의 작용'일 뿐이라는 뜻이죠.

이 현상계를 더욱 세분한 것이 바로 '3계三界'라는 것입니다. 여기에는 우리 눈에 보이는 '물질계'만이 아니라, 사람이 죽어서 간다는 '영계靈界'까지 모두 포함됩니다. 그렇다면 왜 하필 '3계'라고 하느냐? 우리가 파악할 수 있는 시간·공간 내에서 일정한 방식으로 운행하는 세계인 '현상계'는 3가지밖에 없다는 것입니다.

이 3계를 넘어서면 그곳은 우리가 오감으로 파악할 수 없는, '시간·공간을 초월하는 부처의 세계'라는 것이죠. 그 자리는 시간·공간에 대한 관념을 지닌 우리 의식으로는 들어갈 수 없는 세계입니다. 그 세계에는 '윤회' 즉 시간·공간 내에서 개체성을 지니며 작용·반작용하는 운동이 없습니다. 윤회가 존재하는 세계는 오직 '현상계'예요. 왜냐하면 오감·감정·생각으로 이루어진 현상계를 빼놓고는 윤회를 따질 수가 없거든요.

'오감·감정'은 차치하더라도 '생각'이 존재한다면 이미 윤회의 세계입니다. 왜냐하면 생각에는 앞생각이 있고 뒷생각이 있기 때문입니다. 이미 흘러간 한 생각이 '원인'이 되어 그 '결과'로서 뒷생각이 나타납니다. 그리고 이러한 과정은 '인과법칙'의 영향 아래에서 끊임없이 이루어집니다. 이것이 '윤회'라는 것입니다.

꼭 태어나고 죽어야만 윤회가 아닙니다. 한 생각의 탄생·한 생각의 소멸 그 자체가 하나의 '윤회'라는 것이죠. 계속 수레바퀴처럼 돌고 돌며, 앞생각·뒷생각이 꼬리에 꼬리를 물고서 돌고 이어지는 것은 모두 윤회입니다. 그리고 이렇게 '생각'이 움직이면, '감정'이 움직이고 '오감'도 움직입니다. 이렇게 해서 '3계'가 갖추어집니다. 3계는 오감·감정·생각으로 이루어진 세계일 뿐입니다.

[3계三界의 구조]

① '욕망의 세계'(욕계欲界)는 주로 우리가 몸을 가지고 사는 '물질계'와, 우리가 죽어서 가는 '영계' 중에서 욕심이 강한 세계를 말합니다. '오감'에 대한 집착이 커서 욕심에 끌려다니는 세계입니다.

② '미묘한 형상의 세계'(색계色界)는 우리가 죽어서 가는 영계 중에 욕심이 정화된 세계입니다. 아름다운 형상을 지닌 복락의 세계가 바로 여기에 존재합니다. 물질적인 것에 대한 집착이 많이 비워져 있기 때문에 '감정'이 상대적으로 여유롭고 편안합니다. 이 세계의 존재들은 '영계의 몸'을 이루는 '미묘한 형체'를 지니고 있습니다.

③ '순수한 정신의 세계'(무색계無色界)란 일반적인 영계보다 고차원적인 세계로, '미묘한 감정'도 있으나 '생각'이 주가 되는 세계입니다. 앞서 이야기했듯이, 이 세계도 앞생각·뒷생각이 돌고 돌며 윤회가 멈추지 않습니다.

이 '3가지 세계'를 윤회하는 고통은 크게 3가지로 보는데, 흔히 이를 '3가지 고통'(三苦)이라고 말합니다. 이 3가지 고통은 현상계에서 시간·공간의 제약을 받으면서 태어나고 죽기를 반복하며 살아가는 존재라면 피할 수 없는 고통이죠.

① '고고苦苦'는 우리의 오감을 불만족스럽게 만들고 우리의 쾌락을 방해하는 고통입니다. 춥고 덥고, 배고프고 목마르고, 병들어 아픈 것과 같이, 깊이 생각할 것도 없이 그냥 괴로운 경우를 말합니다. 현상계는 우리의 몸·마음에 이렇게 많은 고통을 줌으로써 우리의 끝없는 욕망을 좌절시킵니다.

② '괴고壞苦'는 행복한 순간이 쏜살같이 지나갈 때, 헤어지기 싫은 사람과 일시적으로 혹은 영원히 헤어질 때, 소유하고 있던 물건을 포기해야 하거나 그것이 파괴될 때, 그리고 자신의 인생이 소멸될 때 등에서 느껴지는 고통입니다. 우리는 좋은 사람이나 물건, 상황을 만나면 그것과 함께 영원히 머무르고 싶어합니다. 그러나 현상계의 규칙은 냉정하지요. 그러한 욕심은 언젠가는 산산조각이 나기 마련입니다.

제가 예언가는 아니지만 단언할 수 있습니다. 여러분의 인생에서 가장 행복해서 영원히 멈췄으면 하는 순간은 쏜살같이 과거의 기억 속으로 사라지고 말 것이며, 헤어지기 싫고 영원히 함께하고 싶은 사람과는 반드시 헤어지는 아픔을 겪게 될 것이며, 여러분이 애지중지하는 물건과도 헤어져야 할 때가 올 것입니다. 반드시 말이죠. 이것은 우리가 숨 쉬고, 울고 웃으며 존재하는 이 현상계가 본래 그렇게 생겨 먹었기 때문에 겪는 필연적인 고통입니다. 현상계에 존재하는 '나·나의 것'이라는 집착의 대상들은 여지없이 소멸하고 맙니다. 그것이 이 '현상계'의 규칙입니다.

③ '**행고**行苦'는 이러한 '현상계의 규칙' 자체가 주는 고통입니다. 꼭 무엇이 소멸되고 없어져서가 아니라, 끊임없이 태어나고 소멸하기를 반복하며 돌고 돌아야 하는 현상계의 윤회법칙·인과법칙 자체가 주는 괴로움이죠. 이런 상황을 초월하고 싶은데 그럴 수 없는 괴로움, 현상계가 내 뜻대로 되지 않고 우리들을 속박할 때 느껴지는 괴로움입니다. 즉, '나·나의 것'이 무상하다는 데서 오는 괴로움입니다. 나라는 존재·나의 것으로 여긴 존재들이 영원불멸한 것이 아니라 무상한 존재라는 것을 자각하는 데서 오는 괴로움이죠.

현상계의 진리는 흔히 "모든 현상계의 움직임은 무상하다."(제행무상諸行無常)라는 명제로 표현됩니다. 앞에서 말한 '괴고壞苦'가 이 '제행무상'의 진리에 의해서 사람·사물·상황이 무너질 때 느껴지는 고통·비애라면, 이 '행고'는 "왜 이 현상계는 이렇게 생겨 먹었을까?" "왜 제행무상의 원리대로만 운행되는가?" "왜 다른 방식으로 운행되지는 않는 것인가?" 하는 의문에서 출발하는 근본적인 괴로움입니다.

우리는 '지금 이 순간' 3계의 고통을 체험하고 있습니다. 보조 스님께서는 이것이 불타는 집에 머무는 것처럼 고통스러울 터인데도, 우리가 잘도 참고 견디며 머무르고 있다고 말씀하셨습니다. "불이 붙어서 활활 타는 집인데, 어찌 그렇게 참고 머물면서 그 오랜 고통을 감수하고 있는가?" 하고 말이죠.

그러면 어쩌란 말인가요? 이 '3계의 윤회'를 넘어서라는 말씀입니다. 한마디로 '윤회'를 벗어나서 '부처님의 세계'를 찾으라는 것이죠. 멈출 수 없는 오감·감정·생각의 유혹이 모두 윤회의 수레바퀴입니다. 오감을 잠시라도 내려놓고 쉴 수 없는 이상, 감정·생각을 떠나서 잠시라도 쉴 수 없는 이상, 우리는 윤회의 세계에서 벗어나지 못하고 있는 것입니다.

당장 오감·감정·생각을 내려놓을 수 있는가? 그 너머에 존재한다는 부처님의 세계·참 마음의 세계를 곧장 체험할 수 있는가? 이런 문제에 대해 좀 생각해 보라는 것이죠. 쉼 없이 돌고 도는 '오감·감정·생각'에서 벗어나는 것이 바로 '윤회의 세계'를 벗어나는 것입니다. 이것들을 일시에 내려놓으면 그 자리에서 단박에 윤회를 벗어날 수 있습니다.

만약 윤회를 벗어나고 싶다면, 방법은 오직 '하나'입니다. '부처' 즉 '윤회를 초월한 존재'가 되는 길밖에 없습니다. 부처가 되기 전에는 오감·감정·생각에서 자유로울 수 없기 때문입니다. 보조 스님께서는, 만약 부처를 찾으려면 네 '마음'이 바로 부처이니 다른 곳에서 찾지 말라고 말씀하십니다.

우리는 우리에게 주어진 조건에 의해서만 세계를 파악할 수 있습니다. 우리에게 주어진 오감·의식으로 파악한 시간·공간·개체성에 제약받는 세계가 '현상계'라면, 오감·의식을 내려놓고 우리의 '순수의식'(眞心)으로 파악할 수 있는 세계가 바로 '부처님의 세계·절대계'입니다.

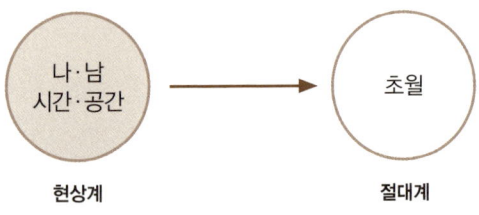

[현상계와 절대계]

그런데 우리가 '절대계'를 느끼고 알아차리고 싶다면, 먼저 '우리의 조건'을 바꿔야 합니다. 나·남이 갈리고 시간·공간에 의해 제약받는 '현상계'를 넘어선 세계로 가고 싶다면, 먼저 내 마음에서 나·남 그리고 시간·공간을 인식하는 오감·의식을 내려놓을 수 있어야 합니다. 그러면 오감·의식을 초월한 우리의 '순수의식·참나'인 '절대계'가 그 즉시로 현현할 것입니다.

우리가 '생각'에 집착해 있는 동안에는 '부처'를 찾을 수가 없습니다. 부처님을 찾고 싶은 마음이 아무리 간절하다고 해도, 생각에 집착해 있는 동안에는 그만큼 부처님과 멀어져 있는 것입니다. "부처가 되어야 한다!"라고 생각한 순간, 이미 부처와는 멀어진 것이죠. 그러한 생각에 힘을 실어주는 순간, 우리는 '생각을 초월한 차원'(부처의 세계)이 아니라 '생각의 차원'에 머물게 되기 때문입니다.

또한 부처의 세계를 찾지 못해서 안타까워하는 순간, '감정의 차원'에 머물게 되어 점점 더 부처님과 멀어지게 됩니다. 부처를 그림이나 산 또는 절에서라도 찾으려 하는 것은, '오감'에서 찾는 것이니 더욱 멀어진 것입니다. 더 나아가 "실제로 보고 만졌으면 …." "이적을 봤으면 …." 하는 식으로 찾는 것은 이미 멀어져도 한참 멀어져 있는 것이죠. '오감의 차원'에서 부처를 찾고 있으니 말입니다.

이렇게 해서는 우주를 다 돌아도 부처를 찾을 수 없습니다. 우리가 돌아다니는 우주가 3계 안의 우주인 이상, 우리는 '오감·감정·생각'을 떠나서 존재하는 '부처 자리'를 영원히 찾을 수 없는 것이죠.

부처는 지금 여기에서 찾아야 합니다. 지금 이 자리에서 오감·감정·생각을 넘어섬으로써 우리는 즉각 부처의 자리에 이를 수 있어요. 이것이 '견성見性'이라는 것입니다. 부처는 어디 다른 데에서 찾는 것이 아니라 우리 '마음'에서 찾는 것이고, 그 마음은 현상적으로 볼 때 우리 '몸뚱이' 안에 있습니다. 즉, 우리는 지금 이 순간 우리 몸뚱이 안에서 부처를 찾을 수 있는 것입니다.

제1장
그 두 번째 이야기

그런데 이 육신은 임시적인 것이어서, 태어남이 있고 죽음이 있다. 그러나 '참나'는 허공과 같아서 단절되는 법이 없고 변하는 법도 없다. 그래서 이르기를 "사람이 죽어 온갖 뼈마디가 모두 무너지고 흩어지면, '불'로 돌아가고 '바람'으로 돌아간다. 그런데 '한 물건'(참나)은 영원히 신령스러워서 하늘을 덮고 땅을 덮는다."라고 한 것이다.

色身是假 有生有滅 眞心如空 不斷不變 故云百骸潰散 歸火歸風 一物長靈 蓋天蓋地

우리는 윤회를 초월한 마음, 즉 '참나'(순수의식)를 우리의 '몸뚱이' 안에서 직접 찾아야 합니다. 그렇다고 이 몸뚱이가 그대로 부처님 자리인 것은 아닙니다. "부처는 네 몸 안에 있다."라는 말을 들으면, "그렇다면 내 몸뚱이가 그대로 부처인가?" 하고 생각할 수도 있을 것입니다. 그런데 인간의 몸뚱이를 잘 관찰해 보면, 지극히 현상계 내의 존재라는 것을 알 수 있습니다. 우리의 몸은 철저히 시간·공간에 의해 제약을 받으면서 존재하는 것이죠.

이 육신이라는 것은 언제 태어나서 언제 죽고, 어느 시간대를 살다 갔는지가 분명합니다. 그리고 우리가 지내 온 삶을 돌아보면, 어느 곳에 머물렀는지도 명확하지요. 우리의 육신은 이곳에 있으면서 동시에 저곳에 있을 수 없습니다. 이토록 시간과 공간의 제약을 받는 우리 육신이 어찌 시간·공간을 초월하여 영원불멸하는 '부처님 자리'이겠습니까?

한자를 보아도 잘 나와 있는데, 지금 이 '몸'이라고 번역한 것은 한문으로 '색신色身'입니다. 색신은 '색깔이 있는 몸'이라는 말인데요, 이것의 반대가 '법신法身' 즉 '진리의 몸·참 마음'입니다. 이 자리가 바로 부처님의 자리예요. 육신은 일정 색깔을 띠고 철저히 시간·공간에 의해 제약을 받는 반면에, 참 마음은 그것과 달라서 형체도 없고 태어난 때가 없고 소멸하는 때가 없습니다. 그 자리에는 이곳저곳의 구분도 없어요. 진리 그 자체인 것이죠. 보조 스님의 또 다른 저서로 알려진 『진심직설眞心直說』에서는 이 참 마음에 대해 다음과 같이 설명하고 있습니다.

> '참 마음'의 본체는 인과를 초월하며, 고금을 관통하고, 일반인과 성인의 구별이 없으며, 그를 상대할 물건이 없으니, 마치 거대한 허공이 모든 곳에 두루 존재하는 것과 같다. 그 '묘한 본체'는 심히 고요하여, 일체의 이런저런 잡다한 논의가 빌붙지 못하는 자리이다. 나지도 않으며 죽지도 않고, 있는 것도 아니나 없는 것도 아니며, 움직이지도 않고 흔들리지도 않으니, 맑고 고요하게 항상 존재할 따름이다.
> 眞心本體 超出因果 通貫古今 不立凡聖 無諸對待 如大虛空 徧一切處 妙體凝寂 絶諸戲論 不生不滅 非有非無 不動不搖 湛然常住 (『진심직설』)

현상계의 입장에서 볼 때 '여기 있다' '저기 있다'라고 말하는 것이지, 참 마음의 자리에 가 보면 상하·동서남북의 구분이 없습니다. 그래서 그 자리에 대해 그냥 "텅 빈 공空과 같다."와 같은 표현을 하는 것입니다. 참 마음은 그냥 존재할 뿐이면서도 또 모르는 것이 없습니다. 참 마음의 자리는 단순히 텅 빈 자리가 아니라, 지극히 신령하게 알아차리는 자리인 것입니다. 다만 이렇다 저렇다 따지는 '생각'을 초월한 자리일 뿐이죠.

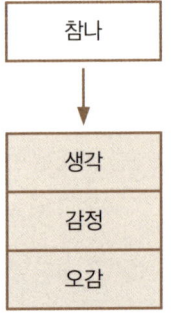

[참나와 생각·감정·오감]

위의 그림을 보면, 참나에서부터 생각·감정·오감이 순서대로 위치하는데, 맨 끝이 오감입니다. '참나 자리'로부터 가장 먼 것이 오감인 것이지요. '생각'은 참나의 바로 곁에 있어서 가장 끈질깁니다. 마지막까지 헤아리고 따지면서 좀처럼 우리 마음을 떠나지 않는 것이 생각이거든요. '감정'은 그 생각보다 좀 더 멀고, '오감'은 아주 멀어서 우리 '육신'과 딱 붙어 있습니다. 보고·듣고·냄새 맡고·맛보고·만져 보고 하는 것들은 우리가 육신으로 하는 것인데, 이 육신은 태어나고 죽겠지만 참나는 그런 일이 절대로 없습니다.

'참나'는 현상계 내의 존재들이면 으레 지녀야 하는 특성, 즉 '시간과 공간의 제약' '나와 남의 구별' 등이 없는 자리입니다. 이러한 '참나의 속성들'을 잘 알아 두면 유용합니다. 우리가 수행을 하거나 일상생활을 하다가 '참나 자리'를 체험할 때 그 자리임을 확인할 수 있기 때문입니다.

생각은 일어났다가 사라지는 것입니다. 감정도, 오감도 마찬가지입니다. 그것들은 여전히 '제행무상諸行無常'의 세계, 즉 무상한 현상계·윤회계의 차원입니다. 이런 것들에 집착해서는 '참나'를 확연히 느끼고 그 자리에 머물 수 없습니다. 참나는 우리 마음에 나타난 일체 현상들의 근원이니까요.

그렇다고 현상계의 생각·감정·오감을 아주 버리자는 것은 아닙니다. '참나'는 원천적으로 생각·감정·오감에 의해 영향을 받지 않는 세계이기 때문에, 그들이 작용하건 말건 윤회계가 생성되건 소멸되건 영향을 받지 않고 존재합니다. 그래서 이 자리를 '항상 그대로인 세계'라는 의미에서 '여여如如'하다고 표현합니다. 그럼 무엇이 참나일까요? 그것은 '시공을 초월한 알아차림'일 뿐입니다.

이러한 초월적인 '알아차리는 자'가 존재하지 않는다면, 생각·감정·오감도 존재할 수 없습니다. 우리 마음에 존재하는 일체의 현상계는 그 '알아차림'에 뿌리를 두고 존재할 수 있으니까요. 이 자리는 일체의 시공간의 윤회를 초월하여 '영원히 알아차리는 자리'입니다. 모든 현상계의 존재들은 절대계인 '참나의 빛'을 받아야만 작동할 수 있습니다. 우리 마음에 존재하는 모든 '존재의 토대'도 바로 '참나'입니다.

그러니까 불교에서 "윤회를 떠나라." 하는 말은, 단순히 "다시 태어나지 말자!" "생각·감정·오감의 윤회계를 영원히 끊어 버리고 절대계에만 존재하자!"와 같은 차원만의 이야기가 아닙니다. 물론 개인적 해탈을 추구하는 '소승小乘'에서는 이런 주장을 합니다.

그러나 일체 중생을 모두 구제하겠다는 사명을 갖고 수행하는 '대승大乘'에서는 그런 말을 하지 않지요. 생각·감정·오감을 버리고서는 중생을 구제할 수 없으니까요. 중생들은 생각·감정·오감으로 인해 고뇌에 빠져 있는데, 부처라는 사람이 절대계에만 머물러 있다면 그 많은 중생들을 어떻게 구제하겠습니까? 대승불교의 위대한 원願은 "일체 중생을 넉넉히 돕자!"(요의 중생饒益衆生)라는 것입니다.

일체 중생을
널리
이롭게 하자!

윤회 자체를 초월하는 것은 지금 이 순간, 당장이라도 가능합니다. 우리가 생각·감정·오감을 내려놓기만 하면 즉시로 윤회를 떠난 것이고, '한 생각'을 일으키면 즉시로 윤회의 세계에 존재하는 것입니다. 중요한 것은 이 두 세계 중 어느 하나에 집착하는 것이 아니라, 얼마나 이 두 세계에서 균형을 잡으며 '중도中道'를 잘 걷느냐 하는 것입니다.

'보살菩薩'이란 바로 그러한 중도中道를 닦는 대승불교의 수행자를 말합니다. 보살은 '보디사트바Bodhisattva'의 음역인 '보리살타菩提薩陀'를 줄여서 부르는 말인데, ① '깨달음'을 뜻하는 '보디bodhi'와, ② '중생' 혹은 '생명'을 뜻하는 '사트바sattva'가 결합된 표현으로, '깨달음을 구하는 중생' 또는 '깨달은 중생'을 뜻합니다.

'깨달은 중생'이라는 말이 참 재미있는데요, 이 말이 '중도'를 걷는 수행자의 길을 잘 보여 준다고 하겠습니다. ① '깨달음'은 절대계·참 마음을 나타내는 말이며 ② '중생'은 윤회계를 나타내는 말입니다. 절대계와 윤회계의 중도를 잘 잡아서, 자신의 참 마음을 닦으면서 중생의 괴로움을 덜어 주는 존재가 바로 '보살'이며, 보살의 극치가 바로 '부처'입니다. 이 두 세계에 걸림이 없어야 진짜 부처라고 할 수 있습니다.

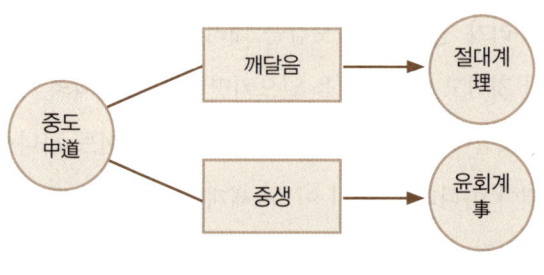

[절대계와 윤회계의 중도]

이런 이유로 부처님께서 수행자들이 따라야 할 길로 '중도中道'와 그 구체적 8조목인 '8정도八正道'를 제시하신 것입니다. 소승불교에서는 생각·감정·오감을 완전히 비워 버리고 나면 '절대계'에 들어가서 영원히 어떤 번뇌도 없이 존재할 것이라고 말합니다. 그러나 그것이 궁극의 목표라면 부처님은 혼자 깨닫고 마실 것이지, 왜 굳이 노구에 그 고생을 하시면서 인도의 여기저기를 다니시며 교화를 하셨을까요? 부처님이 덜 깨쳐서 그러신 것일까요?

결단코 아닙니다. 부처님께서는 항상 "중도를 걸어라!"라고 말씀하셨습니다. 그 균형 잡힌 길이 '8정도'인데, 8정도는 ① 사물을 바르게 보며(正見) ② 바르게 생각하고(正思惟) ③ 말을 바르게 하며(正語) ④ 행동을 바르게 하고(正業) ⑤ 바른 생계 수단을 지니며(正命) ⑥ 바르게 정진하고(正精進) ⑦ 바르게 깨어있으며(正念) ⑧ 바르게 선정에 들라(正定)는 것입니다.

즉, 부처님 가르침의 본지는 "생각·감정·오감이 윤회계로 침몰하게 하는 주범들이니 모두 내다 버려라!" 하는 것이 아니라 바르게 생각하고, 바르게 말하고, 바르게 행동하라는 것입니다. 먼저 '생각'이 있어야 바르게 보고(正見), 바르게 사유할 것(正思惟) 아닙니까? 또한 '감정'이나 '오감'이 있어야 바르게 말하고(正言), 바르게 행동하고(正業), 바른 직업을 구할 것(正命) 아닙니까? 8정도라는 것은 생각·감정·오감을 잘 부리며 죄를 짓지 않고 사는 법이에요. 그래서 치우치지 않는 진리의 길인 '중도中道'가 되는 것입니다.

대승불교에서 '보살의 길'로 매우 강조하는 '6바라밀六波羅蜜'이라는 것도 ① 자기가 가진 것(진리·재산·생명)들을 중생에게 널리 베풀고(布施) ② 계율을 잘 지키며(持戒) ③ 남의 입장을 잘 참고 수용해 주고(忍辱) ④ 쉬지 않고 정진하며(精進) ⑤ 매사에 평정심을 잘 유지하고(禪定) ⑥ 옳고 그름을 분별하는 지혜를 확고히 해야 한다(般若)는 것인데, 모두 생각·감정·오감을 잘 닦아서 '지혜'도 갈고닦고 '복덕福德'도 이루자는 것입니다. 생각·감정·오감을 버리고서 무엇으로 지혜를 이루며, 무엇으로 복과 공덕을 지을 수 있겠습니까?

그래서 보조 스님께서 '돈오頓悟·점수漸修'를 주장하신 것입니다. '단박 깨달음'(돈오)이란 생각·감정·오감을 단박에 초월하여, 절대계에 존재하는 '참 마음'의 자리에 귀의하는 것을 말합니다. '점진적으로 닦아감'(점수)이란 현상계에 존재하는 생각·감정·오감을 갈고닦아서 때가 끼지 않도록 정화하는 작업입니다.

이 작업을 통해 현상계에서 일체 만물을 꿰뚫어 아는 '지혜'와 일체 중생을 돕고 구제하는 '자비'가 완벽하게 구현됩니다. 이것이 '보살의 길'이며 '부처의 길'입니다. 달리 다른 길이 없습니다. 예수님께서 '주기도문'에서 "당신의 뜻이 '하늘'(절대계)에서 이루어졌듯이, '땅'(현상계)에서도 이루어지게 하소서!"(『마태복음』 6:10)라고 말씀하신 것도 바로 이런 의미입니다.

그래서 불교를 제대로 본다면, "윤회를 떠나라!" "윤회에서 벗어나지 말라!"라는 치우친 견해가 아닌, "윤회를 초월해 존재하는 참 마음을 깨닫되, 윤회계 내에서 생각·감정·오감을 바르게 활용하여 중생을 구제하라!"라는 견해를 지니게 됩니다. 윤회계를 완전히 벗어나는 것도, 그렇다고 윤회계의 살림살이에 집착하는 것도 아닌, 그냥 집착하지 말고 자유자재로 머물면서 항상 중생구제에 힘쓰라는 것이죠.

> '생사'에 머물면서도 오염된 행위를 하지 않으며,
> '열반'에 머물면서도 영원히 '열반'에 들지 않는 것이
> '보살행'이다.
> 在於生死 不爲汚行 住於涅槃 不永滅度 是菩薩行 (『유마경維摩經』)

이것이 부처님들이 하는 사업입니다. 사업도 아주 대사업이죠. 우리는 그 사업에 동참해야 합니다. 부처님께서 원願을 세우신 것이 "일체 중생을 모두 구제하리라!" 하는 것인데, 조금 닦아서 내가 좀 편해졌다고, 내 고민에서 벗어났다고, 여러 부처·보살들이 중생구제를 위해 불철주야 애쓰시는 것을 뒷짐 지고 구경만 한다는 것은 말이 안 됩니다.

항상
중도를 걸어라!

우리가 본래 생겨 먹기를 '참 마음'은 윤회를 벗어나 있으며, '육신'은 윤회에서 구르고 있습니다. 다만 그 실상을 제대로 몰라서 죄를 짓고 사는 것일 뿐입니다. 따라서 어떤 외부적인 도움 없이도 우리가 '의식'을 참 마음으로만 향하게 한다면, 우리는 즉각 '절대계'에 존재하게 됩니다. 너무 쉽지요.

그러다가 우리의 의식이 '육신'으로 향하면 다시 윤회하는 '현상계' 안에 존재하게 됩니다. 이것을 자유자재로 하는 것이 '중도'요 '해탈'입니다. 예수님께서도 말씀하시지 않았습니까? "진리가 너희를 자유롭게 하리라!"(『요한복음』 8:32)라고 말입니다. 몰라서 죄를 짓고 사는 것이지, 알면 자유가 옵니다.

이 '몸뚱이'는 현상계의 존재로서, 현상계 내에 존재하는 모든 물질의 원소인 '지地·수水·화火·풍風'의 4원소로 이루어져 있습니다. 우리가 살아 움직이는 동안에는 이 요소들이 흩어지지 않고 잘 뭉쳐 있지만, 우리의 '마음'이 '육신'을 떠나고 나면 4가지 원소로 이루어진 육신은 서서히 해체되어 흩어집니다. 그래서 "불로 돌아가고 바람으로 돌아간다."라고 하는 것입니다.

자신의 육체를 이루고 있는 요소들을 한번 관찰해 보십시오. 오감五感 중에서 '촉감'을 가지고 분석해 보면, '지·수·화·풍'으로 이루어진 각각의 요소들을 쉽게 찾아볼 수 있습니다. 눈을 감고 '촉감'으로만 찾아보세요.

① 먼저 딱딱한 부위, 덩어리가 있는 것은 '땅'의 요소입니다. 몸에 응집되어 있는 곳, 그 덩어리져 있는 곳이 땅의 요소입니다. ② 그다음 액체처럼 흘러 다니는 느낌이 있는데, 이것이 바로 '물'의 요소입니다. ③ 몸에 기압이 느껴지고 바람이 이는 느낌이 들면 '바람'의 요소이고, ④ 뜨거운 열기가 느껴지는 곳이 있으면 그것은 '불'의 요소입니다.

우리가 아는 인체 상식으로 말해 보면, 인체를 이루는 ① 살·근육·뼈 등 덩어리진 것들은 모두 '땅'의 요소이며 ② 몸의 체액이나 침 같은 액체 성분은 '물'의 요소이고 ③ 호흡이나 육체의 기운들은 '바람'이며 ④ 몸의 열은 '불'의 요소입니다. 그래서 우리가 죽으면 이 모든 것들이 자연으로 돌아가는 것이죠. 자연도 역시 물질계인 바 '지·수·화·풍'의 4원소로 이루어져 있지 별것이 아니에요. 그래서 서로 합해지는 것입니다.

육신이 이렇게 허무하게 흩어져 버리는데, '한 물건'이 있어서 영원불멸하다고 합니다. 왜 한 물건이냐? 둘이 아니라서 '하나'입니다. 에고는 '둘'입니다. 에고에는 '나와 남'이 있죠. 그래야 '나·나의 것'에 대한 집착이 성립해요. 나와 남의 구별이 없으면 에고가 정립될 수 없죠. 나와 남이 있는 이원성의 세계는 '현상계'입니다. 반면 나와 남을 떠나서 결코 둘로 분리될 수 없는 세계, 그것이 바로 '참 마음'(시공을 초월한 알아차림) 즉 '절대계'입니다.

이 시공을 초월한 '알아차리는 자리'에는 나와 남이 없기 때문에, 선정에 들어서 자신의 '참 마음'을 찾고 거기에 머물고 나면 시간·공간, 나·남의 구별이 사라집니다. 그래서 흔히들 그 자리를 텅 빈 '허공'(空)과 같다고 말합니다. 그렇다고 그 자리가 하나의 텅 빈 공간인 허공일 뿐이냐? 그것은 그렇지 않습니다. 그 자리는 '신령하게 알아차리는 자리'예요. 우리의 생각·감정·오감이 모두 그 자리에 의지하여 존재하니까요. 당나라의 고승으로서 보조 스님께 지대한 영향을 준 규봉圭峯(780~841) 스님은 다음과 같이 말씀하십니다.

> '망념'(마음)은 본래 고요하고, '티끌 경계'(경계)는 본래 텅 비어 있다. 그러나 '텅 비어 고요한 마음'은 신령하게 알아차려서 어둡지 않으니, 바로 이 '텅 비어 고요한 알아차림'(空寂寂知)이 전에 달마께서 전한 '텅 비어 고요한 마음'(空寂心, 청정심淸淨心)이다.
> 妄念本寂 塵境本空 空寂之心 靈知不昧 卽此空寂寂知 是前

達磨所傳空寂心也 (『중화전심지선문사자승습도中華傳心地禪門師資承襲圖』)

옳다, 그르다 따지는 생각·울고 웃는 감정·보고 듣고 느끼는 오감이 모두 텅 비어 있되 참으로 신령하게 알아차리는 자리인 '참나의 나툼'일 뿐입니다. 그래서 우리가 보고 듣고 느끼는 하늘·땅 또한 참 마음이 아니면 우리에게 인식될 수 없는 것입니다. 무엇보다 이 광명하고 신령한 자리를 곧장 찾아야 합니다. 온 우주만물이 그 자리에서 나온 이상, 그 자리를 찾아야 우주의 비밀, 우리 인생의 비밀이 풀리는 것입니다.

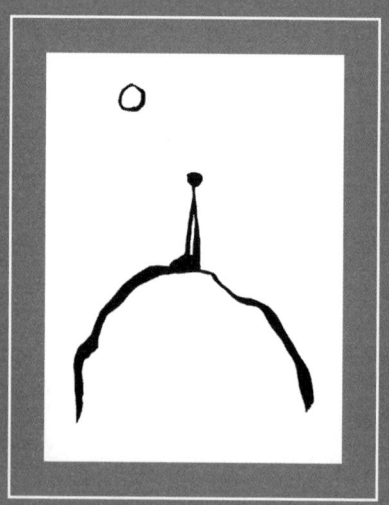

제2장

부처가 되기 위한 올바른 방법

제2장
그 첫 번째 이야기

참으로 슬프구나! 요즘 사람들은 미혹된 지가 너무도 오래되어, 자신의 '마음'이 바로 '참 부처'인 줄 알지 못하고, 자신의 '본성'이 '참 진리'라는 것을 알지 못한다. 그래서 진리를 구하려고 하면서도 여러 성인들만 멀리서 받들 뿐이고, 부처를 찾고자 하면서도 자신의 마음을 관조觀照하지는 않는다.

嗟夫 今之人迷來久矣 不識自心是眞佛 不識自性是眞法 欲求法而遠推諸聖 欲求佛而不觀己心

자기 마음의 본체가 바로 '부처 자리'인데, 사람들이 이것을 모르니 참으로 안타까운 일입니다. 사람들은 부처가 자기 안에 있는 것을 모르고 자꾸 밖에서만 찾으려고 하는데, 자기의 본래 마음이 그대로 부처이기 때문에 사실 힘들일 필요가 없어요. 그냥 자신의 본래 모습 그대로 존재하고 알아차릴 수만 있으면 그만입니다.

그런데 이것을 모르고 "부처가 뭘까?" 하고 '한 생각'을 일으키면 바로 의심이 생겨서 어두움(무명無明)에 빠집니다. 그냥 있는 그대로 여여如如(늘 똑같음)하던 그 자리가 숨어 버려요. 거기에 '감정'이 희로애락으로 덧칠을 하고 '오감'까지 등장하여 우리를 유혹하면, 우리는 본래의 부처 자리를 아주 잊어버립니다. 이것이 현실이에요.

그래서 '부처 자리'를 알아차리고 온전히 회복하는 것을 아주 남의 일로 생각하게 됩니다. 타고나기를 천재적 역량을 지닌 극소수의 성인들이나 견성을 하는 것으로 알고는 멀리서 추앙하기만 합니다. 깨달음이란 부처님, 예수님, 공자님 등 위대하신 성현들이나 얻을 수 있는 것이라고 여기는 것이죠. 부처님 같은 성인의 마음속에 있는 '그것'(불성)이 온전히 우리에게도 똑같이 있다는 것을 몰라요. 그분들도 결국에는 자기 마음에서 그 씨알을 찾아서 그 자리에 가신 분들인데 이것을 모릅니다. 아주 깜깜하지요.

자포자기의 심정으로 자신에게 그러한 '고귀한 보물'이 있다고는 상상하지도 못해요. 그래서 우리는 그것을 각자의 마음속에서 찾으려고 하지 않습니다. 이 우주를 다 주고도 살 수 없는 위대한 보물이 우리 마음속에 있는데도 말입니다. 그 자리를 바로 찾으세요. 그 자리는 여러분이 잃어버릴 수 있는 자리가 아니에요. 잊고 살아왔을 수는 있어도, 절대로 잃어버릴 수는 없습니다. 그러니 포기하지 마세요. 항상 그 자리에 고스란히 있으니까요.

지금 이 순간
그 자리를
돌이켜 보라!

그냥 '그 자리'를 돌이켜 보기만 하면 됩니다. 의식의 빛을 가지고 바깥만 돌아보지 마시고, 자신의 내면을 비추어 보세요. 이것을 '회광반조回光返照'(밖으로 향하는 의식의 빛을 돌이켜 마음의 중심을 향하게 함)라고 합니다. '오감'을 통해 '바깥 경계'(색깔·소리·냄새·맛·촉감)를 인식하는 우리의 '의식의 빛'은 본래 내면의 '참나(순수의식)에서 발원한 것입니다.

그러니 '회광반조'는 '참나'(빛의 근원)에서 발원한 '의식의 빛'을 되돌려서 본래의 참나를 비추는 것입니다. 이것을 '참나의 각성' 또는 '견성'(본성을 봄)이라고 하니, 결국 자기가 자기만을 바라보는 것이 견성인 것이죠. 내가 나만을 보는 '나-나'의 상태에서는 남이 존재하지 않으니, 온 우주에 '나'만 존재하게 됩니다. 이 상태에 잡음 없이 들어가면 '4선정'이 이루어집니다.

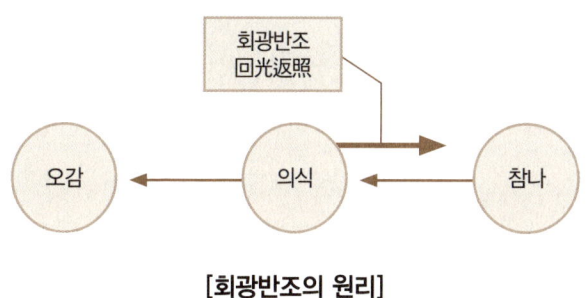

[회광반조의 원리]

"내가 옳다." "내가 틀리다." "나는 기쁘다." "나는 슬프다."라는 생각과 감정을 일으킬 때, 그러한 생각과 감정을 '알아차리는 자리' 즉 내가 옳다는 것을 '알아차리는 자리', 내가 틀리다는 것을 '알아차리는 자리', 내가 기쁘다는 것을 '알아차리는 자리', 내가 슬프다는 것을 '알아차리는 자리'가 바로 우리의 '순수의식'인 '부처 자리'입니다.

이 자리는 '생각·감정 이전의 자리'입니다. 생각·감정에 의해 오염되지 않는 자리예요. 만약 이 자리가 생각·감정에 의해 오염된다면, 우리는 결코 우리의 본래 모습인 그 자리를 찾을 수 없을 것입니다. 그런데 신통하게도 그 자리는 생각·감정을 초월하여 존재합니다. 이에 대하여 규봉 스님의 말씀을 들어 보겠습니다.

> 미혹하거나 깨달았거나, 마음은 본래 스스로 알아차린다. 이는 '인연'에 의지하여 생겨난 것도 아니고, '경계'로 인해서 일어난 것도 아니다. 미혹할 때는 번뇌에 빠지나 '알아차림'(知) 자체는 번뇌가 아니며, 깨달을 때는 신령하게 변화를 일으키나 '알아차림' 자체는 신령한 변화가 아니다. 그러하니 '알아차림'(知) 한 글자는 모든 신묘함의 근원이다.
> 任迷任悟 心本自知 不藉緣生 不因境起 迷時煩惱 亦知非煩惱 悟是神變 知非神變 然知之一字衆妙之源 (『중화전심지선문사자승습도』)

이 '알아차리는 자리'는 '생각·감정'을 초월해 있으면서, 생각·감정이 일어나고 사라지는 것을 똑똑히 알아차리고 있습니다. 우리 안에 이러한 '순수의식'이 없다면, 여러분은 생각하고 감정을 일으키고 오감을 움직일 수 없어요. 이 자리를 자신의 마음에서 찾아보세요. 그 방법론이 바로 '회광반조'라는 것입니다.

생각·감정·오감을 가지고 생각·감정·오감을 초월한 자리를 찾으려고 해서는 안 되겠죠. 그것은 4차원의 세계를 3차원의 세계에서 찾는 것만큼 어리석은 짓입니다. 4차원의 세계를 알고 싶으면 곧장 4차원 세계로 진입해야지, 3차원 세계를 아무리 구석구석 뒤져 봐야 불가능한 일입니다.

여러분에게 필요한 것은 '지금 이 순간', 생각·감정·오감으로 이루어진 현상계의 여러 가지 조건을 곧장 초월하는 것입니다. 우리가 현상계의 필수조건인 '생각·감정·오감'을 내려놓을 때, 우리는 이미 절대계에 존재할 것입니다.

오감에, 감정에, 생각에 관심을 기울이지 마시고 오직 "몰라!"라고 선언하세요. 그것들에 집착한다면 여러분은 영원히 현상계에 머물게 될 것입니다. 그것들이 일어나든 사라지든 관심을 가지지 마시고, 그것이 일어나고 사라지는 것을 똑똑히 '알아차리는 자리', 생각 이전의 맑은 거울 같은 자리, 이 자리에만 모든 관심을 기울여 보세요. 그 자리의 실체를 분명히 확인하세요. 이 자리가 바로 불멸하는 '참 마음'이고, 이 마음자리에 새겨진 '6바라밀의 본성'이 바로 '참 진리'임을 깨닫게 될 것입니다.

제2장
그 두 번째 이야기

만약 '마음' 밖에 '부처'가 있고 '본성' 밖에 '진리'가 있다고 말하며, 이러한 알음알이에 단단히 집착하여 '부처의 길'을 구하는 자가 있다면, 어마어마한 세월 동안 몸을 불로 태우고, 팔을 불사르며, 뼈를 부수어 골수를 뽑아내고, 피를 내어 경전을 베껴 쓰며, 눕지 않고 오래도록 앉아 있고, 하루에 한 끼만 먹으며, 나아가서는 대장경 전부를 다 읽고, 각종 고행을 모두 닦는다고 하더라도, 이는 모래를 쪄서 밥을 짓겠다는 것과 같아서 단지 스스로 괴로움만 더할 뿐이다.

若言心外有佛 性外有法 堅執此情 欲求佛道者 縱經塵劫 燒身燃臂 敲骨出髓 刺血寫經 長坐不臥 一食卯齋 乃至轉讀一大藏教 修種種苦行 如蒸沙作飯 只益自勞爾

만약에 마음 밖에 '부처'가 있고 우리의 본성 밖에 '진리'가 있다고 말하는 수행자가 있다면, 이런 분들은 정말 안타까운 사람들입니다. 유교에서는 이런 경우를 '연목구어緣木求魚'(물고기를 잡고자 나무에 올라감)라고 합니다. 목적과 수단이 맞지 않는다는 것입니다. 욕심은 물고기를 잡고 싶은 것인데, 동원된 수단이 나무에 올라가는 것이라면, 그 결과야 안 봐도 훤하지요.

'부처 자리'는 우리 마음속에 있는데, 우리 마음속에 본성이 있다는 것을 모르고 밖에서 찾는다면 절대로 찾을 수 없습니다. 물고기를 잡으려면 바다로 가고, 산짐승을 잡으려면 산으로 가야 옳지요. 물고기를 잡으러 산으로 가고, 토끼를 잡으러 바다로 가서는 곤란합니다. 이런 상식 이하의 행위로 '부처'가 되기를 구하는 자들은 반드시 실패할 것이고, 목표를 이루지 못할 것이라는 의미입니다.

그런데 실제로 이런 식으로 수행하는 분들이 있어요. 하지만 팔을 불로 태우고, 자기 뼈를 부숴서 골수를 빼고, 피를 뽑아서 경전을 베끼고, 눕지 않고 오래 앉아서 고행하고, 하루에 한 끼만 먹고, 모든 대장경을 다 읽고 외우며, 온갖 고행을 다 겪어도, 목표하던 '부처'는 될 수 없다는 것입니다.

이러한 행위들은 모래를 삶으면서 밥이 되리라고 믿고 있는 것과 똑같습니다. 물고기를 잡으러 나무에 올라가는 행위나, 모래를 삶아서 밥을 지으려는 행위나 모두 정신없는 짓이죠. 그런 행위는 고통만 줄 뿐이지 아무런 득이 되지 않습니다. 목표를 분명히 하세요. 그리고 그 목표에 적합한 수단을 선택하세요. 그래야 공부가 늡니다.

우리의 목표는 '부처가 되는 것'이고, 이를 위해서는 '부처의 씨알' 즉 '불성佛性'을 찾아야 합니다. 씨앗을 찾아야 열매를 맺지 않겠습니까? 그리고 그 씨알은 우리 '마음'에 있습니다. 어서 찾으세요. 항상 그 자리에 있으니, 곧장 그 자리를 직시하세요! 태어난 적도 소멸된 적도 없는 자리, '알아차리는 자리', 오직 그 자리만을 직시하세요!

'직지인심直指人心'(곧장 자신의 마음자리를 직시함)이 마음공부의 핵심입니다. 원래부터 조금도 오염된 적이 없는 그 자리를 그냥 되찾으면 되는 것입니다. 물론 그 자리는 우리가 잃어버린 적도 없고, 다만 잊고 지내 왔을 뿐입니다. 부처가 되고자 한다면 '불성'(알아차리는 자)을 찾아야지, 자신의 생각·감정·오감을 괴롭힌다고 될 일이 아니죠. 목적에는 바른 수단이 필요합니다. 먼저 목적을 분명히 하시고, 그 목적에 가장 합당한 수단을 찾으시기 바랍니다.

제3장

밖에서 구하지 말고
내 마음에서 구하라

제3장
그 첫 번째 이야기

단지 자신의 마음을 알기만 하면, 갠지스강의 모래알처럼 많은 가르침과 헤아릴 수 없는 신묘한 뜻을 구하지 않더라도 저절로 얻을 수 있다. 그러므로 세존께서 이르시길 "모든 중생들을 두루 관찰해 보니 모두가 여래의 '지혜·덕상德相(자비)'을 갖추고 있다."라고 하신 것이다.

또 이르시길 "각종의 헛된 변화가 모두 부처의 원만한 깨달음의 신묘한 마음에서 생겨난다."라고 하셨다. 따라서 이 '마음'을 벗어나서는 '부처'를 이룰 길이 없음을 명심해야 한다.

但識自心 恒沙法門 無量妙義 不求而得 故世尊云 普觀一切衆生 具有如來智慧德相 又云一切衆生 種種幻化 皆生如來圓覺妙心 是知離此心外 無佛可成

항사恒沙 또는 항하사恒河沙는 바로 인도의 갠지스강을 말합니다. 인도의 갠지스강에 있는 모래알 수만큼 많다는 것은 끝이 없고 셀 수 없다는 말입니다. 우리가 만약 자신의 '마음'을 알기만 한다면, 헤아릴 수 없는 가르침과 사물의 원리를 다 알아낼 수 있다는 것이지요. 왜냐하면 앞에서 언급했듯이, 우리 마음의 본체인 '참 마음' '참나'는 모든 현상계를 낳은 근원이기 때문입니다.

모든 천지만물은 이 '참나'에 뿌리를 내리고 있습니다. 참나에는 '일체 만물의 다르마(法)'가 갖추어져 있기 때문입니다. 참나가 고요할 때에는 천지만물의 각종 종자種子들이 그 안에 잠복해 있다가, 참나가 발동하여 우주를 수놓으면 각각의 종자들이 구체적 형상과 모양을 띠고서 발현됩니다.[2] 그러니 온 우주가 나온 뿌리인 '참나의 현존'을 깨닫는다면, 우리는 '참나의 지혜'를 통해서 천지만물의 원리 또한 알아낼 수 있는 것입니다.

---

[2] 종자種子에는 각각 2가지 종류(본래부터 존재하는 본유종자本有種子와 새로 생긴 신훈종자新熏種子)가 있다. 하나는 '본래 갖추어진 종자'이니, 이것은 시작이 없는 과거부터 아뢰야식(참나) 가운데 '진리'(다르마, 법)가 자연히 존재하면서, 5온蘊·12처處·18계界의 다양한 작용을 일으키는 것을 말한다. … 이것을 본래의 성품에 존재하는 종자라고 한다."(有義種子各有二類 一者本有 謂無始來異熟識中法爾 而有生蘊處界功能差別 … 此卽名爲本性住種,『성유식론成唯識論』)

유교의 경전인 『중용中庸』에서도 동일한 가르침을 전하고 있는데, 다음 구절을 한번 살펴보시죠.

> 희로애락의 감정이 아직 발동하지 않은 것을 '중심 자리'(中)라고 이르며 … 이 중심 자리는 '천하의 큰 뿌리'(大本)가 된다.
> 喜怒哀樂之未發 謂之中 … 中也者 天下之大本也 (『중용』)

한 마디로 "희로애락의 '감정' 이전의 '중심 자리'(中)야말로 천지만물의 '큰 뿌리'(大本)이다."라는 것인데, 이 중심이 되는 자리, 가운데·한복판이 되는 자리가 바로 '참나 자리'입니다. "좋다." "싫다." 하는 우리의 모든 번뇌·망상이 일어나기 이전의 치우침 없는 자리, 그 참나 자리에서 천지만물이 다 나왔다는 것입니다.

물론 그 자리에서 좋은 것만 나오는 것은 아닙니다. 나쁜 것도 다 그 자리에서 나옵니다. 하지만 원래의 좋은 빛이 왜곡되어 표현되었을망정, 참 마음의 광명한 빛이 없다면 좋은 것이든 나쁜 것이든 아무것도 존재할 수 없습니다. 그래서 "각종 헛된 변화가 모두 부처의 원만한 깨달음의 신묘한 마음에서 생겨난다."라고 한 것입니다.

우리가 영화를 볼 때, 정말 아름답고 예술적인 장면도 보게 되지만, 아주 불쾌하고 추잡스러운 장면도 보게 되죠. 그런데 이런 2가지 장면 모두는 동일한 영사기의 '빛'에 의해 표현됩니다. 다만 그 빛이 어떤 '필름'을 통과했는가에 따라 '화면'이 달라졌을 뿐이지요. 우리가 날마다 부딪치는 현상계의 각종 환경·감정·생각들을 들여다보면 좋은 것도 있고 불쾌한 것도 있는데, 이것들이 모두 우리의 '참나'에서 나온 것입니다.

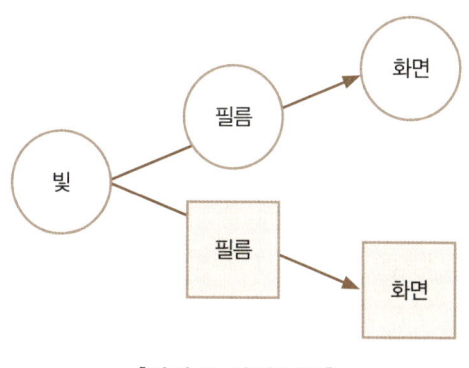

[빛의 두 가지 나툼]

따라서 '참나' '참 마음'을 알아야 '생각·감정·오감'의 세계에 있는 오묘한 이치들을 모두 꿰뚫어 알 수 있습니다. 즉, '참 마음의 각성'(見性)만 할 수 있다면, 우리는 그러한 참 마음을 뿌리 삼아 이루어진 천지만물의 존재 방식과 작동 원리에 대해 두루 꿰뚫어 알 수 있게 되는 것이지요.

우리는 그러한 참 마음의 전지全知·전능全能한 능력을 현상계에서 계발하여, 생각·감정·오감으로 표현해야 합니다. 답답한 생각을 청산하고 '지혜로운 생각'을 하며, 이기적인 감정을 제압하고 '자비의 감정'으로 삶을 채우며, 사악한 말과 망령된 행동을 종식시키고 나와 남 모두에게 '좋은 말과 행동'으로 삶을 장식해야 합니다.

누구나 자신이 닦은 만큼, 각자의 역량만큼만 알고 살아가게 됩니다. 하지만 사실 우리 모두에게는 '전지·전능한 불성'이 있습니다. "모든 중생들을 관찰해 보니 모두가 여래(부처)의 지혜·덕상을 갖추고 있다."라는 말이 바로 이런 의미입니다. 진실로 절대계 차원에서는, 부처님의 전지한 '지혜'와 전능한 '자비'가 모든 존재에게 동일하게 갖추어져 있습니다.

물론 현상계 차원에서는 불성의 발현 정도에 있어서 개인별로 큰 차이가 납니다. 하지만 '참 마음'은 우리가 현상계에서 부처님과 동일한 지혜와 덕상을 이룰 수 있는 '부처의 씨알'이 됩니다. 한 알의 씨알 속에는 아직 나타나지는 않았지만 한 그루의 나무가 온전히 들어 있습니다. 이런 원리로 우리의 '참 마음'에는 부처님의 위대한 '지혜·덕상'(6바라밀)이 씨앗의 형태로 들어 있는 것입니다.

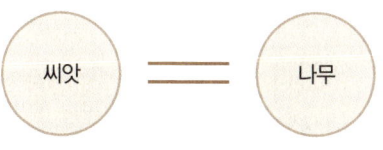

[씨앗과 나무의 동질성]

참으로 신기한 일입니다. 씨앗에 본래 없었던 것은 결코 밖으로 나올 수 없으니까요. 우리의 참 마음에 이미 '위대한 지혜'와 '한량없는 자비'를 이룰 수 있는 씨알이 있기에, 우리가 그러한 위대한 지혜·자비를 이룰 수 있는 것입니다.

우리가 각자의 마음을 곧장 들여다봄으로써(直指人心), 위대한 지혜·자비의 씨알이 되는 자신의 '불성·참 마음'을 되찾는 것이 '견성見性'입니다. 이러한 참 마음의 각성은 단박에 이루어진다는 의미로 '돈오頓悟(단박 깨달음)라고 하는데, 규봉 스님은 '돈오'에 대해 다음과 같이 말씀하셨습니다.

'돈오頓悟'란 무엇인가? 시작이 없는 과거부터 미혹에 전도되어, ① '지·수·화·풍'의 4원소를 '몸'으로 알고 ② '망상'을 '마음'으로 알며 ③ '회통하여 인식하는 자리'를 '나'(ego)라고 생각하고 살다가 … 홀연히 ① '신령한 알아차림'(靈靈知見)이 '자신의 참 마음'이며 ② 마음이 본래 텅 비고 고요하여 변화도 형상도 없음이 '법신'이며 ③ 몸과 마음이 둘이 아닌 자리가 '참나'여서, 일체의 부처들과 터럭만큼도 차이가 없음을, 홀연히 깨달아 아는 것이다.
頓悟者 謂無始迷倒 認此四大爲身 妄想爲心 通認爲我 … 忽悟
靈靈知見 是自眞心 心本空寂 無變無相 卽是法身 身心不二 是
爲眞我 卽與諸佛 粉毫不殊 (『중화전심지선문사자승습도』)

그런데 우리가 자신의 '참 마음·참나'를 단박에 깨달아 알게 된 것, 즉 '돈오'라는 것은 이제 겨우 씨앗에 싹이 난 것과 같습니다. 이것이 '완전한 나무'(부처의 경지)가 되려면 많은 시간과 노력을 필요로 합니다. 우리의 청정·광명한 '참 마음'을 가리는 2가지 어두움, 즉 ① 진리를 가리는 '무지'와 ② 나·나의 것에 집착하는 '아집'이 제거된 만큼 '지혜'와 '자비'가 현현하게 되는 것이지요.

'참나'는 현상계 너머 절대계의 영역에 존재합니다. 우리가 '견성'의 체험을 통해 우리 내면의 절대계를 체득했다고 해서, 곧장 현상계의 업장이 정화되는 것은 아닙니다. 물론 변화하는 부분도 있지만, 현상계에는 현상계의 법칙이 있어요. 현상계의 법칙은 간단합니다. '원인'이 있어야 '결과'가 있다는 것입니다.

따라서 우리가 명심해야 할 것은, ① '전지全知'(일체 만물의 실상을 본질·현상 양 방면에 있어서 완벽하게 꿰뚫어 아는 것)와 ② '전능全

能'(현상계 내에 자유로이 나투며 일체의 중생을 구제하는 것)을 갖춘 '부처'가 되기 위해서는 단순한 '참 마음의 각성'만이 아닌, '전지·전능의 성취' '지혜·자비의 성취'라는 거대한 과제가 우리를 기다리고 있다는 사실입니다.

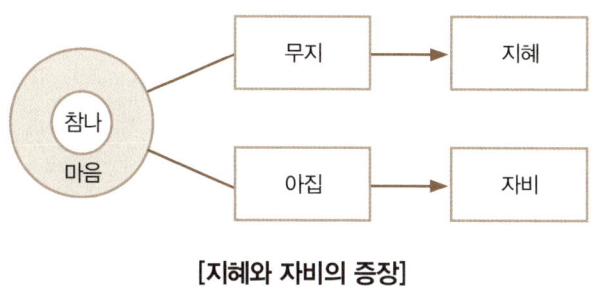

[지혜와 자비의 증장]

그래서 필요한 것이 '돈오' 이후의 끝없는 닦음, 즉 '점수漸修'(점진적인 닦음)입니다. 세간에 간혹 "단박에 깨닫고 나니(돈오頓悟) 더 닦을 게 없더라(돈수頓修)." 하고 말하는 분들이 있어요. 그런 분들은 가슴에 손을 얹고 스스로에게 한번 물어보시기 바랍니다. "내가 부처님처럼 위대한 지혜와 한량없는 자비심을 갖추었는가?" 더도 말고 이것만 물어보세요!

조금이라도 모자라는 점이 발견된다면, 아무 소리 마시고 자신의 현재 수준을 정확히 측정하여 점진적으로 닦아가시기 바랍니다. 공부의 각 단계에 대해서는 『화엄경』·『능엄경楞嚴經』·『대승기신론大乘起信論』 등 각종 불경에 자세히 소개되어 있으니, 경전을 보면 알 수 있습니다. 자신이 어느 단계인지는 결코 속일 수 없습니다.

제3장
그 두 번째 이야기

과거의 모든 부처님들도 오직 이 '마음'을 밝히신 분들일 뿐이며, 현재의 여러 성현들도 또한 이 마음을 닦은 사람들일 뿐이다. 사정이 이러하니 미래에 수행하고 배울 사람들도 마땅히 이 진리에 의지해야 할 것이다.

바라건대 모든 진리를 닦는 사람들이여, 절대로 밖에서 구하지 말아야 한다! '마음의 본성'은 오염되지 않으며 본래 스스로 원만하게 이루어진 것이니, 단지 '허망한 인연'을 떠나기만 하면 곧 항상 그대로인 '부처'인 것이다.

過去諸如來 只是明心底人 現在諸賢聖 亦是修心底人 未來修學人 當依如是法 願諸修道之人 切莫外求 心性無染 本自圓成 但離妄緣 卽如如佛

절대로 밖에서 구하지 말라!

보조 스님의 간절한 부탁이십니다. 제발 이 '참 마음'을 각자 지니고 있으면서, 밖으로 찾아 헤매는 허망한 짓들을 하지 말아 달라는 것이죠. 과거의 모든 부처님, 현재의 모든 성현들 그리고 장차 나올 모든 부처·성현들 중 어느 한 명도 빠짐없이 모두 다 자신의 '마음'에서 '부처 자리'를 찾았고 또 찾으실 분들이라는 것입니다.

비록 우리의 '생각·감정·행위'가 더럽고 지저분하고 추잡스럽더라도, 그러한 헛된 생각·이기적 감정·그릇된 행동들의 존재의 뿌리가 되는 '알아차리는 자'(참나)는 언제 어디서나 늘 똑같을(如如) 뿐이니, 지금 이 순간 그 본체를 찾을 수 있습니다. 생겨난 적도 소멸된 적도 없이, 태고 이래로 조금도 그 빛을 잃어버리지 않은 채, 언제나 '청정하고 광명한 참나'를 곧장 직시하십시오! 방법도 어렵지 않습니다. 곧장 "몰라!"를 선언하고, 생각·감정·오감의 '허망한 인연'들만 내려놓으면 됩니다.

제4장

불성을 보는 비결

제4장
그 첫 번째 이야기

[**질문 1**] 만약 '불성'(부처의 씨알)이 지금 이 몸에 있다면, 이미 이 몸 안에 있어서 범부를 떠나지 않았다는 것인데, 어째서 저는 지금 여기서 불성을 보지 못하는 것입니까? 다시 설명하시어 투철히 깨닫도록 해 주십시오.

問若佛性 現在此身 旣在身中 不離凡夫 因何我今 不見佛性 更爲消釋 悉令開悟

보조 스님은 고려 시대의 분인데, 보조 스님과 질문자의 대화를 보면 그때나 지금이나 마음을 닦는 분들의 고뇌는 거의 비슷한 것 같아요. "도대체 부처님은 알고 나는 모르는, 이 '불성'이란 것은 무엇이냐?" "자꾸 안에서 찾으라는데, 내 안 어디에 불성이 있는가?" "그 불성을 어떻게 되찾을 수 있는가?"

요즘 서점가를 둘러보면 인도·티베트·서양에서 들어온 각종 명상법이 난립하고 있고, 그 내용을 들여다보면 모두가 대동소이한 목적을 추구하고 있어요. 모두 위에서 제기된 문제들, 즉 내 안의 보물인 '참나' '참 마음'은 어디에 있는가, 그것을 어떻게 확인하고 복원할 것인가에 관심을 기울이고 있는 것이지요.

보조 스님께 질문한 이도 바로 그것을 묻고 있어요. "자꾸 '불성'이 내 안에 있다고 하는데, 도대체 왜 나는 모르느냐?"라고 말입니다. 여러분도 한번 생각해 보세요. 지금 여러분의 불성·참나는 어디에 있나요? 느껴지시나요? 한 번쯤 의심을 가져 보세요. 자신이 이 질문을 보조 스님께 했다고 생각하고서 보조 스님의 답변을 들어 보면, 뭔가 느껴지는 것이 있을 것입니다.

제4장
그 두 번째 이야기

[답변 1] 그대의 몸속에 있는데 그대가 스스로 보지 못할 뿐이다. 그대가 24시간 가운데 배고프다는 것을 '알아차리며', 목이 마르다는 것을 '알아차리고', 춥다는 것을 '알아차리며', 덥다는 것을 '알아차리고', 화내고 있다는 것을 '알아차리며', 기뻐한다는 것을 '알아차리니', 과연 이 '알아차리는 자'는 어떤 물건인가?

이 '육신'은 '지地·수水·화火·풍風'의 4가지 인연이 모인 것으로, 그 재질이 무디고 알음알이가 없으니 어찌 능히 보고 듣고 깨달아 알아차릴 수 있겠는가? 능히 보고 듣고 깨달아 알아차리는 자가 필경 그대의 '불성'일 것이다.

答在汝身中 汝自不見 汝於十二時中 知飢知渴 知寒知熱 或嗔或喜 竟是何物 且色身是地水火風 四緣所集 其質頑而無情 豈能見聞覺知 能見聞覺知者 必是汝佛性

우리의 생각·감정·오감은 좀처럼 쉬는 법이 없습니다. 그래서 하루 종일 "배고프다." "목마르다." "춥다." "덥다." "화난다." "기쁘다." 하고 부르짖습니다. 쉴 틈이 없죠. 그런데 이러한 생각·감정·오감의 쉼 없는 움직임을 '알아차리는 자'는 움직이는 법이 없습니다. 만변萬變(온갖 변화)은 오직 불변不變(변하지 않음)으로만 제어할 수 있거든요.

핵심은
알아차리는 자
입니다!

자신은 변화에 끌려가지 않으면서, 무수한 변화를 광명하게 알아차리는 자! "배고프다." "목마르다." "춥다." "덥다." "화난다." "기쁘다." 하는 우리의 알음알이가 중요한 것이 아니라, 배고픈 줄, 목마른 줄, 추운 줄, 더운 줄, 화난 줄, 기쁜 줄 '알아차리는 자'가 핵심입니다.

우리 마음속에 떠오르는 무수한 '알음알이'에 관심을 기울이지 마시고, 그러한 각각의 알음알이가 일어나고 사라지는 것을 즉각 알아차리는 그 자리 즉 '참나 자리'를 주목하시기 바랍니다. 이것이 견성見性하는 최고의 요결입니다. 이것 외에 별다른 법이 없습니다. 동서양 모든 종교의 심법心法도 다 여기에서 벗어나지 않습니다. 인간의 마음이 본래 그렇게 생겨 먹은 것을 어떡합니까?

우리는 흔히 '자신'을 이렇게 저렇게 정의하면서 살아갑니다. "나는 어느 곳에서 태어났다." "나는 몇 살이다." "나의 가족은 누구누구이다." "나는 어떤 학교를 나왔다." "나는 어떤 회사에 다닌다." "나의 직급은 무엇이다." "나는 누구와 결혼했다." "나는 얼마의 재산을 가지고 있다."라는 식으로 말입니다. 끝이 없지요. 우리는 이러한 꼬리표들을 붙이지 않는다면, 자신을 정의할 수 없다고 생각합니다. 그런데 정작 중요한 '나라는 존재의 핵심'은 바로 이러한 각각의 꼬리표들을 '알아차리는 자'입니다.

"나는 ~이다." "나는 ~을 가지고 있다."가 중요한 것이 아닙니다. 왜냐하면, 그러한 시간·공간 내의 조건들은 시시각각으로 변하기 때문입니다. 10년 전 여러분의 꼬리표와 지금의 꼬리표가 동일한가요? 20년, 30년 전과 동일한가요? 아마도 그렇지 않을 것입니다. 그런 조건들은 계속해서 바뀝니다. 그것이 우리가 사는 '현상계'의 본질이니까요. 우리가 '견성'을 하기 위해서, 즉 '불성佛性'을 보기 위해서는 이러한 현상계적 요소들이 아닌, 보다 본질적인 것에 관심을 기울여야 합니다. 그러한 변화 속에서도 변화하지 않는 '그것' 말입니다!

여러분은 10년 전에도 이런 말을 했겠죠. "나는 ~이다." "나는 ~을 가지고 있다."라고요. 그리고 지금도 이런 말을 할 것입니다. "나는 ~이다." "나는 ~을 가지고 있다."라고요. 자, 한번 생각해 보십시오. 10년 전의 나와 지금의 나에 있어서 변한 것과 변하지 않은 것은 무엇입니까? 10년 전에 '나'를 규정하던 모든 조건들은 이미 시간과 기억 속으로 흘러가 버리고 없습니다. 지금 현재의 '나'를 규정하고 있는 모든 조건들도 불원간 시간과 기억 속으로 사라지겠죠. 도대체 무엇이 불변하는 '그것'입니까?

그것은 아주 쉬워요. 10년 전이나 지금 현재에 있어서나, "나는 ~이다." "나는 ~을 가지고 있다."라는 말을 하고, 그런 생각을 일으키는 바로 '그 자리'죠. 그러한 '알음알이들'을 있는 그대로 알아차리기만 하는, 생각 이전의 '그 자리' 말입니다! 목마를 때 목마른 줄을 알며, 배고플 때 배고픈 줄을 알아차리는 그 자리, 추울 때 추운 줄을 알며, 더울 때 더운 줄을 알아차리는 그 자리!

'그 자리'야말로 우리 존재의 불변의 핵심입니다. 서양의 철학자 아리스토텔레스Aristoteles(B.C.384~B.C.322)가 말한 '하느님 자리'인 '부동不動의 동자動者'(자신은 움직이지 않으며 남을 움직이게 하는 자), '원동자原動者'(모든 움직임의 근원이 되는 자)라고 하는 자리도 바로 이 자리를 말한 것입니다. 우주만물이 다 그 자리로 인해 변하고 움직이니 '원동자'이지요. 그런데 그 자신은 움직이지 않으니 '부동의 동자'라고 하는 것입니다. 이 자리가 곧 불교에서 말하는 '알아차리는 참나'의 자리입니다. 그 자신은 변하지 않으면서 온갖 천지만물의 변화를 일으키고 유지하니까요.

이 자리를 이렇게 '개념'으로만 알고 계시지 말고 직접 자신의 '마음'에서 찾아보세요. 그 자리는 우리 마음속에 분명히 있습니다. 여러분 모두 울고, 웃고, 춥고, 배고프고 하시잖아요. 그러한 생각·감정·오감의 변화를 일으키되 그 자신은 변화하지 않는 자리를 직시하세요(直指人心). 그 자리는 그러한 온갖 마음의 변화를 알아차리기만 할 뿐, 집착하지 않습니다. 가만히 관찰해 보세요. 여러분 마음속에 지금 이 순간에도 존재하고 있으니까요.

지금 이 책을 읽다가 '지루함'이 일어나면 "지루하다."라고 생각하고 끝내지 마시고, "지루하다."라는 생각을 '알아차리는 자리'를 찾아보세요. 이것이 '회광반조回光返照'라는 것입니다. "지루하다."라는 생각이 일어나는 순간, 그러한 생각과 감정 전체를 통으로 '한 덩어리'를 만들고 그것을 무심히 알아차리세요.

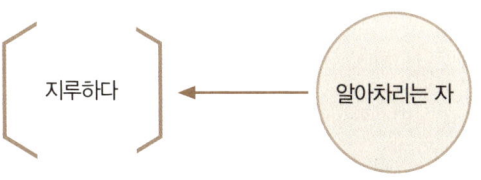

[있는 그대로 알아차리기]

독일의 철학자 후설Husserl(1859~1938)은 이러한 작업을 '판단중지' '괄호 치기'라고 불렀는데, 이는 회광반조와 동일한 방식입니다. 아주 선禪적인 방법이에요. "지루하다."라는 생각 또는 감정이 일어날 때, 그러한 생각과 감정을 '괄호'로 묶어서, '순수한 알아차리는 자'(선험적 자아, 경험 이전의 순수한 나)와 분리한 뒤, 그러한 대상에 끌려가거나 집착하지 말고 그냥 무심히 있는 그대로 알아차리기만 하는 것입니다.

이러한 상태로 무심히 알아차리다 보면, '괄호' 안에 묶인 우리 '마음의 작용'과 그것을 '순수하게 알아차리는 자'가 구분됩니다. 우리가 이것을 알아차리기 전에는 아무런 의심 없이 '나=지루함'이었죠. 그런데 '지루함'을 객관화시켜서 바라보면, '나≠지루함'이라는 사실을 알게 됩니다. 먼저 '지루함'(객관)과 '지루함을 느끼는 나'(주관, 경험적 자아)를 '하나의 괄호'로 묶어 보십시오.

그리고 이러한 사실을 인식한 뒤에는 오로지 '순수하게 알아차리는 자'로서만 존재해 보십시오. 마음에 순간순간 떠오르는 모든 '주관과 객관의 작용'에 대해 "몰라!"를 선언하고, 그냥 그러한 작용들의 생멸을 알아차리기만 하는 '순수한 알아차리는 자'로서만 존재해 보세요. '지루함이라는 대상을 알아차리는 자'가 아닌, '순수한 알아차리는 자'로서 말입니다.

모든 것을 초월하여 '순수한 알아차리는 자로서만 존재할 수 있다면, 여러분은 자신의 '순수의식'인 '참나'를 만날 수 있습니다. 이것이 '참나각성' 즉 '견성見性'의 실제적인 체험입니다. 이것은 누구나 쉽게 할 수 있는 것인데 다만 하지 않고 있을 뿐입니다. 또 자꾸 하다 보면 실력이 늘어요. 그러니 습관이 되도록 계속해서 실천해 보세요.

처음에 여러분은 '지루함을 느끼는 나'(에고, 제약된 자아)였는데, 이제는 '순수한 나'(참나, 제약 없는 자아)로 변했습니다. '오직 알아차리는 자로 존재하기'를 통해서 말이죠. 아주 간단한 방법을 통해서 여러분이 그토록 찾아 헤매던 '참나' 즉 '순수한 나'

'어떤 조건이 붙지 않은 나'를 찾을 수 있는 것입니다. 이 참나야말로 '불성'(부처의 씨알)이며 '여래장如來藏'(여래의 씨알)입니다.『대반열반경大般涅槃經』의 말씀을 한번 들어 보죠.

> '여래성'은 진실로 영원히 소멸하지 않으니, 마땅히 여래성이 항상 존재하는(常住) 진리이고 변화하지 않는(不變異) 진리임을 알아야 한다.
> 如來性實 不永滅 是故當知 是常住法 不變易法

> '나'(참나)라는 것은 바로 '여래장'이라는 것이다. 일체 중생이 모두 '불성'을 갖추고 있으니, 이것이 바로 '나'라는 것이다. 이와 같은 '나'라는 것이 애초부터 항상 무량한 번뇌에 덮여 있어서, 중생들이 볼 수 없는 것이다.
> 我者卽是如來藏義 一切衆生悉有佛性 卽是我義 如是我義從本已來 常爲無量煩惱所覆 是故衆生不能得見 (『대반열반경』)

앞에서 살펴보았듯이, 우리 몸은 '지·수·화·풍'의 4가지 원소로 이루어져 있습니다. 그런데 이러한 4가지 원소들, 즉 물질을 이루는 근본원소들은 '인식능력' 다시 말하면 '알아차리는 능력'이 없습니다. 물질을 아무리 많이 모아 놓는다고 해도 거기에서 그런 재주가 나오지 않지요.

불교에서는 모든 만물이 나오기 전에 '마음'이 있었다고 봅니다. 마음이 '물질'보다 더 고차원의 존재라고 생각하는 것이지요. 고차원에서 저차원이 나오지, 저차원에서 고차원이 나오는 법은 없습니다. 그러니 우주만물이 있으려면 먼저 그것들을 알아차리고 주재하는 '마음'이 있어야 합니다. 이것이 불교의 입장입니다.

그런데 이 4가지 원소들은 '마음의 대상'은 될지언정 '마음 그 자체'는 아니기 때문에 인식능력이 없습니다. '무지無知'한 것이죠. 그러니 거기에서는 '불성'을 찾을 수 없습니다. 그럼 불성을 어디서 찾을 것이냐? 당연히 '인식능력'을 지닌 '마음'에서 찾아야 합니다.

그런데 마음의 차원도 다양합니다. '오감'의 영역대가 있고, '감정'의 영역대가 따로 있고, '생각'의 영역대가 또 따로 있어요. 그리고 이 모든 행위들의 저장소 역할을 하는 '무의식'의 영역대가 따로 있고, 이러한 모든 영역을 넘어선 '참 마음'의 영역대가 또 따로 있지요.

마음이라는 것이 이렇게 큽니다. 이 마음에 없는 것은 우리가 인식할 수 없습니다. 우리는 우리의 마음에 떠오른 것만 인식할 수 있으니 마음이 곧 '우주'입니다. 우리가 우주가 이렇다 저렇다 하는 것은 다 우리 '마음'에 떠오른 것들을 가지고 말하는 것이죠. 관찰 대상은 관찰자의 조건에 따르게 되어 있으니까요.

개는 개의 마음에 나타난 세상만을 인식하고 살아가고(개의 법계法界), 소는 소의 마음에 나타난 세상만을 인식하며 살아갑니다(소의 법계). 우리 인간도 마찬가지입니다(인간의 법계). 우리는 마음에 떠오른 대상들만을 보고 듣고 느끼며 '각자의 법계'(사람마다 각자 자신의 법계를 살아감)를 살아가는 것입니다. 그렇다고 이 우주 자체가 지극히 주관적인 것이라는 말은 아닙니다. 이 우주는 마치 '사이버 게임'과 같습니다. 분명히 객관적인 게임의 세계는 존재하는데, 우리 각자가 자신의 모니터로만 게임 속 세상을 경험하는 것이지요.

대승불교에서 "일체를 마음이 만들었다!"라고 하는데, 그 말의 의미도 바로 이것입니다. 우주가 헛된 것이라는 것이 아니라, 현상계는 분명 엄정한 인과법칙이 지배하는 객관적인 '진리의 세계'(法界)이나, 중생들은 각자 자신의 '마음'으로 이 우주를 인식하면서, 지배하는 법들이 서로 다른 '각자의 법계'를 살아간다는 뜻입니다.

그리고 그물망의 모든 구슬이 서로가 서로를 무한하게 비추며 영향을 주고받는 '인드라망indrjala'(제석천의 무기인 보석 구슬이 박힌 그물)의 구슬처럼, 우리 중생들도 서로의 법계를 끝없이 비추고 반영하면서 살아갑니다. 이것이 우리가 살아가는 세계의 실상입니다. 이것을 서로 무한한 상호 작용을 하는 세계인 '중중무진법계重重無盡法界'라고 하죠.

각설하고 '지·수·화·풍'의 4가지 원소는 자체의 '인식능력'이 없습니다. 그럼 불성은 어디에 있느냐? 마음이냐? 그런데 마음을 살펴보면, 오감·감정·생각은 인식능력은 있지만 불완전합니다. 뭔가 문제가 있죠. '불완전한 인식능력'은 '불성'이 될 수 없습니다. 물질처럼 '무지無知'하지는 않아도 불성의 조건이 되는 '전지全知'도 아니니까요.

불성의 빛이 '태양빛'과 같이 밝다면, 이 오감·감정·생각의 빛은 '달빛'과 같아서 흐립니다. 그리고 그 약한 빛도 태양에서 빌려 온 것이고요. 달빛은 태양빛을 반사해서 쓰지요. 마찬가지로 오감·감정·생각은 '참나의 청정·광명한 빛'을 빌려다 쓰는 것입니다. 그렇다면 다음과 같은 그림이 가능할 것입니다. 모든 '인식능력' '알아차림'의 근원은 '참나'입니다. 그 빛을 반사해서 쓰는 것이 '마음' 즉 생각·감정·오감이고, 그 끝에 지·수·화·

풍의 4가지 원소로 이루어진 '물질'이 존재합니다.

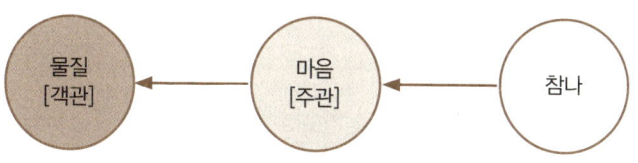

[인식능력에 따른 존재의 위상]

'참나'의 인식능력은 현상계의 모든 사정을 꿰뚫어 보는 무제한의 인식능력, 즉 '전지全知'이며, 그 인식능력이 제한되어 있는 '생각·감정·오감'의 인식능력은 '제한된 인식능력'이고, 물질은 '인식의 대상'인 '무지無知'로서 기능합니다. 이것이 각 존재의 위상입니다.

마음의 대상인 '물질'과 그 대상을 인식하고 생각하고 감정을 일으키는 '마음'을 초월하여, 즉 그러한 '주관(마음)·객관(물질)'의 움직임을 모두 초월하여 있는 그대로 알아차리는 '순수한 알아차리는 자'를 찾으십시오. 그리고 '알아차리는 자'로서만 존재하십시오. 그 자리가 바로 '참 마음' '참나'의 자리입니다.

[주관·객관을 초월하여 알아차리는 자]

제4장
그 세 번째 이야기

그러므로 임제臨濟(?~867) 스님께서 이르시길 "지地·수水·화火·풍風으로 이루어진 이 육신은 진리를 설명할 수 없고 진리를 들을 수도 없으며, 허공도 진리를 설명할 수 없고 진리를 듣지 못한다. 오직 그대의 눈앞에 또렷하게 광명하며 형체를 지니지 않은 그것이라야, 비로소 진리를 설명하고 진리를 들을 수 있다."라고 하셨다. 여기에서 말하는 '형체가 없는 그것'이 바로 모든 부처님의 '진리의 도장'(法印)이며, 또한 그대의 '본래 마음'이다.

사정이 이러하니 '불성'이 지금 그대의 몸에 있는데 어찌 밖에서 구하려고 하는가? 만약 그대가 내 말을 믿을 수 없다면, 옛 성인들이 도道에 들어간 인연을 간략히 들어 그대가 의심을 풀 수 있도록 할 것이니, 그대는 잘 이해하여 확신하기 바란다.

故臨濟云 四大不解說法聽法 虛空不解說法聽法 只汝目前 歷歷孤明 勿形段者 始解說法聽法 所謂勿形段者 是諸佛之法印 亦是汝本來心也 則佛性現在汝身 何假外求 汝若不信 略擧古聖 入道因緣 令汝除疑 汝須諦信

임제종臨濟宗의 창시자이신 임제 스님께서는 이런 말씀을 하셨습니다. "우리가 진리를 말하기도 하고 듣기도 하는데, 그 말하고 듣는 주체가 무엇이냐? 물질로 이루어진 너의 '육신'이냐? 아니면 텅 빈 '허공'이냐?"라고 말입니다. 우리는 흔히 눈이 있고 귀가 있고 혀가 있기 때문에 우리가 보고 듣고 말할 수 있다고 생각합니다.

그런데 시체는 눈이 있고 귀가 있더라도 보고 듣지 못하지 않나요? '지·수·화·풍'으로 이루어진 우리의 육신 자체에는 '알아차리는 능력'이 없는 것이지요. 그렇다면 우리는 반대로 막연한 '허공'을 생각하기 쉬워요. 공간을 꽉 채우고 있는 '물질'이 아닌 '텅 빈 허공' 말입니다. 그런데 그것도 아니죠. 허공은 진리를 보고 듣고 하는 알아차리는 능력이 없으니까요.

'물질'도 아니고 '허공'도 아니라면 도대체 우리의 '참된 마음' 즉, '순수한 알아차리는 능력'은 어디에 있는 것일까요? 분명히 한 명은 진리를 말하고 있고, 한 명은 진리를 듣고 있는데, 도대체 이 '말하는 자리'와 '듣는 자리'가 명확하지 않으니 의문이 생기죠. 뭔가 그 실체가 있고 분명히 존재하면서 생각·감정·오감을 알아차리는데, 텅 빈 허공처럼 형체는 없는 무엇, 이것이 바로 우리의 '참 마음'이라는 것입니다.

한국 최고의 고승이신 원효元曉(617~686) 스님께서는 이런 말씀을 하셨어요.

> '한마음'(一心)이란 무엇이던가? 일체의 현상계는 '오염됨·청정함'(染·淨)의 구분이 있으나, 그 본성은 이렇게 둘로 나누어지지 않으니, '참됨·망령됨'(眞·妄)의 2가지 문을 구분할 수 없다. 그래서 '하나'(一)라고 이름한 것이다. 이 이원성의 구분이 없는 그 자리는 온갖 현상계의 실체가 된다. 그래서 텅 비기만 한 '허공'과는 같지 않으니, 본성은 스스로 신령스러운 인식능력을 가지고 있다. 그래서 '마음'(心)이라고 이름한다.
> 何爲一心 謂染淨諸法 其性無二 眞妄二門 不得有異 故名爲一 此無二處 諸法中實 不同虛空 性自神解 故名爲心 (『대승기신론소大乘起信論疏』)

결국 일체 만유의 근본인 '한마음'은 무엇인가요? '이원성을 초월한 신령스러운 알아차림'입니다. 왜 '한마음'이라고 하느냐 하면, 일체의 현상계는 음陰·양陽이 둘로 나뉘어 존재하는데 이 참 마음은 둘로 나뉘지 않기 때문에 '하나'(一)라고 하는 것입니다. 또한 텅 빈 허공과는 달리 '신령스러운 인식능력' 즉 '알아차리는 능력'을 지니고 있어서 '마음'(心)이라고 하며, 이를 합해서 '한마음'이라고 한다고 하셨습니다.

우리의 '참 마음'이 '허공'과 다른 점이 바로 이것입니다. 참 마음은 허공과는 달리 텅 비어 있으되 신령스러운 인식능력인 '알아차리는 능력'을 가지고 있다는 것 말입니다. 허공도 아니고 물질도 아니면서 인식능력을 지니며, 우리의 오감·감정·생각의 핵이 되는 존재, 이것이 바로 '알아차리는 자'입니다. 마음과 물질과 분리되지도 않으면서 그것과 아주 섞이지도 않는 신령스러운 정신의 핵심, 이것이 바로 우리의 본래 모습입니다.

'참 마음'(한마음)의 본체는 분명 우리의 생각·감정·오감·물질을 초월하여 존재합니다. 그러나 그 광대한 작용은 우리의 마음·육신을 벗어나지 않아요. 하루 종일 웃고 울고, 배고프고 목마르며, 춥고 더운 그 모든 작용의 핵심이 바로 '알아차리는 자'입니다. 작용이 본체를 떠날 수 없듯이, 본체도 작용을 떠날 수 없습니다. 그것이 어떠한 내용을 지니건, 오감·감정·생각이 움직이는 '그 자리'에 바로 참 마음이 존재합니다. 사정이 이러한데 불성·참나를 어떻게 밖에서 찾을 수 있겠습니까?

지금 이 순간 여러분의 불성은 어디에 있습니까? 찾으셨습니까? 똑똑히 느껴지십니까? "도대체 어디에 있는지 모르겠다."라는 목소리가 터져 나올 수 있어요. 하지만 포기하지 마세요. 방금 그러한 불만의 목소리를 '알아차리는 자'가 바로 '불성 자리'

이거든요. 아직 포기할 때가 아닙니다. '좋은 생각'이건 '답답한 생각·나쁜 생각'이건, 그런 생각을 '알아차리는 자리'는 동일합니다. 그 자리에 몰입하세요.

"아, 참선은 너무 힘들어." "포기하자!"라는 생각이 일어날 때에도, 곧장 그런 생각에 대해 "몰라!" "나는 너를 모른다!"라고 선언하고, 이 모든 것을 '알아차리는 자리'만을 직시하십시오. 그 자리가 바로 우리의 '불성'입니다. 그 자리에 집중하지 못하고 잡념에 휘둘리는 것은 불성을 뒤덮는 또 한 겹의 덮개를 만들 뿐입니다.

제4장
그 네 번째 이야기

옛날에 이견왕異見王이 바라제 존자에게 물었다.

[이견왕] 무엇을 부처라고 합니까?
[존자] 견성見性(불성을 보는 것)이 부처입니다.

[이견왕] 스님은 견성을 하셨습니까?
[존자] 나는 '불성佛性'을 보았습니다.

[이견왕] 그 불성이라는 것은 어느 곳에 있습니까?
[존자] 불성은 작용하는 가운데 있습니다.

[이견왕] 어떻게 작용하기에 제가 지금 보지 못하는 것입니까?
[존자] 지금도 작용을 나타내고 있는데, 왕께서 스스로 보지 못할 뿐입니다.

[이견왕] 나에게도 그것이 있습니까?
[존자] 만약 불성이 왕께 작용한다면 모두 다 불성 아님이 없으며, 만약 불성이 왕께 작용하지 않는다면 왕께서는 몸도 보기 어려우실 것입니다.

[이견왕] 만약 그것이 작용한다면 몇 군데에서 나타납니까?
[존자] 나타날 때는 8군데로 나타납니다.

[이견왕] 불성이 나타나는 8군데를 나를 위해 설명해 주십시오.
[존자] ① 태胎 속에 있으면 '몸'(身)이라 하고, ② 세상에 나오면 '사람'(人)이라 하며, ③ 눈에 있으면 '봄'이라 하고, ④ 귀에 있으면 '들음'이라 하며, ⑤ 코에 있으면 '냄새 맡음'이라고 하고, ⑥ 혀에 있을 때에는 '말함'이라고 하며, ⑦ 손에 있으면 '붙잡음'이라고 하고, ⑧ 발에 있으면 '분주히 걸음'이라고 합니다. 두루 나타내 보이면 모래알같이 끝없는 세계를 모두 감싸고, 거두어들이면 하나의 티끌 속에 존재합니다. 아는 이는 이것을 '불성'이라고 하지만, 모르는 이는 '정밀한 혼'이라 부릅니다.

왕은 이 말을 듣자 마음이 즉시 열리었다.

昔異見王 問婆羅提尊者曰 何者是佛 尊者曰見性是佛 王曰師見性否 尊者曰我見佛性 王曰性在何處 尊者曰性在作用 王曰是何作用 我今不見 尊者曰今現作用 王自不見 王曰於我有否 尊者曰王若作用 無有不是 王若不用 體亦難見 王曰若當用時 幾處出現 尊者曰若出現時 當有其八 王曰其八出現 當爲我說 尊者曰在胎曰身 處世曰人 在眼曰見 在耳曰聞 在鼻辨香 在舌談論 在手執捉 在足運奔 徧現俱該沙界 收攝在一微塵 識者知是佛性 不識者喚作精魂 王聞心卽開悟

옛날에 '이견왕異見王'이라는 분이 있었어요. 이견왕은 달마 대사의 조카입니다. 달마 대사께서는 원래 왕자의 신분으로 왕의 셋째 아들인데, 이 이견왕이란 분은 달마 대사의 큰 형님의 아들이에요. 그런데 이견왕이란 분이 달마 대사가 자기 삼촌인데도, 한때 불교를 탄압했어요. 이견왕이 불교를 믿지 않고 탄압하니까, 달마 대사의 제자 중에서 바라제 존자라는 분이 찾아가서 불교 탄압을 중지하라고 설득을 한 것이죠. 앞의 대화가 그 핵심 내용입니다.

이견왕이 "부처가 뭐냐?"라고 물었어요. "부처는 도대체 뭐하는 사람이냐?" 이것은 부처가 도대체 어떤 존재이기에 다들 부처를 받드냐는 질문인 것이죠. 그러자 바라제 존자는 "부처라는 존재는 '본성'을 본 사람이다."라고 답했습니다. 부처가 별다른 존재가 아니라, 자기 마음의 핵심인 '불성' 즉 '알아차리는 자'를 본 사람일 뿐이라는 것이죠.

"그러면 그대는 견성했는가?" 하고 왕이 묻자 바라제 존자가 "나는 불성을 보았다." 하고 답합니다. 자기도 못 본 것을 남에게 가르칠 수는 없는 노릇이지요. 사과의 맛을 모르면서 어떻게 남에게 사과의 맛을 알려주겠습니까? 이견왕의 질문이 실로 타당하지요. 불성도 못 본 사람에게 불교 강의를 들어 보았자, 그 핵심을 얻어 들을 수는 없는 노릇이니까요. 만약 중국에서 발전된 선불교의 선문답 같았으면, 바라제 존자가 주먹을 내밀고 방망이를 휘두르고 했을지도 모릅니다. 그러나 인도는 하나씩 논리적으로 풀어가는 방식을 좋아하기 때문에, 바라제 존자는 불성의 비밀을 찬찬히 설명해 갑니다.

그러자 왕이 "그렇다면 그 '불성'이란 물건은 어디에 있는 것인가?" 하고 또다시 핵심을 찌르는 질문을 던집니다. 답이 걸작이죠. "작용하는 중에 있다." 앞에서 살펴보았듯이, '불성' 즉 '참마음'은 온 우주의 본체·뿌리이면서 동시에 작용을 떠나지 않는다고 말한 것입니다. 작용이 본체를 떠나지 않듯이, 본체도 작용을 떠나지 않지요.

'불성'(알아차리는 자)은 우리의 생각·감정·오감을 초월해 있으면서도, 그러한 현상계의 작용에서 떠나지 않습니다. 오히려 그러한 모든 작용의 '뿌리'가 되어 줍니다. 그러니 불성을 찾는 것은 아주 쉽습니다. 일체의 작용은 '알아차리는 자리'에 뿌리를 두고 존재하니, 그 '작용'이 일어나는 곳을 찾아보면 되니까요.

그런데 그 말이 잘 이해가 되지 않자 왕이 다시 묻습니다. "도대체 어디에서 작용하고 있다는 말인가? 내 눈에는 보이지 않는다."라고 말입니다. 그러자 바라제 존자가 답합니다. "그대가 보지 못했다고 알아차린 그 자리가, 바로 '불성'(알아차리는 자)이 작용하는 자리이다. 잘 작동하고 있는데, 그대가 실상을 보지 못할 뿐이다." 앞에서 이미 살펴본 내용이니 어렵지 않지요? 우리의 생각이 일어나고, 감정이 발생하고, 오감이 작동하는 것을 '알아차리는 자리'가 바로 우리의 불성인 것입니다.

불성은
작용을
떠나지 않는다

이러한 사정을 모르는 왕은 당황스럽겠죠. "나에게도 그것이 있단 말인가?" 그러자 바라제 존자가 답합니다. "만약 불성이 없다면 그대는 지금 이 순간 그대의 몸뚱이도 볼 수가 없을 것이다." 이것은 아주 정확한 답입니다. '알아차리는 자'가 없다면, 오감·감정·생각은 설 자리를 잃습니다. 작동할 수가 없어요. 태양이 사라지면 달이 빛을 낼 수 있을까요? 어림없는 소리죠.

"그렇다면 나를 위해 도대체 어디서 작용하고 있는지, 그 자리를 가르쳐 주오." 하고 왕이 묻자 바라제 존자가 8군데를 가르쳐 줍니다. ① 몸(身) ② 사람(人) ③ 봄 ④ 들음 ⑤ 냄새 맡음

⑥ 말함 ⑦ 붙잡음 ⑧ 걸음이 그것입니다. 모두 오감·감정·생각의 나툼일 뿐이죠. 그것 말고는 다른 작용이 없습니다. 우리의 '몸과 마음의 작용'이 불성이 나타나는 작용의 전부입니다.

인간의 모든 생각·감정·오감의 작용이 그대로 '알아차리는 자'(불성)의 작용인 것이지요. 그래서 불성이 두루 나타나면 우주를 감싸지만, 거두어들이면 하나의 티끌 속에도 들어간다고 하는 것입니다. 크게는 온 우주, 작게는 소립자나 원자·분자 같은 미세한 존재도 결국 '알아차리는 자'에 의지하여 우리 마음에 존재한다는 것입니다. 우리가 보고 듣고 느끼는 모든 현상은 전부 우리의 '마음'에 나타난 것일 뿐입니다. 그리고 마음에 나타난 모든 존재는 '알아차리는 자'에 의지하여 존재합니다.

이 알아차리는 자가 '시공을 초월한 참나'입니다. 우리의 본래 모습인 '참 마음'입니다. 그런데 이러한 사정을 잘 모르는 사람들은, 이러한 핵심이 되는 우리의 '불성'을 '정혼精魂', 다시 말하면 '정밀한 혼'이라고 부릅니다. 그런데 '정혼'이라는 것은 '에고의 작용'일 뿐입니다. 우리 마음의 핵심이 되는 자리를 그냥 정혼이라고 불러서는 안 됩니다. '시공을 초월한 알아차림'은 '순수한 영靈'의 자리예요. 이 자리를 지금 이 순간 자신의 마음속에서 정확히 찾아보시기 바랍니다.

제4장
그 다섯 번째 이야기

또 어떤 스님이 귀종歸宗 화상에게 묻기를 "무엇이 부처입니까?"라고 하였다. 귀종 화상께서 답하시길 "내가 지금 그대에게 말해 주고 싶은데, 그대가 믿지 않을까 두렵다."라고 하셨다. 스님이 말하길 "화상의 가르침을 어찌 감히 믿지 않겠습니까?"라고 하자, 화상이 말씀하시길 "그대가 바로 부처다!"라고 하셨다.

又僧問歸宗和尚 如何是佛 宗云我今向汝道 恐汝不信 僧云和尚誠言 焉敢不信 師云卽汝是

어떤 스님이 귀종 화상에게 물었어요. "무엇이 부처입니까?" 그러자 귀종 스님은 "정말로 내가 그대에게 진실을 바로 말해 줄 터인데, 그대가 믿을 수 있으려나 모르겠다. 그대가 바로 부처다!" 하고 답하셨습니다. 묻는 이나 답하는 이나 참으로 난감한 대화입니다. 묻는 이는 자신이 부처라는 사실을 어떻게 받아들여야 할지 난감했을 것이요, 답하는 이는 상대방이 이 사실을 과연 받아들일 수 있을까 난감했을 것입니다.

지금 여러분을 대하는 저의 심정도 마찬가지입니다. 이 사실을 어떻게 이야기해야 할 것인지가 난감합니다. 누가 와서 "부처가 뭡니까?" 하고 묻는데, 부처가 무엇인지 궁금해하고 그것을 저에게 와서 묻는 바로 '그 자리'가 '부처 자리'이거든요. 참 마음은 작용을 떠나서 홀로 존재하지 않습니다. 모든 작용이 참 마음을 뿌리로 해서 작동합니다. 의심하고(생각), 답답해하고(감정), 묻는(오감) 그 자리에 바로 불성이 현현하고 있는 것입니다.

그러니 불성을 찾아 멀리 갈 필요가 없어요. 그런 의심·답답함·질문이 일어날 때 "이러한 생각·감정·오감이 어디서 일어나는가?" 하고 물어보세요. 좀 더 구체적으로 말하자면 "이러한 생각·감정·오감이 일어나고 사라지는 것을 처음부터 끝까지 '고요하게 알아차리는 자리'는 어디인가?" 하고 돌이켜 보세요.

제 4 장 · 불성을 보는 비결

그리고 그 자리에 집중해 보세요. 반드시 답이 나오게 되어 있습니다.

이것이 밖(생각·감정·오감)으로 치달리는 우리의 의식을 안으로 돌이켜서, 그러한 모든 의식의 근원을 곧장 바라보는 '회광반조回光返照'의 방법입니다. 이 법을 자꾸 익히시면 '견성'(참나의 각성)이 자연스럽게 이루어집니다. 한 번에 되는 것이 아니니, 자꾸 노력하셔야 합니다. 자꾸 의식하고 노력하다 보면, 어느덧 그 자리가 떡하니 나타납니다. 피할 수가 없어요. 방귀가 잦으면 똥을 싸는 법이죠.

제4장
그 여섯 번째 이야기

그 스님이 묻기를 "어떻게 보임(保任)[3] 해야 합니까?"라고 하였다. 귀종 화상이 답하시길 "먼지 하나가 눈 속에 들어가니, 허공 꽃이 어지러이 떨어진다."라고 하셨다. 묻던 그 스님은 이 말에 즉시 깨닫는 바가 있었다.

僧云如何保任 師云一穢在眼 空花亂墜 其僧言下有省

---

[3] **보임** 견성의 경지를 잘 보호하고 챙기는 것

앞서의 체험을 통해 "부처가 뭔가?"를 의심하는 '나'라는 존재가 바로 부처라는 사실을 깨닫게 되면, 이것을 흔히 '돈오頓悟'라고 합니다. 말 그대로 "단박에 깨달았다."라는 의미입니다. 그런데 좀 의심이 나지요? 죽도록 참선하다가 깨쳤는데, 무슨 '단박'이냐 하고 말입니다. 그게 이유가 있습니다.

예를 하나 들어 보겠습니다. 어떤 부자富者가 자신의 아들을 아주 어려서 잃어버렸다고 합시다. 그 아들이 거지들 손에 길러져서, 어려서부터 동냥을 배우고 구걸하는 법을 배웠습니다. 그렇게 고생 고생하면서 자신의 친부모를 찾고 또 찾았어요. 그런데 그 부자의 아들은 나이가 들어 청년이 된 뒤에야, 그토록 찾아 헤매던 자신의 친부모를 만났습니다.

자신의 부모를 만나는 순간, 그 청년은 자신의 부모가 누구라는 것과 자신이 '부자의 아들'이라는 것을 '단박에' 알게 되겠죠? 차차 아는 것이 아니라 그냥 부자인 친부모를 보는 순간 알 것입니다. "우리 부모님은 부자로구나. 나는 부자의 아들이었구나!"라고요. 그리고 그 순간, 자신이 오랫동안 품어 왔던 '부모에 대한 거짓된 관념'들은 '단박에' 날아가게 됩니다.

그런데 그렇다고 해서 거지 시절에 동냥하고 구걸하던 버릇,

거지 시절의 사고방식, 가난하게 살아왔던 각종 습관들이 하루아침에 사라지겠습니까? 바로 사라지지는 않지요. 차츰차츰 '점진적으로' 사라져 갈 것입니다. 수많은 시행착오를 거쳐 하나씩 교정되어 갈 것입니다. 왜냐하면 그러한 무수한 정보들은 우리의 '무의식'에 깊이 자리 잡혀 있기 때문입니다.

그러한 습기習氣(업의 잠재력)들은 언제든 조건만 만나면 다시 나와서 우리의 눈을 가리고 우리가 이기적으로 행동하도록 부추길 것이며, 기존의 그릇된 생각·감정·행동의 패턴을 반복하도록 유혹할 것입니다. 이것을 모두 떨쳐 낼 때 진정한 '부자의 아들'이 될 수 있습니다. 그래야 거지 시절의 모든 생각·감정·행동의 습관을 말끔히 씻어 내어 부자답게 생각하고 감정을 일으키게 될 것이며, 부자답게 말하고 행동할 것입니다. 그야말로 '완벽한 부자'가 되는 것입니다.

우리 '부처님의 길'을 닦는 수행자들도 마찬가지입니다. 자신의 본래 모습이 '부처'라는 사실은 어느 순간에 '단박에' 알게 됩니다(돈오). 물론 많은 수행을 거쳐서 알게 되는 것이지, 그냥 아는 것은 아닙니다. 자꾸 노력하고 또 노력하다 보니, 어느 순간에 "아, 내가 본래 부처로구나!" 하는 사실을 '단박에' 알게 됩니다. 그리고 자신이 부처인 줄을 모르던 시절 품어 왔던 그

룻된 고정관념들도 '단박에' 버리게 될 것입니다.

그런데 우리가 부처인 줄 모르고 살던 시절 이루어졌던 끝이 없는 생각·감정·오감의 '습기'는 어디 가지 않고 고스란히 우리의 '무의식' 속에 저장되어 있습니다. 이것들을 모두 씻어 내기 전까지는 아직 '완전한 부처'가 될 수 없어요. 자신이 부자의 아들이라는 것을 너무나 명확히 알면서도 거지 시절의 습관에서 벗어나기 힘든 청년과 같은 경우인 것이죠. 우리는 부처라는 사실을 알면서도, 자꾸자꾸 튀어나오는 과거의 고정관념·습관들로부터 아직 자유롭지 못합니다.

고정관념과
습관들로부터
자유를 얻어라!

이렇게 오래 묵은 습기들은 차츰차츰 점진적으로 닦아야 합니다(점수). '보임保任'이란 "보호하고 잘 챙긴다."라는 것으로, 우리가 돈오를 통해 얻은 '참나의 고요함·자명함'을 잘 길러서 잃어버리는 일이 없게 하는 것입니다. '돈오'가 아이를 낳은 것이라면, '점수' 즉 보임은 아이를 잘 길러서 사람 구실을 할 수 있게 만드는 과정인 것이죠.

깨달은 뒤에 닦아가는 법인 보임 공부의 방법을 묻는 스님에게, 귀종 스님은 "먼지 하나가 눈에 들어가니, 헛것이 보인다."라고 보임 공부의 비결을 말씀해 주십니다. 멀쩡하던 우리 눈에 먼지가 끼게 되면 헛것이 보이겠죠. 이것을 '허공 꽃'이 핀다고 합니다. 허공 꽃은 실체가 없는 것이죠. 그냥 먼지 낀 눈에만 그것이 실제로 있는 것처럼 보일 뿐입니다.

이게 무슨 소리인가 하면, 이미 견성을 해서 우리의 본래 모습이 시간·공간을 초월한 '부처'라는 사실을 깨달았더라도, 우리 마음속에서는 묵은 습기들이 자꾸 올라오게 됩니다. 고정관념·습관들이 자꾸 튀어나오는 것이죠. 그때마다 당황하거나 좌절하지 말고, 그냥 그것들이 본래 '참나 자리'(알아차리는 자)에서 허망하게 일어난 실체가 없는 '헛된 물건'(참나의 작용)이라는 사실을 직시하고, 그것들이 나온 자리인 참나 자리를 잃어버리지 말라는 이야기입니다.

온갖 경계에 부딪치더라도 현상계의 실상을 정확히 파악하고서, 모든 것을 현상계의 뿌리인 '참나 자리'에 되돌리고 갈 수만 있다면, 우리는 어떤 업장도 정화시킬 수 있습니다. 모든 업장의 발현을 '허공에 핀 환영의 꽃'(참나의 작용)으로 보고 집착하지 않으며, '참나의 뜻'대로 청정한 선업을 닦아가는 것, 이것이 바로 '보임 공부의 최고 요결'입니다. 핵심은 번뇌·망상(잡철)이 솟아나는 대로 '참나'로 되돌리고 정화시켜서, 진정한 '참나의 나툼'(순금)으로 승화시키는 '영적 연금술'을 쓰라는 것이죠.

보임을 제대로 완수하기 위해서는 무엇보다 어떤 상황에서도 우리의 마음을 '참나 자리'로 되돌려 써야 합니다. 그래야만 업장을 정화시킬 수 있으니까요. 비단 불교만이 아니라 유교儒敎에서도, 완전한 성인이 되기 위해서는 무엇보다 '참 마음'(양심)을 잘 챙기라고 가르칩니다. 성리학의 집대성자인 주자朱子의 『대학장구大學章句』를 보면 이에 대해 잘 알 수 있습니다.

주자는 '인의예지신의 근본원리를 갖춘 양심'(밝은 덕)을 강조하나 이는 '6바라밀의 근본원리를 갖춘 참 마음'과 동일하며, 또한 '양심'을 '텅 비어 있되 신령하고 밝게 알아차리는 의식'(虛靈不昧) '텅 비어 있되 신령스러운 알아차림'(虛靈知覺)이라고 보았습니다. 이렇게 서로 통하니 주자의 말씀을 불교식으로 한번 살펴보겠습니다.

> '밝은 덕'(明德, 양심·참 마음)이란 사람이 하느님께 얻은 것으로, '텅 비어 있되 신령하고 밝게 알아차리는 의식'(虛靈不昧)이니, 천지만물의 모든 '원리'(理, 6바라밀의 근본원리)를 갖추고서 만 가지

일에 응하는 주체가 되는 것이다. 단지 선천적으로 '기질氣質'(선천적 업장)에 의해 가려지고, 후천적으로 '사람의 욕망'(人欲, 후천적 업장)에 의해 가려져서 때때로 어두워진 것일 뿐이다.
明德者 人之所得乎天 而虛靈不昧 以具衆理而應萬事者也 但爲氣稟所拘 人欲所蔽 則有時而昏

그러나 그 '본체'의 광명함은 한 번도 어두워진 적이 없다. 그러므로 배우는 자는 그 발현된 것(6바라밀의 싹)을 토대로 하여 철저히 밝혀냄으로써(6바라밀의 확충), 그 '처음의 본래 모습'(6바라밀의 근본원리)을 온전히 회복하여야 한다.
然其本體之明 則有未嘗息者 故學者當因其所發而遂明之 以復其初也 『대학장구』

'하느님의 밝은 명령'(6바라밀의 원리를 갖춘 참 마음)이란 하느님이 나에게 주시고 내가 받아서 나의 '밝은 덕'으로 삼은 바이다. 그러므로 항상 시선을 거기에 두어야 하니, 잠깐이라도 어두워지게 해서는 안 된다.
天之明命 卽天之所以與我 而我之所以爲德者也 常目在之 則無時不明矣 『대학장구』

서로 다르지 않죠? 유교에서 말하는 '양심의 근본원리'는 바로 '인의예지신仁義禮智信'이고, 또 '경敬'을 최고의 심법으로 강조합니다.

① 움직이건 고요하건 늘 깨어있는
 '몰입'(敬)은 6바라밀 중 '선정'과 통하고,
② 내가 받고 싶은 것을 남에게 베푸는
 '사랑'(仁)은 '보시'와 통하고,
③ 내가 당하기 싫은 일을 남에게 가하지 않는
 '정의'(義)는 '지계'와 통하고,
④ 상대방의 입장을 수용하고 상황과 조화를 이루는
 '예절'(禮)은 '인욕'과 통하고,
⑤ 양심의 인도에 최선을 다하는
 '성실'(信)은 '정진'과 통하고,
⑥ 늘 근거가 있는 자명한 것만을 옳다고 인가하는
 '지혜'(智)는 '반야'와 통합니다.

이렇게 '6바라밀의 근본원리를 갖춘 허령지각'을 잘 챙겨서, 그 인도를 따라 기질을 변화시켜 나가는 것, 이것이 '군자의 길'의 핵심입니다. 불가의 보살이 자신의 '참 마음'(眞心)이 이끄는 대로 "자신을 이롭게 하고 남을 이롭게 하자!"(自利利他), "위로는 지혜를 구하고, 아래로는 중생을 구제하자!"(上求菩提 下化衆生)

라는 가르침을 닦아가듯이, 유가의 군자는 자신의 '양심良心'이 이끄는 대로 "나를 닦고 남을 다스리자!"(修己治人), "타고난 양심을 다시 밝혀내어, 백성들이 날로 새로워지게 도와주자!"(明明德新民)라는 가르침을 닦아갑니다. 군자의 길과 보살의 길은 사실 하나의 길인 것입니다.

각설하고, 언제 어디서나 '참나 자리'(알아차리는 자)를 잘 챙겨서 묵은 업장을 모두 정화하고, 참 마음이 현상계에 완벽히 구현되도록 배양하는 것, 이것이야말로 진정한 '보임保任'입니다. 보임을 잘하는 이는, 생각·감정·오감의 모든 현상계의 변화가 '참나 자리'(시공을 초월한 알아차림)에서 일어나는 '허공 꽃'이라는 사실을 잊지 않고, 항상 내려놓고 가는 집착 없는 삶을 삽니다. 현상계를 버리지도 않고, 그렇다고 현상계에 빠지지도 않으면서, 걸림 없이 자유자재로 지혜롭게 살아갑니다.

제4장
그 일곱 번째 이야기

위에서 말한 옛 성인들이 도道에 들어간 이야기가 명백하고 간단하여, 수고를 덜기에 도움이 될 것이다. 이 공안公案[4]에 의지해서 닦아가는 중에 무언가 믿음이 생기고 이해가 되는 곳이 있다면, 옛 성인들과 함께 손을 맞잡고 거닐게 될 것이다.

上來所擧古聖 入道因緣 明白簡易 不妨省力 因此公案 若有信解處 卽與古聖 把手共行

---

4) 공안 그 답이 깨달음으로 통하는 문제

옛날 성인들이 진리를 깨친 이야기(이견왕·귀종 스님)가 명백하니, "이것을 '공안公案'으로 삼아서 공부해 가면 반드시 깨닫게 될 것이다!"라는 말인데요, '공안'이란 '공적인 안건'을 말합니다. 우리가 당장 해결해야 하는 '공적인 퀴즈'가 공안이니, 사건의 진상을 명백하게 파헤쳐서 조금의 의심도 남겨서는 안 됩니다. 사건의 정황은 어떻게 된 것이며, 문제점은 무엇이고, 해결책은 무엇인가 등에 대해서 말입니다.

특히 선불교에서 말하는 공안은 그것을 풀면 곧장 '진리'를 깨칠 수 있는 문제들입니다. 최고의 공안은 "나는 누구인가?" 하는 것입니다. 이 의문을 언제 어디서나 기억하십시오. 그러면 이 의문을 타파하고, 자신의 '본래 모습'(순수한 알아차림)을 만나는 날이 반드시 올 것입니다.

제5장

모든 성인들께서는 돈오와 점수의 길을 걸으셨다

제5장
그 첫 번째 이야기

[질문 2] 스님께서 말씀하시는 '견성見性'이 만약 진정한 견성이라면, (견성하는) 즉시 성인聖人이 되어 '신통·변화'를 나타내어 보통 사람과는 달라야 할 것입니다. 그런데 무슨 이유로 요즘의 마음 닦는 사람들은 한 사람도 신통·변화를 나타내는 사람이 없습니까?

問汝言見性 若眞見性 卽是聖人 應現神通變化 與人有殊 何故今時修心之輩 無有一人 發現神通變化耶

예전이나 지금이나 똑같습니다. 이것은 요즘 사람들도 흔히 일으킬 수 있는 의심이죠. "'참나를 봤다.'(見性)라고 말하는 사람들은 많은데, 왜 부처님과 같은 신통·변화를 부리는 사람은 없느냐?" 하는 것입니다. 흔히들 "견성하면 부처다!"(見性成佛)라고 하지요. 이게 '돈오돈수頓悟頓修'(단박에 깨닫고 나면 더 닦을 것이 없음) 주장에서는 당연한 이야기인데, 견성했으면 곧장 부처라는 말입니다.

과연 그럴까요? ① 절대계의 차원에서 보면, 일단 참나를 깨달으면(돈오) 참나 자리에는 더 닦을 것이 없다는 말이 맞습니다(돈수). ② 하지만 현상계의 차원에서 보면, 돈오를 했다고 해서 바로 '부처'가 되는 것이 아니죠. 돈오는 이제 불성에서 싹이 난 것일 뿐, 아직 온전한 나무가 아니니까요. 사람으로 치면 이제 갓 태어난 핏덩이지, 사람 구실을 다 하지는 못하는 상태입니다. 그래서 '점수漸修'가 필요한 것입니다.

"견성하면 부처다!"라는 말은 이러한 속사정을 모두 함축한 말이지, 문자 그대로 견성하자마자 부처라고 봐서는 곤란합니다. '견성'에도 여러 단계가 있는데, 일반적으로 마지막 성불의 단계에 진입한 것을 '궁극의 견성'이라고 봅니다. 학파에 따라서는 이것만을 '견성'이라고 여기기도 합니다. 그런 입장에서는

'견성성불'이 말 그대로의 의미를 지닙니다.

그러나 초기불교 이래로 참나·열반을 처음 깨달아도 '견도見道'했다고 하고, '견성見性'했다고 합니다. 실제로 체험해 보면 그것도 '견성'임에는 틀림없거든요. 그 자리에 가면 시공을 초월하여 존재하는 '참나 자리'를 분명히 증득하게 됩니다. 이 자리는 본래 시간·공간·현상계를 초월한 자리이기 때문에, 우리가 현상계의 조건들만 내려놓는다면 즉각 체험할 수 있습니다. 그래서 '돈오'라고 하는 것입니다.

그런데 이 현상계 내에서 부처님의 '지혜·자비' '신통·변화'를 모두 갖추는 일은 '견성'했다고 되는 것이 아닙니다. 돈오를 이룬 뒤에도 우리의 무의식·생각·감정·오감을 모두 정화해야 합니다. 이것은 단박에 되는 공부가 아니라, 점진적으로 이루어지는 공부입니다. 그래서 '점수'라고 하는 것입니다. 『화엄경』·『능엄경』·『대승기신론』 등을 살펴보면, 이런 공부의 각 단계가 소상히 밝혀져 있습니다. 그러니 그 길을 따라서 참선이든 경전이든 두루 꿰뚫어지는 길을 가면 됩니다. 어려울 것이 없습니다.

제5장
그 두 번째 이야기

[답변 2] 그대는 미친 소리를 함부로 하지 말라. '사악한 것'(邪)과 '올바른 것'(正)을 분별하지 못하면, 이는 미혹에 빠진 사람이다. 요즘 도를 배우는 사람들은 입으로는 진리를 떠들지만 그 마음은 뒤로 빠질 궁리만 해서, 오히려 성인聖人에 이르는 것은 내 분수에는 없다는 착각에 빠지고 마니, 모두 그대가 의심하는 자리에서 막혀 있다.

① 도道를 공부하면서 '먼저 해야 할 것·뒤에 해야 할 것'(先後)을 알지 못하고, ② 진리를 말하면서 '본질적인 것·말단적인 것'(本末)을 분별하지 못한다면, 이는 '사악한 견해'(邪見)일 뿐 '학문을 닦음'(修學)이라고 할 수는 없다. 이러한 자들은 스스로를 그르칠 뿐만 아니라, 남까지 그르치게 만드니 조심해야 하지 않겠는가?

答汝不得輕發狂言 不分邪正 是爲迷倒之人 今時學道之人 口談眞理 心生退屈 返墮無分之失者 皆汝所疑 學道而不知先後 說理而不分本末者 是名邪見 不名修學 非唯自誤 兼亦誤他 其可不愼歟

질문하는 사람의 요지는 "깨치면 바로 부처이니, 신통·변화를 다 부려 봐라." 하는 것입니다. 그러자 보조 스님이 바로 비판하신 것이죠. "그대는 함부로 미친 소리를 하지 마라. 공부가 뭔지도 모르면서, 무엇이 옳은지 그른지도 분별하지 못하면서, 함부로 네 마음대로 진리를 재단하지 말라!" 본인은 이 공부에 대해 포기하고 있으면서, 남들이 고생해서 깨쳤다고 하면 찾아가서 "어디 신통 한번 부려 봐라." 하고 요구하는 무리들이 꼭 있어요.

물론 공부에 대해 잘 알면 도움이 되겠죠. 그런데 이런 사람들일수록 말만 늘어서 되지도 않는 이론에만 능합니다. 고시에 합격하지는 못하면서 오래 묵은 고시생처럼, 이론은 대단한데 뭔가가 빠져 있는 것이지요. 그런 사람은 자기 앞길만 망치는 것이 아니라 남의 앞길도 망치는 정말 무서운 존재들입니다. 그래서 절에서는 이렇게 입으로만 떠드는 무리들을 '선방 마구니'라고 부릅니다. 마구니 중에서도 참 무서운 마구니이니, 이런 사람들을 잘 피해야 합니다.

그런데 왜 이들이 마구니가 되고 마느냐? 참다운 불교 공부에 대해 잘 몰라서 그렇습니다. ① 공부의 '선후先後'를 잘 모릅니다. 무엇을 먼저 하고, 무엇을 뒤에 해야 할 것인가를 몰라요.

견성했다고 바로 '부처'가 되는 것이 아니라 더 닦아야 한다는 것을 모릅니다.

즉, '견성'(돈오의 첫 체험)을 통해 자신의 본래 모습을 깨달은 뒤에는, 그 본모습을 완벽하게 현상계에 드러내기 위해서 불철주야 '지혜·자비'(6바라밀)를 닦아야 한다는 사실을 모르는 것입니다. 그러니 공부가 늘지를 않지요. 조금 닦고서는 다 닦았다고 큰소리를 치고 부처님과 어깨동무하는, 참으로 민망한 일들이 많습니다. 그러니 견성했다는 데 찾아가서 신통력을 찾지요. 이것은 우물가에서 숭늉을 찾는 격이에요.

② 공부의 '본말本末'을 잘 모릅니다. 무엇이 본질적인 것이고 무엇이 말단적인 것인지를 몰라요. 공부에 있어서 '신통·변화'가 차지하는 부분이 본질인지, 말단인지를 모르는 것입니다. 부처가 되는 공부는 부처님의 '지혜·자비'(6바라밀)를 얻기 위해 하는 공부입니다. 이것이 본질입니다. 그리고 그것들을 실현하기 위한 방편으로 신통·변화도 닦는 것입니다.

요컨대 '신통·변화'가 공부의 주목적이 아닙니다. 사람들을 보다 지혜롭게 할 수 있고, 중생들을 보다 많이 구하기 위해 필요한 경우 신통력을 부수적으로 닦는 것뿐입니다. 또한 그것이 꼭 절실한 경우가 아니면 쓰지 않습니다. 신통력을 함부로 쓰면 좋지 않은 업을 짓기 쉬우니까요. 오히려 중생들을 말단의 것으로 현혹시키는 부작용을 낳기 쉽습니다.

제5장
그 세 번째 이야기

대개 도道에 들어가는 문은 많지만, 요약해 말해 본다면 '돈오頓悟'[5]와 '점수漸修'[6]라는 두 문에 불과하다.

비록 "돈오·돈수頓悟·頓修[7]를 최상의 근기를 가진 사람들은 들어갈 수 있다."라고 하나, 그 과거를 미루어 따져 본다면 이미 수많은 생을 살면서 깨달음(돈오)에 의지해 닦으면서(점수) 점진적으로 변화해 오다가, 금생에 이르러 진리를 듣자마자 즉시 깨달아 한꺼번에 모든 일을 마친 것이다.

진실을 말해 본다면 이것(돈오·돈수) 또한 먼저 깨닫고 뒤에 닦은 근기이다. 사정이 이러하니 이 '돈오·점수'의 2가지 문은 모든 성인聖人들께서 걸으신 길이니, 예전의 모든 성인들께서는 먼저 깨닫고 뒤에 닦으셨으며, 그 닦은 바에 따라 경지를 증득하셨다. 이른바 '신통·변화'라는 것은 깨달음에 의지해 닦아가는 중에 점진적으로 변화하면서 나타나는 것이지, 깨닫는 즉시 나타나는 것이 아니다.

---

5) **돈오** 단박에 참나를 깨달음
6) **점수** 점진적으로 업장을 닦아감
7) **돈오·돈수** 단박에 깨쳐 더 닦을 것이 없음

夫入道多門 以要言之 不出頓悟漸修兩門耳 雖曰頓悟頓修 是最上根機得入也 若推過去 已是多生 依悟而修 漸熏而來 至於今生 聞即發悟 一時頓畢 以實而論 是亦先悟後修之機也 則而此 頓漸兩門 是千聖軌轍也 則從上諸聖 莫不先悟後修 因修乃證 所言神通變化 依悟而修 漸熏所現 非謂悟時 即發現也

보조 스님께서 아주 강력하게 말씀하셨는데요, '도道'에 들어가는 문이 다양한 것 같지만 요약해 보면 ① 돈오頓悟 ② 점수漸修 2가지이다, 즉 '단박 깨달음'과 '점진적으로 닦아감'밖에 없다고 하셨습니다. 그 외에 다른 것은 없습니다. ① 절대계의 영역에 있는 우리의 초월적인 자아인 '참나'는 '돈오'를 통해서만 파악되고, ② 현상계에 존재하는 우리의 '생각·감정·오감'은 '점수'를 통해서만 닦입니다.

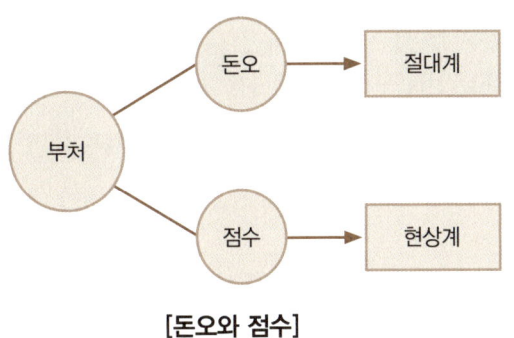

[돈오와 점수]

이 점을 정확히 이해해야 합니다. ① 돈오와 ② 점수는 그 적용되는 영역이 전혀 다릅니다. ① '돈오'는 '절대계'를 증득하는 공부를 말합니다. 현상계를 구성하는 '생각·감정·오감'을 일시에 내려놓아, 자신의 '본래면목'을 각성하는 것이죠. 이 공부의 핵심은 이미 완전하며 늘 똑같은 우리의 참 마음을 그대로 각성하는 것입니다. 그 자리는 우리가 뭘 빼고 더할 자리가 아니라, 그냥 있는 그대로 완전합니다. 그러니 그냥 본래의 광명함을 각성하기만 하면 됩니다.

하지만 ② '점수'는 다릅니다. 점수는 현상계를 '개조'하는 공부입니다. 점수는 '돈오'를 통해 회복한 '참나의 뜻'을 현상계에서 온전히 실현하는 것입니다. 참나에는 '부처의 지혜·자비'가 온전히 갖추어져 있으나, 현상계에서 그것이 표현되기 위해서는 '현상계의 법칙'인 '인과공식'(인연법)을 따라야 합니다. 자신이 원하는 '지혜·자비'의 덕목을 얻기 위해서는 그에 상응하는 '원인'을 지어야 해요. 그래야만 온전한 '결과'를 얻을 수 있습니다.

이처럼 돈오와 점수는 뭔가 다릅니다. ① '돈오'는 완전한 전체를 있는 그대로 회복하기만 하면 되었는데 ② '점수'는 씨앗을 잘 키워서 결실을 거두어야 하니까요. 하나는 '인과법칙'을 초월한 절대계의 영역이고, 다른 하나는 '원인-결과'에 의해 제약된 현상계의 영역이기 때문에 그렇습니다.

이 2가지 영역의 공부 중 하나가 빠진다면, 그것은 치우친 반쪽짜리의 공부가 되고 맙니다. '참나'는 깨달아 아는데 '지혜·

자비'가 부족하게 되거나, 지혜·자비는 닦여 가는데 참나를 깨닫지 못하는 기형적인 공부가 되는 것이죠. 하지만 부처님은 그렇게 닦은 분이 아닙니다. '돈오'와 '점수'의 양 방면을 두루 완벽히 닦은 분이죠. 절대계(理)와 현상계(事)를 두루 꿰뚫은 분입니다. 그 길을 이루는 법은 '돈오'(절대계)와 '점수'(현상계) 외에 다른 법이 없어요.

비록 절대계의 돈오를 통해 현상계 차원까지 완벽해지는 '돈오돈수頓悟頓修'가 가능하다고 하더라도, 그런 경우도 알고 보면 전생에 무수한 생을 통해 '점수'가 이루어진 경우입니다. 단박에 닦은 것처럼 보여도, 실제로는 무수한 생을 닦아야만 한다는 것이죠.

결국 업장이 두텁건 엷건 간에, 모든 성인들은 '돈오'와 '점수'의 2문으로 깨달음에 이르는 것입니다. 이것이 우주의 공식입니다. 이 우주의 인과공식에 '원인'이 없는데 '결과'를 거두는 법은 없습니다. 뭔가 결실을 거둘 때에는 그만한 원인이 있었다는 것을 알아야 합니다. 가을이 되더라도 봄에 씨앗을 뿌린 집에서 결실을 거두지, 씨앗을 뿌리지 않은 집은 옆집을 부러워할 도리밖에 없습니다.

불교의 '신통력'은 주로 '6가지 신통력'(육신통六神通)을 말합니다. ① 전생의 온갖 일을 알아내는 능력인 '숙명통宿命通' ② 눈(육안)으로는 볼 수 없는 것을 보는 능력인 '천안통天眼通' ③ 모든 번뇌를 끊어 버리는 능력인 '누진통漏盡通' ④ 귀로는 들을 수 없는 소리를 듣는 능력인 '천이통天耳通' ⑤ 몸을 자유자재로 변화시키는 능력인 '신족통神足通' ⑥ 남의 마음을 읽어 내는 능력인 '타심통他心通'이 그것입니다.

그런데 이러한 신통력도 돈오했다고 견성했다고 그냥 생기는 것이 아닙니다. 이러한 신통력을 부릴 수 있는 '종자'는 우리 '참마음' 안에 분명히 이미 존재하고 있습니다. 그러나 그러한 능력을 현상계에서 직접 부리기 위해서는 '원인-결과의 법칙'을 준수해야 합니다. 그냥 나오지 않아요. 현상계에서 이러한 신통력을 나타낼 수 있기 위해서는, '참나의 지혜·자비'를 빌려 생각·감정·오감을 제어하는 훈련을 해야 합니다.

간절히 원하라!
정성껏 노력하라!
일념으로 집중하라!
연구하고 분석하라!

불경에서는 이러한 신통력을 부리는 기초훈련으로 4가지를 꼽습니다. 이것들은 '4신족四神足' '4여의족四如意足'이라고 불리는 것들인데, 우리말로 풀이하면 신통력을 가능하게 해 주는 4가지 토대·기초라는 말입니다. ① '욕신족欲神足'은 "간절히 원하라!"라는 것입니다. 강렬하게 원하지 않으면 그 능력을 얻을 수 없습니다. ② '근신족勤神足'은 "정성껏 노력하라!"라는 것입니다. 어떤 수행이든지 노력을 하지 않고 얻을 수 있는 것은 없습니다. 부지런히 원인을 쌓아 가야만 그에 상응하는 결과를 얻을 수 있습니다.

③ '염신족念神足'은 "일념으로 집중하라!"입니다. 언제 어디서나 목표하는 신통력을 얻기 전까지는 포기하지 말고, 자나 깨나 그것만 생각해야 합니다. 그래야만 결실을 얻을 수 있습니다. 아무리 씨앗을 뿌렸더라도 계속해서 관심을 기울여 주지 않는다면, 원하는 결실을 얻지 못할 것입니다.

④ '관신족觀神足'은 "연구하고 분석하라!" 하는 것입니다. 수행의 전 과정과 올바른 길을 투철히 연구하고 분석해야만, 오차를 줄이고 시행착오를 줄여서 원하는 결실을 얻을 수 있게 될 것입니다. 이상의 4가지 신통력의 기초를 끊임없이 닦는 중에 신통력이 계발됩니다.

꼭 신통력만이 아니더라도, 현상계의 모든 일들은 이 '4가지 기초'를 갖추어야만 자신의 뜻대로 만들 수 있습니다. 시험이든, 취직이든, 사업이든, 연애든 이 4가지의 기초가 튼튼할 때 이루어집니다. 이것을 잘 기억해 두세요. 그런데 이상의 신통력들은 모두 '점수'하는 중에 닦이는 것이지, '돈오'했다고 바로 갖추어지는 능력이 아닙니다.

물론 전생에 이런 능력을 자유자재로 닦아서 이번 생에 수월하게 넘어가는 분도 계실 것입니다. 전생이 좋고 아주 많이 닦은 분들은 이번 생에 공부하는 것이 훨씬 수월하겠지요. 그렇다고 나도 그러려니 하지는 마세요. '에고'만 치성해지고 공부는 안 되기가 십상입니다. 보조 스님의 말씀처럼 "저 사람은 전생에 공부를 많이 해서 이번 생에 좀 수월하나 보다." 하시고, 그 사람보다 더 노력하면 됩니다. 알고 나면 다 같으니까요.

저 사람도 별것이 아니고 '돈오·점수'로 저 자리까지 갔다는 사실을 알면, 우리도 돈오·점수를 닦으면 그 자리까지 갈 것 아닙니까? 부처님과 중생은 종자부터 다를까요? 아닙니다. 좀 더 닦고 덜 닦고의 차이가 있을 뿐입니다. 누구나 깨닫고 닦아가면 똑같이 도달할 수 있습니다.

제5장
그 네 번째 이야기

경經(『능엄경』)에 이르기를 "진리(理)는 단박에 깨달아 알 수 있으니 깨닫자마자 진리를 가리는 장애가 사라지나, 그릇된 습관(事)은 단박에 제거되지 않으니 단계에 따라 차례대로 제거된다."라고 하였다.

如經云 理卽頓悟 乘悟幷消 事非頓除 因次第盡

이것은, '진리'(理)는 단박에 깨달아 알 수 있어도 '그릇된 습관'(事)은 단박에 제거되지 않는다는 『능엄경』의 아주 유명한 주장입니다. 앞에서 누누이 이야기해 왔으니, 이제 새삼스러울 것도 없는 내용이지요. '돈오頓悟'는 우리가 '참 마음'을 투철히 봄으로써 단박에 참 마음을 깨닫는 것입니다. 이것은 '절대계'(理)의 일입니다. 그래서 '단박'이 가능해요.

하지만 '점수漸修'는 다릅니다. 나의 '그릇된 습관' 즉 그릇된 생각·그릇된 감정·그릇된 행위는 단박에 고쳐지지 않습니다. 이것은 '원인-결과'로 이루어진 '현상계의 일'(事)이기 때문입니다. 그래서 기존에 내가 뿌린 씨앗들의 결과인 그러한 습관들이 졸지에 사라질 수는 없는 것입니다. 그릇된 습관의 제거는 새로운 씨앗·좋은 씨앗을 뿌려서 양화良貨가 악화惡貨를 구축해 낼 때에만 이루어집니다.

'돈오'를 하게 되면 '참나'를 투철히 알기 때문에, '좋은 종자'를 심고 뿌려서 '나쁜 종자'가 발현되지 못하도록 막는 데 필요한 큰 힘을 얻습니다. 그러나 어디까지나 힘을 얻은 것이지, 아직 완전히 제거된 것은 아닙니다. 그래서 '점수' 즉 '점진적인 닦아감'이 필요한 것이죠.

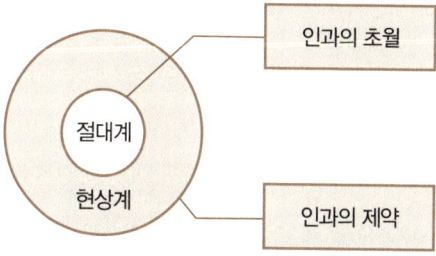

[절대계와 현상계]

우리는 참나를 깨치고 중생을 널리 구제하는 '보살의 길'을 걸어야 합니다. 보살은 '깨달은 중생'이므로 ① 한편으로는 인과를 초월한 '절대계'(理)를 깨달아 알아야 하며, ② 한편으로는 원인-결과의 세계인 '현상계'(事)에서 자유자재가 되어야 합니다. 그래야만 이 우주에서 윤회가 다하는 그 순간까지 이루어져야 할 부처님의 대사업인, 나도 살고 남도 사는 '중생 구제'에 참여할 수 있는 것입니다.

조그마한 깨달음에 안주하여 현상계의 '인과법'을 무시하고 '점수'를 게을리해서는 다시 중생에 떨어지고 맙니다. 스스로도 홀로 설 수 없는데 누구를 구제하겠습니까? 원元나라의 고승이었던 몽산蒙山 스님의 『몽산법어蒙山法語』에 이런 말이 있습니다.

(깨달았다고 하더라도) 옛날 행동하는 버릇을 고치는 것에 미진함이 있으면 곧장 범상한 무리로 떨어지고 말 것이다.
其或換舊時行履處 未盡 便墮常流 (『몽산법어』)

제아무리 절대계를 깨치고 '참나'를 깨달아 알아도, 현상계에 살면서 '원인-결과'를 무시하다가는 큰일이 납니다. 우리를 고해苦海의 현상계에 얽어매는 것도 '인과법'이지만, 우리를 해탈의 길로 인도하는 것도 인과법입니다. 인과를 무시하지 마시고, 나와 남에게 모두 고통을 주는 악惡한 인과·나쁜 인과는 절대로 짓지 마시고, 나와 남 모두에게 행복을 주는 선善한 인과·좋은 인과를 한량없이 지으시기 바랍니다. 이것이 '돈오·점수로 해탈에 이르는 길'입니다.

칭의 · 성화로 구원을 얻어라!

이러한 '돈오·점수'의 공부론은 기독교에서도 다르지 않습니다. 『로마서』를 보면 사도 바울Paulus·paul(10?~67?)이 불교의 '견성·돈오'에 해당하는 '거듭남(重生)·성령체험'(칭의稱義, 단박에 하느님의 자녀가 됨)을 하고서도, 자신의 묵은 죄의 습기 때문에 고뇌하는 부분이 나옵니다.

그러므로 내가 '한 가지 법칙'을 깨달으니, 그것은 '선'을 행하기를 원하는 나에게 '악'도 늘 함께 있다는 것입니다. 나의 '속사람'(성령으로 거듭난 영혼)으로는 '하느님의 법'(성령의 법)을 즐거워하나, '내 몸의 다른 부분' 속에서는 '한 다른 법'(죄의 법)이 있어서, '내 마음의 법'(하느님의 법)과 싸워 '죄의 법'의 포로로 만들어 버리는 것을 봅니다. 아, 나는 참으로 곤고한 사람입니다. (『로마서』 7:21~25)

'성령체험'을 하기 전에는, 즉 영적으로 거듭나기 전에는 성령님이 무엇을 원하시는지 몰랐습니다. 그래서 그냥 막연히 살았습니다. 그런데 깨닫고 난 뒤 성령님이 원하시는 것을 명확히 알게 되었죠. 그런데 문제가 생겼습니다. 내 묵은 '습기'가 나를 가만히 두지를 않아요. 수시로 튀어나와 내 눈을 가리면서 성령님의 뜻을 위배하도록 인도합니다. 이 사이에서 고뇌하며 성령님에 의지하여 자신의 죄를 다스려 나갑니다. 이것이 '바울의 점수'(성화聖化, 양심의 실천으로 거룩해짐)입니다.

사람에게는 ① 양심·직관의 자리인 순수의식인 '영靈'과 ② 개성과 에고를 지닌 '이성(知)·감성(情)·의지(意)' 작용을 일으키는 '혼魂' 그리고 ③ 오감의 통로인 '육肉'이 있습니다. 우리가 성령체험을 통해 영적으로 거듭나서, 원죄로 인해 '죽은 영'(오염된 아뢰야식에 해당함)의 본래 모습(원죄 이전의 하느님의 형상)을 되찾는다고 하더라도(참나각성), 잘못된 습관에 의해 지배받는 혼과 육의 작용은 단박에 정화되지 않습니다.

 예수님의 직전제자들인 여러 사도들이 '성령체험' 후에도 여전히 그들의 '인간적인 약점'(고정관념·아집)을 지니고 있었던 것은, 바로 이런 이유에서입니다. '성령'의 도움으로 영적으로 거듭나더라도, 계속 성령의 도움을 받아 '혼과 육의 죄악'까지 남김없이 정화하여 거룩하신 하느님을 닮아가야 합니다. 이것이 '기독교의 점수'입니다.

제5장
그 다섯 번째 이야기

그러므로 규봉 스님께서 먼저 깨치고 뒤에 닦아 나가는 뜻을 깊이 밝혀서 말씀하시길 "얼어붙은 연못이 온전히 물이라는 사실을 알더라도, 태양빛을 빌려야 실제로 녹여서 물로 만들 수 있는 것처럼, 일반 중생이 곧 부처라는 사실을 알더라도, 진리의 힘을 빌려서 익히고 닦아야만 실제로 부처가 될 수 있는 것이다.

얼음이 녹아 물이 되어 흐르고 적실 수 있어야 비로소 그 물에 씻을 수 있는 것처럼, '망령된 마음'이 모두 사라져야 비로소 마음이 신령하게 통하여 신통·광명한 작용을 나타낼 수 있는 것이다."라고 하셨다. 그러므로 '행위'에 있어서의 신통·변화는 하루아침에 이루어질 수 있는 것이 아니라, 점진적으로 익히고 닦아야만 나타낼 수 있는 것임을 잘 알 수 있다.

故圭峰 深明先悟後修之義曰 識氷池而全水 借陽氣以鎔消 悟凡夫而卽佛 資法力以薰修 氷消卽水流潤 方呈漑滌之功 妄盡則心靈通 應現通光之用 是知事上神通變化 非一日之能成 乃漸熏而發現也

규봉 스님은 유교와 도교, 선종과 교종을 회통시킨 큰 스님이신데, 그분의 주장은 철저히 '돈오頓悟·점수漸修'였습니다. 먼저 단박에 깨달아서 '부처님의 참모습'을 확연히 알아야만 비로소 무지·아집을 제거할 수 있고, 지혜·자비의 큰 덕을 닦을 수 있다고 보았습니다. 보조 스님의 『수심결』도 이 규봉 스님의 영향을 많이 받아서 이루어진 책입니다.

규봉 스님에 의하면 '돈오'란 물이 어떠한 상태에 있건 '젖는 성질'이 있는 것처럼, 마음도 어떤 상태에 있건 '알아차리는 본성'(불성)은 불변이라는 것을 깨닫는 것이라고 합니다. 슬플 때 슬픈 줄을 알아차리고, 기쁠 때 기쁜 줄을 알아차리고, 성낼 때 성난 줄을 알아차리는 그 자리야말로 우리의 '불변하는 불성'이며, 이러한 '알아차리는 자리'는 중생이나 부처나 동등하다는 깨달음이 바로 '돈오'라는 것이죠.

> 물의 '젖는 성질'은 비록 움직이건 멈추건 얼건 녹아 흐르건 일찍이 변하는 법이 없다. 이는 탐내고 성낼 때도 또한 알아차리고, 자비를 베풀어 구제할 때도 또한 알아차리며, 근심하고 기뻐하고 슬퍼하고 즐거워하는 온갖 움직임 속에서 일찍이 알아차리지 않는 법이 없는 것과 같다. 그래서 "변화하지 않는다."라고 하는 것이다. 이제 '본심의 변하지 않는 알아차림'을 단박에 깨달아 아

는 것은, 변화하지 않는 '물의 젖는 성질'을 아는 것과 같다.
水之濕性 雖動靜凝流 而未嘗變易者 喩貪嗔時亦知 慈濟時亦知 憂喜哀樂 種種變動 未嘗不知 故云不變也 今頓悟本心常知 如不變之濕性 (『중화전심지선문사자승습도』)

우리가 얼어 있는 연못을 보더라도, 그것이 본래 물과 같은 성질이라는 것을 다 알지요. 이런 사실은 목에 칼이 들어와도 확신할 것입니다. 그것이 "참으로 안다."라는 것입니다. 진정한 앎이란 다른 것이 아니라 '체험+개념'이에요. 어떤 사실에 대해서 명확히 실감나게 '체험'하고, 그 체험이 정확한 '개념'으로 정립된 것을 "안다!"라고 합니다.

여러분도 자신이 '안다고 여기는 것들'에 대해서 한번 검토해보세요. "진짜로 내가 이것을 아는가?" "목에 칼이 들어와도 확신에 차서 답할 수 있는가?" 하고 스스로에게 물어보세요. '돈오라는 것도 마찬가지입니다. 자신 안의 '부처님 자리'를 정확히 체험하고 개념으로 정립했을 때, 비로소 돈오를 이루었다고 하는 것입니다. 이러한 정확한 앎은 목에 칼이 들어오더라도 그 확신이 꺾이지 않아요. 반면 불명확한 앎은 확신이 약해서 쉽게 무너집니다.

우리는 얼음과 물이 본질적으로 같은 성질임을 숱한 체험을 통해 확인했기 때문에 의심하지 않습니다. 단순한 개념의 놀음이라면 '추리'일 뿐이니, 의심이 없을 수 없지요. 우리가 '돈오'를 확신에 차서 선언하기 위해서는, 어떠한 마음 상태에도 '알아차림'은 늘 한결같다는 '참나각성의 체험'이 선행되어야 합니다. 그래야만 우리가 정확한 '체험'에 기반을 둔 '개념'을 정립할 수 있는 것입니다.

그런데 이런 명백한 '참나각성의 체험'에 기반을 둔 '돈오'라 할지라도 한계가 있습니다. 우리가 "이 얼음이 본래 물이다!"라는 사실을 정확히 알고 있고 그것에 대해서 다시는 의심을 하지 않더라도, 그 얼음을 당장에 물처럼 쓸 수는 없다는 사실 때문입니다! '얼음'(중생의 마음)과 '물'(부처의 마음)이 본래 같은 '젖는 성질'(불성)을 갖고 있다고 하더라도, 곧장 얼음을 물로 쓸 수는 없습니다. 마찬가지로 '중생'과 '부처'가 같은 '알아차리는 본성'(불성)을 가지고 있더라도, 곧장 중생의 마음이 부처의 마음처럼 지혜롭고 자비로울 수는 없습니다. 반드시 얼음(무지와 아집)을 녹여서 물(지혜와 자비)로 만들어야만, 물로 활용할 수 있습니다. 이것이 '점수'의 필요성입니다.

우리가 절대계의 측면에서 "나는 본래 부처다!" 하고 선언하고 그 사실을 100% 확신할지라도, 현상계의 측면에서 보자면 아직 닦을 것이 있다는 이야기입니다. 아직 부처의 지혜·자비를 100% 발휘하지 못하고 있거든요. 얼음을 물처럼 활용할 수 없는 것처럼 말입니다. 절대계의 측면에서 "나는 본래 부처다!"라는 것을 아는 것과, 현상계의 측면에서 100% 부처로 사는 것, 즉 부처의 지혜·자비를 100% 구현하는 것은 차이가 있습니다.

우리가 사는 '현상계'의 구조를 살펴보면 이러한 사실을 더욱 잘 알 수 있습니다. 앞에서 누누이 지적했듯이, 현상계는 생각·감정·오감으로 이루어집니다. 그런데 매 순간 현현하는 '생각·감정·오감'을 관리하는 무언가가 있습니다. 당장 우리가 인식하는 세계와 우리의 몸을 관리하고 있는 그 무엇이 있습니다. 그것은 바로 '참나의 작용'인 '무의식'입니다.

'생각·감정' 중에도 심층적인 '7식'(에고의식)과 표면적인 '6식'의 구분이 있습니다. '오감'은 '5식'에 해당하죠. 그런데 이러한 7식과 6식, 5식 너머의 '무의식'(8식)은 우리가 경험하는 모든 현상의 뿌리가 됩니다. 이 무의식은 우리의 몸을 지탱하고, 우리의 생각·감정·오감의 배후에서 그들을 발현·유지시키며, 그들의 행위를 저장합니다.

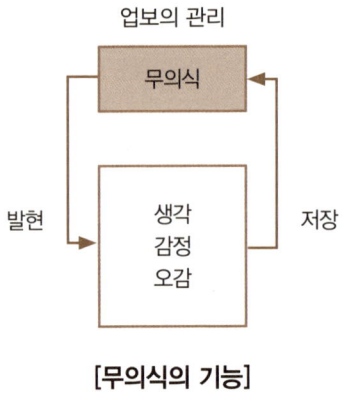

[무의식의 기능]

이것을 불교에서는 모든 업보를 관리하는 의식인 '8식' 즉 '아뢰야식'이라고 합니다. 한자로는 모든 선천적 진리의 종자와 후천적 업보의 종자가 '저장'되는 자리라고 하여, '장식藏識'이라고도 하지요. 사실 업보를 관리하는 참나를 말하니, '초의식'의 자리입니다. 이런 초의식이 무의식으로 작용하기에 우리가 사는 것입니다. 우리가 무수한 전생부터 해 왔던 생각·감정·오감은 이곳에 고스란히 저장됩니다.

그리고 이것이 전생前生·현생現生·내생來生을 관통하며 정보를 유지하고 전달합니다. 현상계의 윤회를 유지하는 바탕이 되는 자리인 것이죠. 이 자리가 없으면 과거와 현재, 미래가 단절되기 때문에 윤회도 없어요. 과거의 업보가 현재로 이어지지 않는다면, 우리는 어떠한 미래도 설계할 수 없습니다. 이 자리는 우리를 제약하는 힘이자 우리를 해탈로 인도하는 견인차이니, 참으로 큰 힘을 지닌 자리라고 할 수 있습니다.

왜 갑자기 이 자리에 대해 이야기하느냐 하면, 우리가 현상계를 그냥 살아가는 것 같지만 시간·공간에서 자유로울 수 없듯이, 우리는 우리의 과거 업보로부터도 자유로울 수 없다는 것을 말하기 위해서입니다. 다시 말해서 우리가 과거 전생에 품었던 생각·감정·오감이 '원인'이 되어, 지금 현생의 생각·감정·오감이 '결과'로 나타났다는 것입니다. 결과는 원인에서 자유로울 수 없습니다. 현상계의 모든 존재들은 인과법칙의 지배를 받으니까요.

모든 현상계 변화의 '직접적 원인'(因)이 되는 과거의 업보는 우리의 무의식 속에 '씨앗'(종자) 상태로 저장되어 있다가, 적절한 조건 즉 '보조적 원인'(緣)을 만나면, 구체적 결실(果)로 발현되어 우리 인생의 흐름을 바꿉니다. 이것이 우리 인생이 제약받는 공식입니다. 우리가 현상계에서 자유자재를 얻기 위해서는 이 공식을 위배해서는 안 됩니다. 우리가 현상계에 모습을 나투고 사는 한, 현상계의 공식을 따라야 합니다.

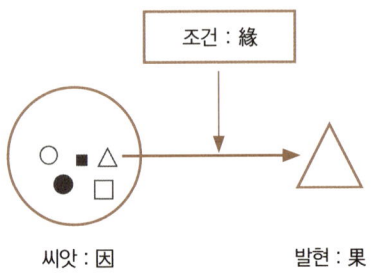

[업보의 발현]

현상계에서 자유를 얻기 위해서는 '인과법칙'을 철저히 활용해야 합니다. 현상계에서는 제아무리 이 우주를 창조한 '신神'이라 할지라도 인과공식의 지배를 벗어날 수는 없어요. "좋은 결과를 얻고 싶으면 좋은 원인을 지으십시오!" 이것이 답입니다. 현상계를 개조하기 위해서는 오직 이 길밖에 없습니다. 모든 부처·보살들께서도 오직 이 방법을 통해 궁극의 해탈을 이루셨습니다.

따라서 우리가 현상계의 영역에서 '부처님의 지혜·자비'를 이루기 위해서는, 생각·감정·오감의 모습으로 매 순간 떠오르는 '표면의식'은 물론 그러한 정보들이 모두 저장·발현되는 '무의식'까지 모두 바꿀 수 있어야 합니다. 이러한 우리의 업보·습기는 '단박에' 바뀌는 것이 아닙니다. 그것은 '점진적'으로 이루어집니다.

매 순간 최선의 업(바른 생각·바른 감정·바른 언행)을 지어야만 하며, 이것이 자꾸 쌓여 가야 합니다. 현상계의 모든 것은 '원인-결과의 공식'의 지배를 받기 때문에, 이러한 새로운 업이 자꾸자꾸 쌓여 간다면 우리는 찬란한 미래를 열 수 있습니다.

그러니 지난 과거에 연연할 필요가 없습니다. 지금 이 순간부터 다시 시작하면 됩니다. '인과법칙'을 굳게 믿고 전진하십시오! 선택과 판단의 기로에서 남에게는 해로운데 나에게만 유리한 업을 짓지 마십시오. 항상 나와 남 모두에게 유리한 업을 지어야 합니다. 이것이 부처님의 위대한 지혜와 자비를 갖추는 비법입니다.

우리는 '과거·현재·미래'에서 조금도 벗어날 수 없습니다. 이것이 인생입니다. 우주만물이 '3종의 세계'(욕계·색계·무색계)로 이루어져 있듯이, 시간도 '3종'으로 이루어져 있습니다. 하나만 따로 존재할 수가 없어요. 이것이 우주 공식인데 미래·현재 없는 과거도 있을 수 없고, 과거·미래 없는 현재도 상상할 수 없죠. 셋 중 어느 하나만 빠져도 현상계가 이루어질 수 없습니다. 꼭 '3'이 갖추어져야 해요. 신기하죠. 우리 백두산족의 옛 경전인 『천부경天符經』에도 "하나는 셋으로 나뉜다!"(일석삼一析三)라고 하고 있는데요, 이게 우주가 돌아가는 공식입니다.

그런데 이 현상계가 돌아가는 원리를 과거·현재·미래를 통해 살펴보면, 과거는 현재의 원인이 되고, 현재는 과거의 결과가 되며, 미래는 현재의 결과이며 현재는 미래의 원인이 된다는 것을 잘 알 수 있습니다. 현상계는 이렇게 돌고 돕니다.

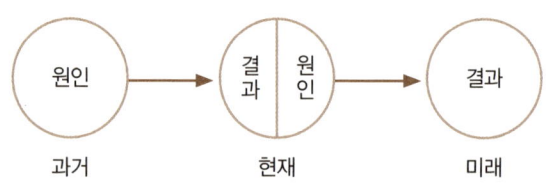

[과거·현재·미래]

그러니 이미 흘러간 과거의 결실을 아름답게 만들고, 앞으로 오지 않은 미래를 아름답게 만들기 위해서는, 과거의 결과이자 미래의 원인인 '현재'에서 최선의 업을 지어야 합니다. 그래야만 과거의 업이 올바른 결실을 얻게 되고, 미래의 업의 올바른 씨앗을 얻게 되는 것입니다. 이 모든 것은 인과법칙에 의해 자연스럽게 인도됩니다. 우리는 항상 '현재'에서 좋은 업을 짓기만 하면 되는 것입니다.

그러면 과거·미래가 모두 정화됩니다. 아주 간단한 원리죠. 뒤에 자세히 논하겠지만 미리 핵심만 말씀드려 보자면, '돈오'를 통해 깨달은 '참나의 고요함·자명함'에 의지하여, 매 순간 '바른 업'(생각·감정·오감)을 짓기만 하면 되는 것입니다. ① '참나의 고요함'에 의지하여 '과거의 집착' '현재의 망념' '미래의 걱정'에 대해 곧장 "몰라!"라고 해 버리십시오. 그리고 '참나의 현존'에 만족하십시오.

② 그리고 '참나의 자명함'에 의지하여 일체를 '참나의 나툼'으로 바라보고, 지금 이 순간 가장 '양심의 명령'(참나의 뜻, 6바라밀의 진리)에 자명한 것을 판단하고 실천하십시오.[8] 그러면 결국 '표면의식'은 물론 우리의 '무의식'까지 정화됩니다. 먼저 우리의 '혼침·산란의 업장'이 다스려져서 '참나의 선정·지혜'가 자동으로 굴러가게 되고(1주의 참나안주), 더 나아가 뿌리 깊은 '무지·아집'의 업장이 제거되어, '참나의 지혜·자비'가 온전히 드러나게 됩니다. 이것이 '점수'의 핵심 요결입니다.

지금 이 순간
선善을
행하라!

---

8) '6바라밀의 진리'에 의거한 양심성찰의 구체적 방법은 '6바라밀선禪의 구체적 실천법'을 참고하기 바란다.

부처님의 신통·변화는 단순히 '참나각성'(돈오)만 이루었다고 되는 것이 아니에요. 뼈를 깎는 '의식·무의식의 닦음'(점수), 즉 전지·전능한 참나가 현상계에서 신통·변화를 일으키는 것을 방해하는 장애물인 '업보의 때'를 제거할 때만 이루어지는 것입니다. 사정이 이러하니, 공부의 '선후先後'를 아는 이라면 우물가에서 숭늉을 찾는 그런 어리석은 소리는 안 하겠죠.

혹 이런 의심이 들지도 모르겠습니다. "아니 계속 '점수'를 해야 한다면, '돈오'는 무슨 의미가 있는가?"라고 말이죠. 당연히 의미가 있습니다. 돈오는 고시로 치면 '합격'과 같습니다. 고시 합격을 위해 공부하는 것(돈오 이전의 점수)과, 합격한 뒤에 완전한 자격을 갖추기 위해 공부하는 것(돈오 이후의 점수)은 차원이 다르지요. "나는 부처다!"라는 것을 확신하지 못한 상태에서의 닦음과 "나는 부처다!"라는 것을 명확히 알고 부처로서의 자격을 갖추어 가는 닦음과는 천지 차이가 납니다.

① 먼저 부처의 씨알인 '불변하는 알아차림'(참나)을 투철히 자각하고(돈오, 참나의 각성) ② 그다음 참나의 도움을 받으면서 자신의 오염된 업장을 하나하나 정화하여 참나의 전지·전능이 현상계에 완벽하게 드러나도록 업장을 개조해야 합니다(점수, 닦음 없는 닦음). 이상은 질문자의 그릇된 질문을 '공부의 선후先後' 관

점에서 비판한 것입니다. '공부의 본말本末' 관점에서 본 질문자에 대한 비판은 다음 글에 나옵니다.

제5장
그 여섯 번째 이야기

하물며 '신통한 일'이라는 것은 통달한 사람의 경지에서 보면 오히려 요사스럽고 괴이한 일이며, 또한 성인聖人에게도 말단의 일이라 비록 신통력이 나타나더라도 사용하려고 하지 않는다.

그런데 요즘의 어리석은 무리들은 망령되이 말하기를 "한 생각 깨달으면 그 즉시 끝없는 신묘한 작용이 나타난다."라고 한다. 만약 이런 견해를 지닌다면, ① 이른바 '먼저 해야 할 것·뒤에 해야 할 것'(先後)을 알지 못하는 것이며, ② 또한 '본질적인 것·말단적인 것'(本末)을 분별하지 못하는 것이니, 이미 선후·본말을 알지 못하면서 '부처님의 길'을 구하려 하는 것은 마치 네모난 나무를 가지고 둥근 구멍에 끼우려는 것과 같으니 어찌 큰 잘못이 아니겠는가?

이미 '방편方便'9)을 모르기 때문에 절망적인 생각을 하여 스스로 포기하여 '부처가 될 수 있는 씨알'을 끊어 버리는 이가 적지 않다. 이미 스스로가 밝지 못함으로써 다른 사람까지 믿지 못하여, 이해하고 깨달은 바가 조금 있다고 하더라도, 신통력이 없는 사람을 보면 곧장 무시하려고 든다. 이것은 성현을 속이는 일이니 참으로 안타깝다 하겠다.

---

9) **방편** 진리에 이르는 다양한 방법

況事上神通 於達人分上 猶爲妖怪之事 亦是聖末邊事 雖或現之 不可要用
今時迷癡輩 妄謂一念悟時 卽隨現無量妙用 神通變化 若作是解 所謂不知
先後 亦不分本末也 旣不知先後本末 欲求佛道 如將方木 逗圓孔也 豈非大
錯 旣不知方便故 作懸崖之想 自生退屈 斷佛種性者 不爲不多矣 旣自未明
亦未信他人 有解悟處 見無神通者 乃生輕慢 欺賢誑聖 良可悲哉

여기에서는 보조 스님께서 질문자의 그릇된 견해에 대해 '공부의 본말本末'이라는 관점에서 비판하고 계십니다. 공부의 '본질'은 나와 내 것에 집착하는 이기적 자아인 '에고'를 정화하는 것이며, 에고의 정화를 통해 나·남을 모두 이롭게 하는 '지혜·자비'를 배양하는 것에 있습니다. 이것이 모든 부처님들의 공통점이며, 이것이 되어야 부처가 되고 보살이 될 수 있는 것입니다.

그런데 '신통력'은 조금 다른 문제입니다. 부처님 당시 다른 외도外道의 수행자들도 온갖 신통을 다 부렸습니다. 신통력은 부처님만 부리신 것도 아니고, 불교에서만 가능한 것도 아니에요. 앞에서 살펴본 '6가지 신통력'(육신통六神通) 중에 모든 번뇌를 끊어 버리는 능력인 '누진통漏盡通'을 뺀 나머지 5가지 신통력, 즉 ① 숙명통宿命通 ② 천안통天眼通 ③ 천이통天耳通 ④ 신족통神足通 ⑤ 타심통他心通 등은 다른 종파에서도 다 가능했던 것들입니다. (사실 힌두교에도 힌두교식의 누진통이 있죠.)

그런데 질문자가 묻는 '신통·변화'란 것은 주로 이 5가지를 의미하는 것이죠. 이것만으로는 부처님을 믿는 본질이 되지 못합니다. 말단적인 일이에요. 그러니 보조 스님께서 질문자는 '공부의 본질·말단'을 혼동하고 있다고 비판하신 것입니다. 사실 공부하신 성인들치고 신통력 없으신 분들이 있겠습니까?

'참나'는 본래 '전지全知·전능全能'한 자리라, 공부가 익어 가는 중에 자연히 '신통'이 나옵니다. 그러나 역대 모든 성인들이 다 신통력을 부리시지는 않았습니다. '신통'을 부리는 것이 공부의 본질이 아니며, 그것을 위해서 공부한 것도 아니기 때문입니다. 공부하는 과정에서 부수적으로 신통력이 생기더라도 혹시나 그것에 걸려 공부의 본질이 훼손될까봐 조심하셨습니다. 감추고 잘 내놓지 않으셨죠.

공부의 본질은 우리의 '이기심'을 제압하여 '불성佛性'대로 살자는 것인데, '신통력'을 얻고 보면 이기심이 춤을 추고 제압하기가 어려워집니다. 열심히 공부하는 중에 얻어진 신통력이 오히려 마장이 되는 것이지요. 자꾸 자랑하고 싶고, 써 보고 싶고, 그 재주로 돈도 벌고 싶고, 권력도 얻고 싶어집니다. 이러니 마장이죠. 차라리 없느니만 못하게 됩니다.

그래서 성인들께서 신통력을 말단으로 보신 것입니다. 하지만 '지혜·자비' 즉 '6바라밀의 신통'은 다릅니다. 쓰면 쓸수록 나도 좋고 남도 좋고, 모두가 좋아집니다. 이것이 본질·말단이 나뉘는 이유입니다. 사실 앞에서 말한 '육신통'은 소승불교에서 강조하는 것들이고, 대승불교에서 강조하는 '참된 신통'은 '6바라밀로 6근을 경영하는 것'입니다. 그러니 '6바라밀의 구현'이야말로 진정한 '육신통'이죠.

여러분, 이 짧은 생애에 허송할 시간이 없습니다. 에고를 부채질하는 '말단의 신통'에 신경 쓰지 마시고, 곧장 '본질의 신통'을 쟁취하세요. 우리의 오감이나 만족시키고 에고나 만족시키는 신통이 무슨 대단한 신통입니까? 우리의 '참나'를 정확히 알고 그것대로 사는 것이야말로 '최고의 신통'이지요.

기독교를 한번 보세요. 대자대비하신 예수님께서 여러 중생을 구제하시고자 '신통력'을 많이 쓰셨어요. 그랬더니 그 결과가 어떻습니까? 신통력에 취해서 예수님의 '사랑'은 뒷전입니다. 어디서 무슨 신통이 났다고 하면, 거기에 하느님·성령이 감응하셨다고 아주 난리가 납니다. 이것이 신통력을 강조한 폐단이 되는 겁니다. 성령을 받았으면 큰 지혜·사랑이 나와야 정석인데, 소소한 신통력을 자랑하려고 듭니다. 그걸로 돈벌이나 하려고 들고 갑질이나 하고 끝납니다.

물론, 성인들께서 다녀가신 '본질'은 잊어버리고 '말단'에 집착하는 사람들이 문제입니다. 그래서 성인들께서도 조심하신 것입니다. "이걸 보여 주면 사람들이 또 무슨 생각을 하려나? 또 말단적인 것에 욕심내고 집착하지 않으려나?" 하고 걱정이 되기 때문에 함부로 보여 줄 수가 없습니다. 그러니 신통력이 있어도 감추기 바쁩니다.

지금까지 "견성했으면 신통력을 부려 봐라!" 하는 질문에 대해 보조 스님은 2가지 입장에서 비판했습니다. 이 부분을 잘 기억해 두세요. ① "그대의 말은 공부의 선후先後를 모르는 소리다. 공부는 견성·돈오를 한 뒤에 점수를 해야 완성된다. 신통력도 돈오 이후의 점수에서 길러지는 것이다. 그러니 우물가에서 숭늉을 찾지 말라!"

② "그대의 말은 공부의 본말本末을 모르는 소리다. 공부는 자신의 에고를 제압하여 지혜·자비를 기르는 것이 본질이고, 신통·변화를 부리는 것은 말단이다. 그래서 여러 성인들도 신통력을 함부로 쓰지 않으신 것이다." 명확하지요? 공부의 선후·본말에 어긋난 잘못된 생각으로 해탈하겠다는 것은 네모난 막대기를 둥근 구멍에 넣으려는 것만큼이나 어리석은 짓이며, 나도 망치고 남도 망치는 일이라는 보조 스님의 경고를 명심하시기 바랍니다.

제6장

단박에 깨닫고 점진적으로 닦아가라

제6장
그 첫 번째 이야기

[질문 3] 스님께서는 '단박 깨달음'(頓悟)과 '점진적으로 닦아감'(漸修)의 2가지 문이 모든 성인聖人들께서 걸으신 길이라고 하셨습니다. 그 깨달음이 이미 '단박 깨달음'이라면 어찌하여 '점진적으로 닦아감'을 해야 합니까? 또한 닦아감이 이미 '점진적으로 닦아감'이라면 어찌하여 '단박 깨달음'이라고 말하는 것입니까? '돈오'와 '점수'의 2가지 뜻을 다시 설명하여 남은 의심을 끊을 수 있게 해 주십시오.

問汝言頓悟漸修兩門 千聖軌轍也 悟旣頓悟 何假漸修 修若漸修 何言頓悟 頓漸二義 更爲宣說 令絶餘疑

질문자는 본격적으로 '돈오'(단박 깨달음)와 '점수'(점진적인 닦음)에 대해 질문합니다. "보조 스님께서는 돈오·점수의 2가지 문이 역대 모든 성인들이 걸어온 길이라고 하시는데, 이미 단박에 깨달았다면 왜 그 뒤에 점진적인 닦음이 필요하며, 점진적으로 닦아야 한다면 왜 그전에 단박에 깨달았다고 하는가?" 하는 것이죠.

① 아직도 닦아야 할 것이 산더미인데 왜 굳이 '돈오'가 선행해야 하는가 하는 의문과, ② 이미 단박에 깨달았다는데 왜 굳이 '점수'가 뒤따라야 하는가 하는 것이 그 의문의 골자입니다. 이렇게 이야기하니까 질문자의 의문이 그럴듯하지 않나요? 닦을 것이 더 남았으면 돈오라고 하지 말든가, 이미 깨달았으면 점수라는 말을 하지 말든가 하라는 이야기입니다. 이러한 의문은 근본적으로 '절대계·현상계'의 혼동에서 기인한 것입니다. 이것에 대해 보조 스님께서 자세히 설명하십니다.

제6장
그 두 번째 이야기

[답변 3] '단박에 깨닫는다는 것'(頓悟)은 무엇인가? 일반인이 미혹할 때는 '지地·수水·화火·풍風'의 4대四大가 모인 것을 우리 자신의 '몸'이라 여기고, 망령된 생각의 다발을 우리 자신의 '마음'이라 여겨서, 자신의 본성이 바로 '참 법신法身[10]'임을 모르고, 자신의 '신령스러운 알아차림'이 바로 '참 부처'인 줄을 알지 못하여, 마음 바깥에서 부처를 찾아 이리저리 헤맨다.

그러다가 문득 선지식의 가르침으로 올바른 길에 들어서서, '한 생각'이 일어남에 그 생각이 나온 자리로 '의식의 빛'을 돌이켜 '자신의 본성'(신령스러운 알아차림)을 똑똑히 보고서, 이 본성 자리는 원래부터 번뇌가 붙을 수 없는 자리이며, 이 '번뇌가 없는 알아차림의 성품'은 본래부터 자신에게 이미 넉넉히 갖추어져 있어서, 모든 부처님과 더불어 털끝만큼도 다르지 않았음을 알게 된다. 때문에 이를 '돈오'라고 한다.

答頓悟者 凡夫迷時 四大爲身 妄想爲心 不知自性 是眞法身 不知自己靈知 是眞佛也 心外覓佛 波波浪走 忽被善知識 指示入路 一念廻光 見自本性 而此性地 原無煩惱 無漏智性 本自具足 卽與諸佛 分毫不殊 故云頓悟也

---

10) 법신 진리의 몸. 6바라밀의 진리를 갖춘 참나를 말한다.

미혹하다는 것이 어떤 의미인지, 한자를 한번 살펴보겠습니다. '미혹할 미'(迷)자는 '쉬엄쉬엄 갈 착'(辶)에, 길이 8방으로 나 있다는 뜻에서 '미米'자를 썼습니다. 즉 미로에 빠져서 어디로 가야 할지를 모르는 상태, 8방으로 헤매는 상태를 말합니다. 그런데 우리네 살림살이가 이렇습니다. 정확한 길을 몰라서 이리 가야 하나, 저리 가야 하나 하고 늘 헤매고 있습니다. 그렇게 자신의 '참나'를 망각하고서는, '몸뚱이'에 집착하고 '망상'에 집착하면서 윤회의 세계를 돌고 돕니다.

불교에서는 현상계에 존재하는 모든 물질의 원소는 '지地·수水·화火·풍風'으로 이루어져 있다고 봅니다. 이렇게 4원소를 통한 분석 방법은 인도나 서양에서 주로 씁니다. 한편 동양에서는 '수水·목木·화火·토土·금金'의 '5행五行'을 주로 쓰면서도 4원소를 통한 분석 방법도 함께 썼는데, '4상四象'이라고 하는 것이 그것입니다.

우리 '태극기'를 보면 '음양陰陽'으로 이루어진 '태극太極(☯)' 주위로 '건乾(☰)·곤坤(☷)·감坎(☵)·리離(☲)'의 '4상四象'이 4방으로 배열되어 있는데요, 이것은 8괘 중에서 '선천8괘'의 배열법에 따른 것입니다. '건乾'은 '하늘'(天)을 나타내고, '곤坤'은 '땅'(地)을 나타내며, '감坎'은 '물'(水)을 나타내고, '리離'는 '불'(火)을 나타

165

냅니다.

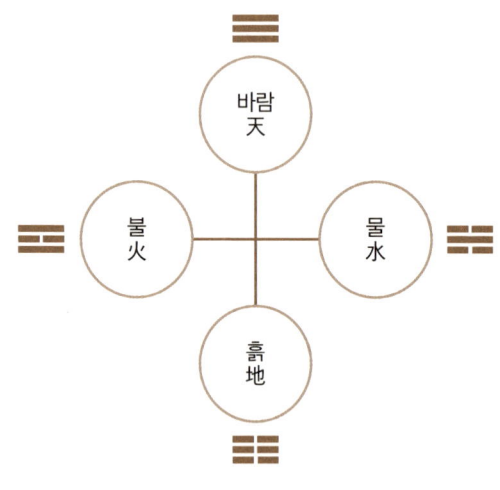

[4원소와 4상]

즉, '천(하늘)·지(땅)·수(물)·화(불)'인데, 이것이 인도나 서양에서 주로 사용하는 '4원소'와 동일합니다. 하늘이 바람이니까요. 그런데 동양에서는 이 4가지 분류방식은 정태적 관찰이라고 하여, 동태적인 관찰인 5가지 분류방식인 '5행'을 주로 썼습니다. 4는 동서남북 사방으로 흩어져 있으며 가운데에 중심이 없기 때문에 자유자재로 운용할 수가 없습니다. 그러니 정태적 관찰이라고 하는 것입니다.

반면 중심이 튼튼하여 움직임에 막힘이 없는 5를 동태적 관찰이라고 보았습니다. 각기 특징이 다르죠. 아무튼 인체를 포함한 우리가 사는 현상계의 모든 물질은 4가지 분류법으로 볼 때는 '지·수·화·풍'으로 이루어져 있으며, 5가지 분류법으로 보았을 때는 '수·목·화·토·금'으로 이루어져 있습니다.

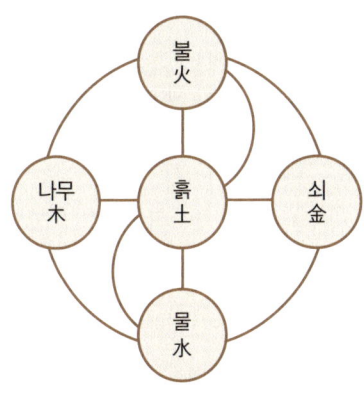

[음양과 5행]

각설하고 우리가 '나의 몸'이라고 여기는 몸뚱이는 4가지 원소로 이루어져 있습니다. 그런데 이 4가지 원소들을 가만히 살펴보면, 그것들이 모두 시간·공간의 제약을 받는 제한적이고 무상無常한 존재들이라는 것을 잘 알 수 있습니다. 끊임없이 변하면서 어느 한계에 도달하면 소멸하는 존재들인 것이죠. 그런데 이렇게 변화하는 원소들의 집합체인 우리 '몸뚱이'를, '나'를 대표하는 '영원불멸의 존재'라고 할 수는 없을 것입니다. 4원소로 이루어진 우리 몸의 세포들은 지금 이 순간에도 옛것이 새것으로 끊임없이 교체되고 있습니다.

그렇다면 '마음'은 어떤가요? 우리가 '나의 마음'이라고 여기는 것들을 가만히 살펴보면, '생각·감정·오감의 다발'일 뿐입니다. 매 순간마다 셀 수 없는 생각·감정·오감이 쉼 없이 일어나고 사라집니다. 그것은 마치 파도와 같아서 멈추는 법이 없습니다.

'한 생각'이 지나가면 그다음 생각이 오고 또 오고, 끝이 없습니다. 멈추는 법도 없고요. 이렇게 오고 가는 생각·감정·오감 중에 과연 어느 것이 '영원불멸의 나'를 대표하겠습니까? 일어나고 사라지는 것 속에서 영원한 것을 찾을 수는 없는 노릇이죠. 따라서 '마음'도 우리의 기대와는 달리 '나'를 대표하는 '영원불멸의 존재'가 아닌 것입니다.

우리는 '순수한 나' '영원불멸의 나'를 잊고서 살아갑니다. 자신의 마음속에 '참나' 즉 '법신法身'(진리의 몸)이 존재하는 것을 모릅니다. 이 참나·참 마음을 모르기 때문에, 뭐 신령한 것이 없나 하고서 이리저리 찾아다니는 겁니다. 우리가 이리저리 찾아 헤매는 보물이 우리 마음속에 감추어져 있다는 것을 모르는 것이지요. 자기 마음속에 '신령한 알아차림'이 이미 온전히 갖추어져 있는데 말입니다.

참으로 안타까운 일이죠. 곧 소멸하고 말 '몸뚱이'를 애지중지 하고, 온갖 허망한 번뇌·망상으로 가득 찬 '마음'을 잠시도 놓아 버리지 못합니다. 이것이 일체 중생들의 살림살이예요. 이런 생활을 빨리 청산해야 합니다. 언제까지 이렇게 살 겁니까?

인간의 모든 번뇌·고통은 모두 '참나'를 잊어버려서 생긴 일입니다. 그러니 무슨 수를 써서라도 빨리 '영원불멸하는 나의 본체'를 찾아야 합니다. 우리가 아무리 기발한 생각을 한다고 하더라도 그것은 '생각'일 뿐이고, 아무리 고귀한 감정을 내더라도 여전히 '감정'일 뿐입니다. 그것이 그대로 '참나 자리'는 아니거든요.

그리고 멋진 절·멋진 불상을 찾아다니는데, 그것도 '오감'의 경계에 불과합니다. 절이 웅장하고 멋진 불상이 있으면 이 절이 좀 영험한 절인가 보다 하고 판단하는데, 이는 결국 오감에 취한 것, 현상계에 취한 것에 불과합니다. 다른 종교들도 마찬가지죠. 불교만 그런 것이 아닙니다. 자기가 속한 교당이 좀 크면 자기의 경지가 올라가는 줄 알고 착각하는데, 모두 오감의 세계, 바깥에서 찾는 것에 불과합니다.

생각에서 찾고, 감정에서 찾고, 오감에서 찾는 것, 모두 다 "마음 바깥에서 부처를 찾아 이리저리 헤맨다."라는 것에 불과합니다. 아무리 뒤지고 다녀도 '부처'를 찾을 수 없습니다. 나무를 구하려면 숲으로 가고, 물고기를 잡으려면 바다로 가야죠. 부처 없는 곳에서 부처를 찾으니 그게 찾아집니까? 자신의 오감이나 만족시키고, 기분이나 좀 풀고, 마음의 위안이나 조금 받고 마는 것이죠. 이런 식으로 해서는 세세생생 빌고 또 빌어도 부처님을 만날 수가 없습니다.

나에게서
나를
구하라!

그렇다면 '부처'는 과연 어디에 숨어 계시는가? 이게 궁금하죠. 부처를 찾으려면 어디로 가야 하는가? 부처는 우리 '마음' 속에 있습니다. 우리가 찾고자 했던 부처 자리가 '순수한 나·참나'가 아니었던가요? 순수한 나이건 참나이건 다 '나'입니다. '남'이 아니라, '나의 본체'일 뿐입니다. 여러분, 지금 이 순간 '내가 존재한다는 느낌'은 어디에 있나요? '나'라는 것은 어디에 있습니까? 여러분은 아시죠? 그 느낌이 어디에 존재하는지! 그 자리에서 찾으십시오. '나'는 '나'에게서 구해야 옳습니다.

지금 이 자리에서, 여러분의 마음속에 존재하는 '내가 존재한다는 느낌'을 직접 느껴 보세요. 여러분이 쉽게 느낄 수 있는 나라는 느낌은 아마도 '앉아 있는 나'이거나 '서 있는 나' 혹은 '우울한 나'이거나 '기쁜 나' 그리고 '고민하는 나'이거나 '답답한 나'일 것입니다. 모두 시간·공간, 그리고 오감·감정·생각에 의해 제약된 '나'일 거예요. 온갖 대상들에 의해 덧칠해지고 왜곡된 '나'이죠. 그래도 그 느낌에 주목해 보세요. 외적 요인들에 의해 왜곡되어 있더라도 '나'는 '나'이니까요.

그 '내가 존재한다는 느낌'에서 시간·공간, 오감·감정·생각에 의해 왜곡되지 않은 '순수한 나의 존재감'을 찾아보세요. 시간도 인식하지 못하고, 공간도 인식하지 못하며, 오감도 인식하지 못하고, 감정도 느끼지 못하며, 생각도 인식하지 못하는 순수한 상태로 존재해 보세요. 방법은 아주 쉽습니다. 순수한 나의 존재감'에 시선을 고정하고, 일어나고 사라지는 다른 것들을 전혀 인식하지 않는 것입니다. 일어나든 사라지든 무시하고 관심을 주지 않는 것입니다. 모든 관심을 오직 순수한 나의 존재감에만 두고서 그 상태에 안착할 수 있다면, 우리는 '참나의 현존'을 느끼고 체험할 수 있습니다.

이 방법을 보조 스님은 다음과 같이 인도하고 계십니다. "한 생각이 일어날 때, 그 생각이 나온 자리로 의식의 빛을 돌이켜라! 그리고 자신의 본성을 똑똑히 보라!"라고 말입니다. 참으로 간단하지요.

'순수한 나'는 우리의 생각·감정·오감에 의해 항상 가려지게 됩니다. '나'라고만 하면 어떠한 제약도 느끼지 못하는데, '고민하는 나' '답답한 나'라고 하면 그 즉시 시간·공간, 생각·감정·오감의 족쇄가 한 순간에 달려와 채워집니다. 반면 우리가 100% '나'로서만 존재한다고 하면, 우리는 어떠한 제약도 구속도 받지 않은 채 100% 순수한 본연의 상태로 존재할 수 있습니다.

"지루하다."라는 한 생각이 내 마음속에 울려 퍼질 때, 나와 지루함을 동일시하여 '나=지루함'이라고 판단하려고 할 때, '나'를 '지루한 나'로 만들지 마십시오. 100% '순수한 나'를 '지루함'과 동일시하지 마십시오. 지루함이라는 것은 우리 마음에 잠시 머물다 사라지는 생각·감정에 불과합니다. 그것이 오고 가는 터전이 되는 '순수한 나'의 자리는 그러한 오고 감에 영향을 받지 않는 초월적인 자리입니다.

"지루하다."라는 한 생각이 일어날 때, 지루함이라는 대상을 향해 치달리는 우리의 의식을 돌이켜서, '지루함'이라는 생각이 일어난 자리인 '순수한 나·참나' 자리로 관심이 향하게 하시기 바랍니다. 이때 우리 마음속에 존재하는, '텅 비어 고요하되 신령스러운 알아차림'을 지닌 '나의 본체'가 확연히 드러나게 됩니다.

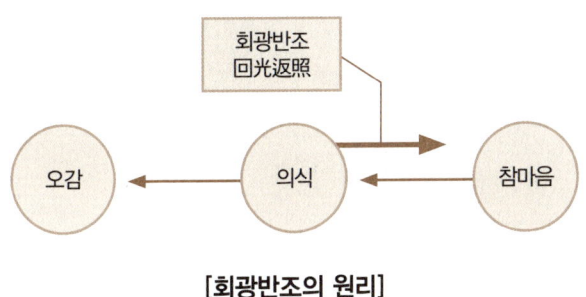

[회광반조의 원리]

우리의 '참나'는 시간·공간의 제약을 일절 받지 않고, 생각·감정·오감으로부터 초월하여 100% '나'로서 존재할 때, 인식되는 자리입니다. 이 자리에서는 시간도 인식할 수 없고, 공간도 인식할 수 없으며, 오직 '나라는 존재감'만이 있을 뿐입니다. 『구약성경』에 보면 하느님께서 모세에게 "나는 스스로 현존하는 나이다!"(I Am That I Am) 하고 말씀하시는 부분이 있습니다. 이는 참으로 중요한 법문입니다.

우리가 "나는 나일 뿐이다!"라는 상태로만 존재하면서 '나라는 존재감'에 어떠한 제약도 가하지 않는다면, 그 순간이야말로 우리가 '참나'로서 오롯이 존재하는 순간일 것입니다. '견성見性'이라는 것은 바로 이러한 경지를 말하는 것이며, '보임保任'이라는 것은 늘 이러한 경지에 안주하도록 노력하는 것일 뿐입니다.

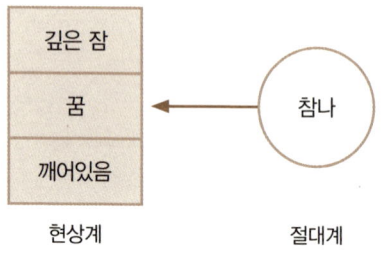

[생시·꿈·잠을 초월한 참나]

이 자리는 꿈도 잠도 가로막을 수 없습니다. 잠을 깨건, 잠을 자건 그 자리는 늘 똑같습니다. 항상 또랑또랑하며 훤히 알아차리고 있죠. 생시·꿈·잠의 '3계'는 모두 현상계의 일이기 때문입니다. 반면 '순수한 나'는 그 현상계를 초월한 자리입니다. 시간·공간을 초월하고, 생각·감정·오감을 초월한 자리예요.

그래서 그 자리에는 어떠한 번뇌도 없습니다. '번뇌'라는 것이 존재하려면 이기적 자아·개체적 자아인 '에고'가 필요합니다. 그런데 에고는 시간·공간, 생각·감정·오감에 제약된 '나'입니다. '고민하는 나'에서 '나'는 에고이죠. 생각과 감정에 걸려 있으니까요. 그런데 '고민'을 내려놓고 '나'로서만 존재하게 된다면, 그 순간 시공을 초월하여 '순수한 나'가 되어 버립니다. 에고가 있어야 고뇌가 생겨요. 에고가 있어야 이기적 욕심이 생기고, 이기적 욕심이 생겨야 온갖 번뇌·고통이 야기됩니다.

이 '순수한 나'의 자리는 '우주=나'인 자리입니다. 흔히 이 자리를 체험하고 나면 "우주와 하나가 되는 체험을 했다!"라고들 하는데, 100% 순수한 나로만 존재했기 때문에 그런 말이 나오는 것입니다. 그 자리에서는 나 이외의 다른 존재를 느낄 수 없고, 온 우주가 통째로 '나'일 뿐이니까요. 나와 우주를 구분하지 못해요. 우주라는 말도 불필요하죠. 그냥 존재하는 모든 것이 온통 '나'일 뿐이고, 오직 '나'만이 존재하는 상태인 것이죠.

이 청정淸淨·광명光明한 '참나' 상태에서는, 시공간에 제약된 '나' 즉 '에고'가 작용하지 못하니 부족한 것이 없습니다. 부족한 것이 없으니 욕심낼 것이 없고, 원하는 것이 없으니 번뇌도 없고 항상 모든 것이 충만합니다. 부족함을 전혀 느끼지 못합니다. 부족한 것이 없으니 부자죠.

이 상태에 도달하고 나면, 부처님들과 내가 다르지 않다는 사실을 알게 됩니다. 하지만 오해하지는 마세요. 부처님과 내가 거둔 '결과' 즉 열매·결실이 같다는 의미가 아니라, 그분들이 지닌 '씨앗'과 내가 지닌 '씨앗'이 동일하다는 의미이니까요. 다시 말하면, 우리 마음속에도 부처님이 될 수 있는 씨알이 동등하게 갖추어져 있다는 사실을 알게 된다는 것입니다.

이것이 '돈오頓悟'입니다. 우리가 시간·공간, 생각·감정·오감을 내려놓는 순간 우리는 즉시 깨닫게 되거든요. "아! 나는 나일 뿐이구나!" 하고 말입니다. 그렇게 모든 제약을 뛰어넘어 '절대적 자아'가 되는 것입니다. 도달하는 것도 단박이지만, 도달하자마자 '제한적 자아'에 대한 자신의 고정관념이나 편견이 단박에 박살나서 다시는 고개를 내밀지 못하게 됩니다. 그렇다면 이제 '점수'에 대해 알아보겠습니다.

제6장
그 세 번째 이야기

'점진적으로 닦아감'(점수)이라는 것은 무엇인가? (돈오를 하여) 비록 '본성'이 부처와 다를 것이 없음을 깨달았으나, 시작 없는 과거부터 익혀 온 '습기習氣'[11]를 단박에 제거할 수 없어서, 깨달음(돈오)에 의지해 닦으면서(점수) 점진적으로 변화하여 공부를 이루는 것이니, '성인의 태아'(聖胎)를 잘 기르고 배양함이 오래된 뒤에야 진정한 '성인聖人'이 될 수 있는 것이다. 때문에 이를 '점수'라고 한다.

비유하자면 아기가 처음 태어났을 때 모든 감각기관을 이미 갖추고 있는 것이 어른과 더불어 다를 바가 없지만, 아직 그 힘이 충분하지 못하여 세월이 제법 지난 뒤에야 비로소 사람 구실을 하는 것과 같은 것이다.

漸修者 雖悟本性 與佛無殊 無始習氣 難卒頓除故 依悟而修 漸熏功成 長養聖胎 久久成聖 故云漸修也 比如孩子 初生之日 諸根具足 與他無異 然其力未充 頗經歲月 方始成人

---

11) **습기** 과거에 지은 업의 종자

'돈오의 첫 체험'을 통해서 우리는 우리의 본래 성품이 대자대비하신 부처님과 조금도 다르지 않다는 것을 깨달아 알게 됩니다. 그런데 이것을 명확히 알았다고 하더라도, 단박에 부처의 생각·감정·행동이 나오지 않습니다.

오랜 세월 동안 우리가 스스로 지어 온 '업의 잠재력'이자 '업의 종자'인 '습기習氣' 때문입니다. 습기라는 것은 '습관화된 에너지'를 말합니다. 이런 습관화된 에너지가 우리 마음속에 잠재해 있다가, 조건만 갖추어지면 수시로 튀어나옵니다.

한번 습관화가 되면, 그러한 생각을 품고 감정을 일으키고 행위를 하는 것이 아주 수월해집니다. 저 깊은 '무의식'에 단단히 저장되어 있거든요. 술을 마시고, 담배를 피우고, 게임을 하는 것도 모두 습관화된 에너지들의 발현입니다.

우리는 게임을 하고, 밥을 먹고, TV를 보고, 운전을 하고, 걸어 다니고 하는 행위들을 거의 무의식적으로 합니다. 처음에는 힘이 들지만 일단 습기가 형성되면 수월하죠. 모든 삶의 기술들이 다 그렇습니다. 일단 제대로 습관화만 해 놓으면 거의 자동이죠. 그래서 술을 마시고 필름이 끊겨도 무의식적으로 집에 찾아옵니다. 대단한 기능이죠. 이것을 담당하는 것이 '무의식'입니다.

그런데 여기에 좋은 것만 저장되면 좋을 텐데, 나쁜 습관의 종자들이 잔뜩 저장되어 있으면 큰일이죠. '표면의식'은 뭔가를 잘 해 보려고 해도, 보다 뿌리 깊은 '무의식'에서는 자꾸만 예전의 나쁜 버릇을 부리려고 한다면 참 절망적이겠지요. 이 모순을 하나하나 단계적으로 극복해 나가자는 것이 바로 '점수漸修'라는 것입니다.

습관을 재조정하라!

나쁜 버릇도 일시에 생긴 것이 아니라 자꾸 누적되어 '습관화' 되면서 생긴 것이니, 좋은 행동도 습관화가 되도록 자꾸 익히자는 것입니다. 그러면 언젠가는 좋은 버릇이 나쁜 버릇을 모두 내모는 날이 오고, 우리의 '무의식'은 청정해질 것입니다. 무의식이 좋은 습관들로만 가득 차서, 힘들이지 않고 습관적으로 지혜로울 수 있을 것이며, 힘들이지 않고 습관적으로 자비를 행할 수 있을 것입니다. 이것이 부처님의 무의식 상태입니다.

부처님이라고 해서 '무의식'이 없는 게 아닙니다. 다만 정화된 상태인 것이죠. 이것이 '점수의 목표'입니다. 나와 남에게 해로운 습관은 점진적으로 제거하고, 그 자리를 나와 남 모두에게 이로운 습관들로 채우는 것이죠. '탐욕·분노·어리석음'(3독)을 제압하고, '지혜·자비'의 습관을 채우는 것입니다. 이것이 '부처님의 위대한 지혜·덕상(자비)'이라는 것입니다. '불성'이 하나의 '씨앗'이라면 이 위대한 지혜와 자비는 '열매'입니다.

그렇다면 이런 의문이 들 수 있어요. "점수가 그렇게 탁월한 힘을 지닌 것이라면, 왜 굳이 돈오가 필요한가?" 하고 말입니다. 돈오가 없는 점수는 참다운 점수가 아닙니다. 우리는 현재 우리의 무의식에 어떤 것들이 저장되어 있는지도 모르니까요.

우리의 번뇌·망상에 가득 찬 의식으로는 무의식을 제대로 정화할 수 없습니다. 자신의 무의식적 사고방식·행동방식을 제대로 파악하기도 힘들 뿐만 아니라, 설사 자신의 그릇된 습관을 발견해 냈다고 하더라도 그것을 바로잡을 힘이 부족합니다. 뿌리 깊은 '무의식'을 정화하기에는 우리의 '표면의식'의 힘이 미약하거든요.

우리 마음속에 영원불멸하는 '참 마음'을 확연히 밝혀내지 않고서는, 우리의 '생각·감정·행위' 그리고 그러한 모든 업의 저장창고인 '무의식'을 깨끗이 정화할 수 없습니다. 현상계는 절대계의 도움 없이는 존재할 수도 없거니와, 현상계의 완전한 정화

또한 절대계의 도움 없이는 불가능합니다.

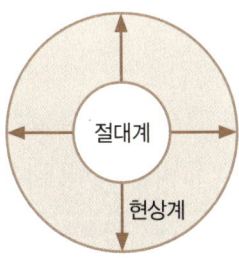

[현상계의 정화]

기독교에서 "성령聖靈의 도움 없이는 인간은 거듭날 수 없다." "성령의 도움 없이는 자신의 죄를 지울 수 없다."라고 주장을 하는데, 모두 같은 의미입니다. 우리의 저차원 자아인 '에고'로는 무의식을 정화할 힘이 부족합니다. 우리의 고차원 자아인 '참마음'(기독교에서 말하는 성령)을 확연히 깨쳐야만 우리의 업장을 온전히 정화할 수 있습니다.

요컨대, 오직 돈오가 전제된 점수만이 우리의 업장을 정화할 수 있으며, '돈오가 없는 점수'나 '점수가 없는 돈오'는 모두 반쪽짜리 공부에 불과합니다. 그렇다면 보조 스님이 주장하는 '돈오'는 대승경전에서 말하는 52단계[12] 중 어느 경지에 해당할까요? 불교에는 급수·단수의 단계가 많습니다. 처음 불교를 믿어 부처님의 자리에 이르는 단계를 5단계로 나누어 본 것이 '5위五位'입니다.

이 '5위'를 살펴보면, ① 자량위資糧位(수행의 밑천이 되는 지혜와 복덕福德을 쌓아 가는 자리, 10신信을 거치며 1주住의 정혜쌍운에 이르도록 닦는 경지) ② 가행위加行位(1주住 이후 1지의 반야방편쌍운에 이르도록 닦는 경지) ③ 견도위見道位(1지, 반야방편쌍운의 견성見性의 경지) ④ 수도위修道位(1지 이후~10지, 지혜와 복덕을 점진적으로 완성해 가는 경지) ⑤ 구경위究竟位(10지 이후 불지에 이르는 경지, 궁극의 부처에 이른 경지)가 있습니다. 1지地 전의 '① 자량위 ② 가행위'는 '승급'에 해당하고, 1~12지에 이르는 '③ 견도위 ④ 수도위 ⑤ 구경위'는 '승단'에 해당합니다.

---

12) 대승불교의 52단계
　① 10신信 : 10가지 믿음의 단계
　② 10주住 : 10가지 안주의 단계
　③ 10행行 : 10가지 실천의 단계
　④ 10회향廻向 : 10가지 공덕을 돌리는 단계
　⑤ 10지地 : 보살도의 10가지 단계
　⑥ 11·12지地 : 모든 번뇌가 소멸되는 등각等覺과 성불에 이르는 묘각妙覺의 단계

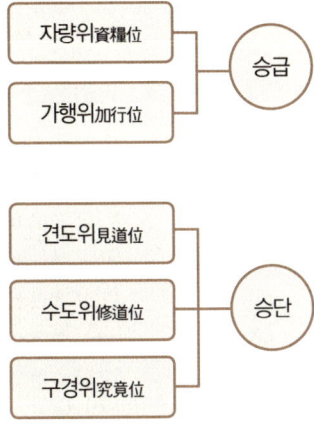

[5위五位의 승급·승단체계]

'5위'의 '승급·승단체계'를 살펴보면, 먼저 자량위 중 10신信의 단계에서 6바라밀에 해당하는 수행의 덕목들을 갈고닦습니다. 특히 '선정'과 '지혜'를 닦다가 '참나의 고요함과 자명함'을 명확히 체험하게 됩니다. 이 경지가 '돈오의 첫 체험'입니다. 이 체험은 참나에 대한 확고한 믿음과 명확한 개념을 선물해 줍니다.

보조 스님은 이 자리를 '돈오'이긴 하나 아직 개념적 이해가 앞서는 '참나각성의 해오解悟'라고 보았는데, 10신信의 첫 단계에 해당합니다. 돈오의 첫 체험을 했으면 6바라밀을 두루 닦아서, 늘 '참나 자리'(순수한 알아차림)에 안주할 수 있도록 노력해야 합니다. 돈오란 결국 '참나의 선정·지혜'를 체험적으로 이해한

계제	명칭
12지	묘각妙覺
11지	등각等覺
10지	법운지法雲地
9지	선혜지善慧地
8지	부동지不動地
7지	원행지遠行地
6지	현전지現前地
5지	난승지難勝地
4지	염혜지焰慧地
3지	발광지發光地
2지	이구지離垢地
1지	환희지歡喜地

[12지地의 승단 체계]

것이니, 비록 짧은 순간이라고 하더라도 '정혜쌍운定慧雙運'을 체험하게 됩니다.[13] 이 체험을 잘 배양하여 단계적으로 심화시켜 나가야 합니다. 이 과정은 대략 '4가지 단계'로 나눌 수 있습니다(자량위, 10신을 거치며 1주에 이르는 과정).

---

13) ① 몰입의 4단계가 유지되며 희열이 일어날 때, '참나의 고요함'과 합일되는 '올바른 선정'(1선 근분정近分定)이 이루어진다. 그리고 ② 올바른 선정(몰입 4단계)에 바탕을 두고 '아공·법공의 진리'에 대한 체험적 이해가 이루어져서, 2공에 대한 이해만으로 '참나의 고요함'이 드러나서 희열이 일어날 때, '참나의 자명함'과 계합하는 '올바른 지혜'가 이루어진다. 올바른 선정과 지혜를 두루 갖추어, 선정 상태에서 진리를 직관하고 ③ 지혜를 닦음에 선정이 이루어지는 경지가 바로 '정혜쌍운定慧雙運'이다.

① 정혜쌍운을 체험할 수 있는 단계

: 아공·법공[14]의 체험적 이해가 가능한 경지로, '신인信忍'(진리를 확신하는 인가)의 경지이다. '참나각성의 해오解悟'에 해당한다.

② 정혜쌍운의 시간을 연장해 가는 단계

: 아공·법공의 체험적 이해가 심화되는 경지로, '순인順忍'(진리에 순응하는 인가)의 경지이다.

③ 정혜쌍운을 원하는 만큼 유지할 수 있는 단계

: 아공·법공의 자명한 이해가 가능한 경지로, '법인法忍'(진리 그대로의 인가)이 가능한 경지이다.

④ 정혜쌍운이 애씀 없이 흐르는 단계

: 아공·법공의 자명한 이해가 심화되는 경지로, '법인'이 심화되는 경지이다. '참나안주의 증오證悟'에 해당한다.

이런 4가지 단계를 거쳐, '선정'과 '지혜'의 2바라밀이 애쓰지 않아도 늘 흐르는 '정혜쌍운'을 체득하게 됩니다. 이 경지가 바로 『대승기신론』 등에서 강조하는, 10주住의 첫 단계인 '1주住 보살'의 경지입니다. '에고의 산란·혼침'을 극복하고 '참나의 선

---

14) 아공我空의 진리 : 에고는 불변하는 독자적 실체가 없음
　　법공法空의 진리 : 만법은 참나의 작용으로서 불변하는 독자적 실체가 없음

정·지혜'에 안주한 '참나안주의 증오證悟'의 경지인 것이죠. 보조 스님의 말씀을 들어 볼까요?

> '점수漸修'의 연기문을 요약하면, '10신信 초심初心'에서 먼저 깨달은 뒤에(해오解悟), 능히 '지관止觀'을 닦아서 '몸'(色)과 '마음'(心)의 번뇌가 다하여[15] '10주 초'(1주)에 이르게 된다. '선정의 힘'이 이미 이루어지고 '이해의 장애'가 모두 없어짐에, '증오證悟'(정혜쌍운定慧雙運)를 얻어 경지에 들어가게 되니, ① 10주住 ② 10행行 ③ 10회향回向 ④ 10지地를 단계적으로 닦아서 ⑤ 등각위等覺位(11지)에 이르게 된다.
> 若約漸修緣起門 則十信初心先悟之後 勤修止觀 色心有漏摠盡 至住初 定力已成 解碍摠亡 證悟入位 歷修十住十行十回向十地 至等覺位 (『원돈성불론』)

이 1주 보살(참나안주)의 경지는 ① '참나의 고요함'으로 늘 참나의 현존을 자각하며 ② '참나의 자명함'으로 늘 자명하게 분별할 수 있는 경지를 말합니다. 참나는 본래 고요하고 본래 알아차리니, 참나를 확고하게 깨닫게 되면 '혼침·산란'의 업장을

---

15) 참나에 안주하는 1주 보살의 경지가 되면, 번뇌가 있는(유루有漏) 3계를 초월하여, 번뇌가 없는(무루無漏) 5온을 갖추고 정토淨土에 안주한다.

극복하고 '정혜쌍운'이 자동으로 굴러가는 경지에 이르고, 이것이 '확고한 돈오'의 자리입니다.

그러나 『대승기신론』은 이 1주 보살의 돈오는 아직 온전하지 못하다고 봅니다. 나머지 바라밀들이 아직 두루 닦이지 않았기 때문입니다. 1주 보살은 '참나의 고요함·자명함'에 의지하여 6바라밀을 두루 닦아, 본격적으로 '무지·아집'의 업장을 단계적으로 닦아가야 합니다. 이렇게 닦아가는 중에 '반야방편쌍운'을 체험하게 됩니다.[16] 1주에서 1지에 이르는 과정(가행위)은 대략 '4가지 단계'로 나눌 수 있습니다.

① 반야방편쌍운을 체험할 수 있는 단계

: 구공[17]의 체험적 이해가 가능한 경지로, '신인信忍'(진리를 확신하는 인가)의 경지이다.

② 반야방편쌍운의 시간을 연장해 가는 단계

: 구공의 체험적 이해가 심화되는 경지로, '순인順忍'(진리에 순응하는 인가)의 경지이다.

---

16) ① '선정'에 안주하는 중에 '6바라밀의 근본원리'가 참나에 내재되어 있음(구공具空의 진리)을 '지혜'로 직관하고(반야), ② 6근이 작동하면 애쓰지 않아도 '6바라밀의 실천법칙'을 펼쳐 내어 중생을 구제하는(방편) 경지가 바로 '반야방편쌍운'이다.
17) 구공具空의 진리 : 참나에는 6바라밀의 근본원리가 원만하게 갖추어져 있음

③ 반야방편쌍운을 원하는 만큼 유지할 수 있는 단계
: 구공의 자명한 이해가 가능한 경지로, '법인法忍'(진리 그대로의 인가)이 가능한 경지이다.
④ 반야방편쌍운이 애씀 없이 흐르는 단계
: 구공의 자명한 이해가 심화되는 경지로, '법인'이 심화되는 경지이다.

그래야 1지 보살이 되어 찰나에서 6바라밀이 절로 샘솟는 경지에 이르게 됩니다. 찰나에는 본래 6바라밀이 두루 갖추어져 있으니, '반야'(반야바라밀, 혜慧)와 '방편'(나머지 5바라밀, 복福·덕德)을 두루 갖춘 '반야방편쌍운般若方便雙運'(복혜福慧쌍운·덕혜德慧쌍운)을 얻어야만 '온전한 돈오'를 했다고 할 수 있습니다.

그래서 대승경전들은 이 반야방편쌍운의 경지를 1단-1지 보살로 보며, 정식으로 승단한 자리로 봅니다. 그런데 보조 스님은 '선정과 지혜의 2바라밀'이 6바라밀의 핵심이기에, 1주 보살이면 이미 부처가 될 자질이 충분하다고 보았습니다. 보조 스님은 1주 보살을 1지 보살만큼 중요하게 여긴 것이지요.

점수의 구체적 방법은 '자량위'에서 '구경위'에 이르기까지, 늘 '6바라밀'이 있을 뿐입니다. 6바라밀은 참나가 갖춘 공덕들을

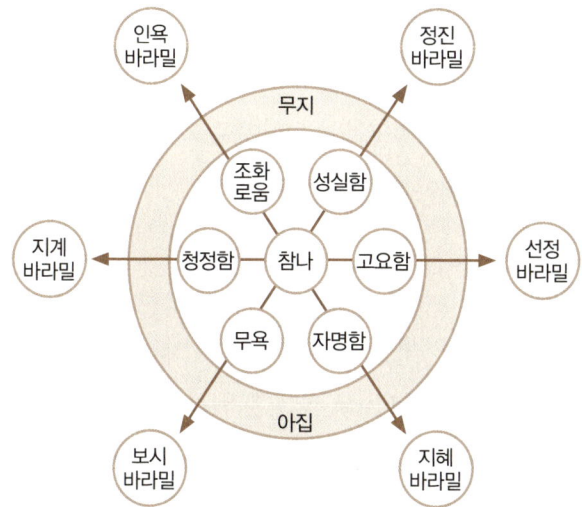

[6바라밀을 통한 점수]

밖으로 드러나게 해 주는 점수의 핵심입니다. 6바라밀을 닦아야만 참나가 갖춘 '지혜와 자비'의 능력이, 에고를 통해 아름답게 꽃피울 수 있는 것입니다.

① 참나는 본래 욕심이 없으니 남에게 널리 베풀 수 있어야 하며(보시바라밀) ② 참나는 본래 청정하니 늘 유혹을 이겨 내고 남에게 피해를 주지 않는 계율을 지킬 수 있어야 하고(지계바라밀) ③ 참나는 본래 조화로우니 남의 입장이나 진리를 깨끗이 수용할 수 있어야 하며(인욕바라밀) ④ 참나는 본래 게으르지 않

고 성실하니 늘 정진해 나갈 수 있어야 하고(정진바라밀) ⑤ 참나는 본래 고요하니 늘 평정심을 유지할 수 있어야 하며(선정바라밀) ⑥ 참나는 본래 자명하여 의심이 없으니 매사에 옳고 그름이 자명할 수 있어야 합니다(반야바라밀).

6바라밀은 에고의 욕심으로 닦을 수 있는 것이 아닙니다. '참나의 지혜·자비'가 밖으로 나오는 것이기에, '닦음 없는 닦음'의 점수입니다. 그래서 오직 '돈오'를 이룬 뒤에만 온전히 '바라밀'(궁극의 완성)이라고 할 수 있는 것이죠. 에고가 억지로 참는 것은 '인욕'일 뿐이나, '참나의 지혜·자비'가 드러나면 참아도 참은 것이 없는 '인욕바라밀'(인욕의 완성, 궁극의 인욕, 참나의 발현인 인욕)이 이루어집니다. 나머지 덕목도 마찬가지입니다. 6바라밀을 통해 '에고의 무지·아집'이 정화될수록, '참나의 지혜·자비'가 온전히 드러나게 됩니다.

제7장

오직 모를 뿐!

제7장
그 첫 번째 이야기

[질문 4] 어떤 '방편'을 써야 한 생각을 돌이켜서 '자신의 본성'을 깨달을 수 있겠습니까?

[답변 4] 단지 그대 자신의 마음일 뿐인데, 다시 무슨 방편을 쓰겠는가? 방편을 써서 (자신의 본성에 대해) 다시금 알기를 구하는 것은, 마치 어떤 사람이 자신의 눈을 보지 못한다고 자신이 눈이 없다고 여기면서, 다시 그 눈을 보고자 바라는 것과 같다. 이미 자신의 눈인데 어찌하여 다시 보려 하는가? 만약 잃어버리지 않은 것만 안다면, 이미 그 눈을 본 것과 같을 것이다. 다시 보고자 하는 마음이 없다면, 어찌 보지 못하였다는 생각이 있을 수 있겠는가?

問作何方便 一念廻機 便悟自性 答只汝自心 更作什麼方便 若作方便 更求解會 比如有人 不見自眼 以謂無眼 更欲求見 旣是自眼 如何更見 若知不失 卽爲見眼 更無求見之心 豈有不見之想

"그럼 당신의 말처럼 한 생각이 나오는 것을 돌이켜 본성을 보려면, 즉 '회광반조回光返照'를 하려면 구체적으로 어떤 방편을 써야 합니까?" 하고 질문자가 묻고 있습니다. '견성見性'의 구체적 방법론을 물은 것이지요. 보조 스님이 이미 앞에서 친절하게 말씀하셨는데, 또 다른 간편한 방법을 찾고 있군요.

참 답답하죠. 묻는 이의 말 속에 이미 답이 있는데 말입니다. 마음에서 '한 생각'이 울려 퍼질 때, 그 피어오르는 한 생각에 주목하지 말고 그 생각이 나온 자리만 보면 됩니다. 다시 말하면, 그 생각을 순수하게 바라보고 알아차리는 자리에만 집중하라는 것입니다. 그 자리가 바로 우리의 '참나 자리'이거든요.

그러니 보조 스님이 아주 답답해하시죠. 자꾸 뭔가 더 쉬운 방법을 달라니 답답할 수밖에요. "한 생각이 튀어나올 때, 그 생각이 나온 자리를 봐라. 그리고 그 자리를 자각하라. 생각을 하더라도 본래 자리를 알고 해라." 이보다 더 쉬운 방법이 어디 있겠습니까? 도대체 뭘 그리 답답해하느냐는 것이죠.

그런데 보조 스님의 대답이 아주 멋집니다. 우리가 하루 종일 사물을 보고 식별하면서도 정작 우리 '눈'은 보지 못합니다. 그리고 우리가 눈을 보지 못하더라도, 눈이 없어진 건 아닌가 하는 그런 걱정은 하지 않습니다. '눈의 본체'는 보지 못하더라도 '눈의 기능'은 인식하고 있거든요. 우리가 바깥 사물을 볼 수 있다는 것 자체가 눈의 존재를 증명해 주니까요. 그러니 다시 "눈이 제대로 달려 있나?" 하는 의문을 품을 필요가 없지요. 애초에 의심할 거리가 안 된다는 말입니다.

이미 눈이 달려서 잘 보고 있는데, 눈을 다시 확인할 필요가 있겠습니까? 그냥 "앞이 캄캄하지 않구나. 잃어버리지 않았구나. 사물이 잘 보이는구나." 정도만 확인하면 끝입니다. 우리 '참나'도 마찬가지입니다. '참나의 본체'를 보지 못하더라도, 우리는 '참나의 기능'을 늘 확인하면서 삽니다.

이리저리 따지고(생각), 울고 웃고(감정), 보고 듣고 만져 보는(오감) 모든 행위가 참나의 기능입니다. 참나가 없다면 그런 작용들은 일절 불가능합니다. '참나'라는 용어가 불편하다면 그냥 '생각·감정·오감의 뿌리가 되는 자리'라고만 생각하세요. 그 자리가 있으니까 우리가 하루 종일 이 생각 저 생각, 이 감정 저 감정, 이 행위 저 행위를 바꿔 가며 할 수 있는 것 아닙니까?

결국 "참나가 잘 기능하고 있구나!" 정도만 확인하면 충분하다는 것입니다. 한 생각이 일어날 때, 그 생각이 나온 자리를 잘 인식하면서 생각하고, 울고 웃고, 보고 듣고, 만지고, 맛보며 살아가면 되는 것입니다. 이 모든 것이 '참나의 나툼'일 뿐입니다. 이렇게 살아가면 참나를 더 찾아야겠다는 생각도 들지 않을 것입니다. 참나를 더 찾아야겠다는 생각이 들지 않는데, 그 자리를 못 보았다는 생각이 어떻게 일어날 수 있겠습니까?

우리가 "어떻게 해야 '참나'를 볼 수 있으려나?" 하고 고민하는 것은, 물속에 사는 물고기가 '물'이 어디 있는지를 고민하는 것과 같습니다. 물고기가 물을 벗어나 살 수 없듯이, 우리는 참나를 벗어나 존재할 수 없습니다. 우리에게 순수의식의 자리인 참나가 존재하지 않다면, 지금 당장 우리의 모든 의식의 작용, 생각·감정·오감은 정지되고 말 것입니다.

우리가 참나를 잃어버리지 않았다는 사실, 즉 우리가 참나 속에 존재한다는 사실만 확인하십시오! 물속에서 물을 찾는 어리석음을 범하지 마시기 바랍니다. 참나에 의지해 살면서 참나를 찾아 이리저리 헤매는 것은, 아이를 업고 아이를 찾아 헤매는 어머니와 같아서, 고생스럽기만 하지 소득은 없는 행위입니다.

제7장
그 두 번째 이야기

자신의 '신령스러운 알아차림'(靈知)도 또한 이와 같도다. 이미 자신의 마음인데, 어찌 다시 알고자 하는가? 만약 알기를 구한다면, 마침내 알 수 없을 것이다. 다만 '모른다는 것'만을 똑똑히 알면 되니, 이것이 바로 자신의 '본성'을 본 것이다.

自己靈知 亦復如是 旣是自心 何更求會 若欲求會 便會不得 但知不會 是卽見性

사정이 이러한데 무엇을 더 알 필요가 있겠습니까? 우리가 '참나 자리'를 찾아 헤매지 않아도, 이미 '텅 비어 고요하되 신령한 알아차림'의 자리인 참나는 우리의 마음속에서 선명하게 작용하고 있습니다. 참나가 이미 완벽하게 작용하고 있는데 "어떻게 참나를 알아내지?" 하고 고민한다면, 이는 긁어 부스럼이 되겠지요. 괜히 상처만 만들 뿐 실익은 없을 것입니다.

　그러니 "참나는 도대체 어떤 물건이냐?" 하고 괜한 시빗거리를 만들지 말라는 말입니다. 실상을 말하자면, 그런 고민을 하는 줄 알아차리는 자리가 바로 '참나 자리'이지요. 자기가 자기를 찾아 헤매는 꼴이며, 눈으로 눈을 보고자 애쓰는 꼴이니 우스운 일 아닙니까? 그러니 괜한 의문을 만들지 말고 그냥 "너 거기 있지!" 하고 턱 믿고 가라는 것입니다.

　이런저런 알음알이가 '참나'를 가립니다. 이리저리 따지지 않고 턱 믿고 가면, 내면의 '고요하되 자명한 알아차림'이 선명해집니다. 바로 그 자리가 '참나 자리'이니 찾으려는 갈구도 "몰라!" 해 버리고, 그냥 정신을 차리고서 또랑또랑 알아차리며 의심 없이 살아가라는 것입니다. 찾으려고 하면 멀어질 뿐이고, 맑은 호수에 괜히 파문만 일으키는 격입니다.

남전南泉에게 조주趙州가 물었다.
"어떤 것이 도道입니까?"
남전이 대답하였다.
"평상심 그대로가 도이다."

조주가 물었다.
"그래도 뭔가를 추구해야 하는 것 아닙니까?"
남전이 대답하였다.
"추구하면 어긋나게 될 것이다."

조주가 물었다.
"추구하지도 않고 어떻게 도를 알 수 있습니까?"
남전이 대답하였다.
"도는 '안다' '모른다'에 속하지 않는다.

안다고 하면 망상에 빠질 것이고 (산란)
모른다고 하면 흐리멍덩함에 빠지고 말 것이다 (혼침).
만약 의심할 수 없는 도에 참으로 도달하게 된다면,
큰 허공처럼 확 트여서 뻥 뚫릴 것이니
어찌 옳고 그름을 따지겠는가?"
조주가 이 말에 단박에 깨달았다.

南泉因趙州問 如何是道 泉云 平常心是道 州云 還可趣向否 泉云 擬向卽乖 州云 不擬爭知是道 泉云 道不屬知 不屬不知 知是妄覺 不知是無記 若眞達不疑之道 猶如太虛廓然洞豁 豈可强是非也 州于言下頓悟 (『무문관無門關』)

우리가 참나에 대한 시빗거리를 만들면 만들수록, 참나는 점점 더 가려져서 어두워집니다. 그러니 그냥 내려놓아야 합니다! 생각이든 감정이든 오감이든, 그냥 아무 이유나 조건 없이 내려놓으세요. 모든 것을 '참나 자리'에 맡기고, "참나가 뭔지 고민할 게 뭐냐? 이렇게 잘 작동하고 있는데!" 하고 믿으세요.

이러한 '평상심'(평소의 알아차리는 마음)이 그대로 불성이고 참나입니다. 우리는 언제나 이 평상심으로 생각하고, 울고 웃고, 말하며 살아왔습니다. 그러니 곧장 그 자리가 참나라는 것을 확인하고 살아야지, 공연히 의심을 일으킬 필요가 없습니다. 괜히 '알음알이'로 알아내려고 해서는 안 됩니다. 그냥 "몰라!" 하고 의심 없이 '고요하되 자명한 알아차림'만 놓치지 않고 살아가면 됩니다.

오직 모를 뿐!

괜한 시빗거리를 일으키느니, 차라리 "모르겠다!"로 일관하세요. 그냥 "모르겠다!"라고만 하세요. "이게 도대체 뭐냐? 좀 알아봐야겠다."라고 하면 더 감춰집니다. 그러니 "오직 모를 뿐!" 하고 가라는 것입니다. "안다!"의 반대말인 "모른다!"를 하라는 것이 아니라, "아는지 모르는지 일체를 모르겠다!" "관심 없다!" 하고 턱 믿고 내려놓으라는 것이죠.

참선을 하려고 앉아 있으면 별별 생각이 다 일어납니다. 그렇게 끝없이 튀어나오는 잡념들을 일일이 다 들여다보고 끌려가면 어느 세월에 '참나'를 만나겠습니까? ① 그냥 모든 생각·감정·오감에 대해 "오직 모를 뿐!" 하고 선언하고 무관심으로 일관하십시오. ② 그리고 생각·감정·오감을 '알아차리는 자리' '순수한 나의 존재감'에만 주의를 집중하십시오.

이렇게 닦아가다 보면 마음의 자유가 옵니다. 우리의 참나 자리가 어떤 방해도 없이 온전히 드러납니다. 깨끗이 드러나요. 이 자리가 참 '견성'의 자리죠. '화두선'의 창시자인 대혜大慧 종고宗杲(1089~1163) 스님께서도 자신은 "오직 모를 뿐!"의 '반조선返照禪'(의식을 돌이켜 참나를 직시하는 참선법, 최상승선)으로 견성하셨다는 사실을 밝히신 바 있습니다. 곧장 '회광반조回光返照'를 닦지 못하는 이들을 위해 방편상 화두선을 제시하신 것뿐이죠.

그대는 편지로 나에게 '공부의 지름길'을 가르쳐 달라고 했습니다. 다만 공부의 지름길을 가르쳐 주기를 구하는 '한 생각'이, 일찍이 머리를 숙여 아교 단지에 들이미는 것입니다. 눈 위에 서리를 더할 수는 없는 것입니다(한 생각이 일어나기 전이 이미 부처 자리임). 그러나 물어보시니 대답이 없을 수는 없겠지요.
示諭 欲妙喜因書 指示徑要處 只遮求指示徑要底一念 早是刺頭入膠盆了也 不可更向雪上加霜 雖然有問 不可無答

청컨대 그대는 평소에 스스로 '경전'의 가르침을 보거나 '화두'를 붙잡는 것은 물론, 남이 깨닫게 해 주거나 가르쳐 주어 큰 재미와 환희를 얻은 자리를 일시에 몽땅 내려놓고, "오직 일체를 모른다!"(오직 모를 뿐)만을 의지하십시오! 마치 3살 아이처럼 되십시오! 그래서 '알아차리는 본성'은 있으나, '알음알이'가 작용하지 않는 경지에 이르거든, '공부의 지름길'을 찾는 그 마음의 이전을 들여다보십시오. 언제 어디서나 그 자리를 들여다보십시오.
請左右 都將平昔 或自經教話頭 或因人擧覺指示 得滋味歡喜處 一時放下 依前百不知百不會 如三歲孩兒相似 有性識而未行 却向未起求徑要底一念子前頭看 看來看去

그러다 보면 어느 곳 하나 붙잡을 자리가 없다는 것을 알아차리게 될 것입니다. 마음이 편안하지 않을 때가 오더라도 놓아 버려

느슨해지지 마십시오. 이 안은 앉아서 천 명의 성인의 정수리를 끊어 버리는 자리입니다. 왕왕 도를 배우는 사람이 이 안에서 물러나고 맙니다.
覺得轉沒巴鼻 方寸轉不寧怗時 不得放緩 遮裡是坐斷千聖 頂顖處 往往學道人 多向遮裡 打退了

그대가 확신이 생긴다면 '공부의 지름길'을 알고 싶어 하는 '한 생각'이 일어나기 전(생각 이전의 알아차리는 자리)을 관찰하십시오. 이렇게 언제 어디서나 늘 그 자리를 들여다본다면, 홀연히 잠과 꿈에서 깨어나게 될 것입니다. 이것은 특별한 일이 아닙니다. 이것이 바로 제가 닦는 '힘을 얻는 공부법'입니다.
左右若信得及 只向未起求徑要指示一念前看 看來看去 忽然睡夢覺 不是差事 此是妙喜平昔 做底得力工夫 (『서장書狀』「답이랑중사표答李郎中似表」)

그래서 보조 스님께서도 "다만 '모른다'는 것만 똑똑히 알면 되니, 이것이 바로 견성見性이다."라고 하신 것입니다. 신기한 일이죠. "오직 모를 뿐!" 하고 버티면 자유가 오고 자신의 본성을 볼 수 있다니 말입니다. 우리의 참나가 드러나는 것을 막는 장애는 크게 2가지인데, ① 흐리멍덩함과 ② 산란함이 그것입니다. 이 2가지가 우리 마음을 어둡거나 산란하게 만듭니다.

그런데 "오직 모를 뿐!"으로 일관하면 이 2가지 장애로부터 동시에 벗어나게 됩니다. ① "모른다!" 하고 일체를 내려놓으면 번뇌·망상이 우리에게 영향을 주지 못합니다. '산란함'의 장애로부터 완전히 벗어나게 됩니다. 온갖 번뇌·망상에 대해 일절 관심을 주지 않고 말을 들어 주지 않는데, 어떻게 우리에게 수작을 걸겠습니까? 모든 잡념은 우리의 관심을 먹고 자랍니다.

② 그리고 일체를 "몰라!" 하고 내려놓는 동시에 자명하게 알아차리고 있으니, 졸음이나 무기공無記空(아무런 기억이 없는 흐리멍덩한 정신 상태)에 빠지지 않습니다. '흐리멍덩함'을 완전히 벗어나 정신이 또랑또랑 자명하죠. 평상시보다도 훨씬 또렷하고 생생합니다. 이것이 바로 '텅 비어 고요하되 신령하게 알아차리는 마음'입니다. 그 자리는 항상 ① 고요함(산란함의 반대) ② 또랑또랑함(흐리멍덩함의 반대)이 충만한데, 어려운 말로 '적적寂寂(고요함)·성성惺惺(또랑또랑함)'이라고 합니다.

우리는 "몰라!" 하는 순간 곧장 '참나'를 깨닫게 됩니다. 이 자리는 생각·감정·오감을 초월하여 존재하는 자리이며, 우리 모두에게 공평하게 주어진 자리입니다. 머리가 좋고 나쁘고, 몸에 장애가 있고 없고, 가난하고 부유하고를 떠나 모두에게 공평하게 주어진 것이죠. 누구는 남고 누구는 모자라고 하는 그런 자리가 아니에요.

생각·감정·오감을 쓸 수 있는 사람은 누구나 그것을 갖추고 있습니다. 그러니 "오직 모를 뿐!"을 밀고 나가 보세요. 고요하되 또렷하게 말입니다. 그러면 '참나'가 그 존재를 오롯이 드러낼 것입니다. 기독교의 사도 바울도 "오직 바보가 되어라!"라고 말한 바 있습니다. 참으로 통하는 말입니다.

> 그대들이 '하느님의 성전'이고 '하느님의 영'께서 그대들 안에서 살아 계신다는 것을 그대들은 모르겠습니까? … 그가 정말로 지혜로워지기 위해서는, '바보'가 되어야 합니다. 이 세상의 지혜는 하느님의 시각에서는 어리석기 때문입니다. 『성경』에 기록하기를 "하느님께서는 지혜로운 자들을 그들의 꾀로 붙잡으신다."라고 하였으며, 또 기록하기를 "주님께서는 지혜로운 자들의 생각이 헛되다는 것을 아신다."라고 하였습니다. 그러므로 누구도 '인간의 것'을 자랑하지 마십시오. (『고린도전서』 3:16~21)

제8장

텅 비고 고요하되 신령스러운 알아차림
(空寂靈知)

제8장
그 첫 번째 이야기

[질문 5] 지혜가 아주 뛰어난 사람들은 듣는 즉시 쉽게 이해하겠지만, 중간·아래 근기의 사람들은 의심나는 것이 있을 것이니, 다시 방편을 설하여 미혹한 사람들로 하여금 깨달을 수 있도록 하소서.

問上上之人 聞卽易會 中下之人 不無疑惑 更說方便 令迷者趣入

보조 스님 말씀이 듣기에는 쉬운 것 같은데, 막상 해 보려니 알 듯 모를 듯 뭔가 아리송해서 질문자가 또 묻습니다. 질문의 요지는 이것입니다. "지혜가 있으면 스님의 말씀을 듣고 곧바로 깨닫겠지만 내가 좀 부족해서 잘 모르겠다. 그러니 좀 쉽게 설명해 달라."라는 것이죠. 지혜가 좋은 사람은 정말 '단박에' 아는 경우도 있습니다. "부처가 뭡니까?" "방금 그것을 물은 이가 바로 부처다!" "아, 이 자리였구나!" 이러는 수도 있다는 것이죠.

공부가 이렇게만 된다면 참 편하겠죠. 부처님도 도를 전하기가 수월하셨을 것입니다. 그런데 안타깝게도 모두 다 이렇게 속히 되지는 않아요. 남이 빨리 된다고 나도 그리 되려니 하고 생각하면 안 됩니다. 사람마다 닦아 온 경력이 다르기 때문입니다. 그래도 '불성'이 없는 사람은 없으니, 좌절하거나 포기할 일도 아닙니다. 좀 더딜 수는 있어도 안 되는 것은 아니니까요. 하면 되는 일이죠. 다만 좀 빠른 이도 있고 좀 더딘 이도 있으니, 너무 자신을 닦달하지는 말라는 것입니다.

제8장
그 두 번째 이야기

[답변 5] 도道는 "안다."라는 것에 속해 있지도 않고 "모른다."라는 것에 속해 있지도 않다. 그대는 어리석음을 간직한 채로 깨닫기를 바라는 허황된 마음을 내버리고, 나의 말을 잘 들으라. 일체 현상들은 꿈과 같고 허깨비와 같다. 그러므로 '망령된 생각'은 본래 고요하고, '오감·의식의 대상'[18]은 본래 텅 빈 것이다.

일체 현상들이 텅 빈 그 자리에서도 '신령스러운 알아차림'은 어둡지 않으니, 이 '텅 비고 고요하되 신령스럽게 알아차리는 마음'(空寂靈知之心)이야말로 바로 그대의 본래면목本來面目[19]이며, 또한 과거·현재·미래의 모든 부처님들과 역대 조사님, 천하의 선지식들이 은밀히 서로 전해 온 '진리의 도장'(法印)이다.

答道不屬知不知 汝除却將迷待悟之心 聽我言說 諸法如夢 亦如幻化 故妄念本寂 塵境本空 諸法 皆空之處 靈知不昧 卽此空寂靈知之心 是汝本來面目 亦是三世諸佛 歷代祖師 天下善知識 密密相傳底法印也

---

18) 진경塵境
6경六境. 오감·의식의 대상이 되는 여섯 경계. ① 색깔(色) ② 소리(聲) ③ 냄새(香) ④ 맛(未) ⑤ 감촉(觸) ⑥ 법칙(法)
19) 본래면목
'면목面目'은 '낯·얼굴의 생김새'를 말하니, 우리 마음속에 존재하는 타고난 본래의 모습·생김새인 '참나'를 말한다.

'도道' 즉 우리가 알아야 할 '진리'는 생각·감정·오감을 초월하여 존재합니다. 만약 그것이 시시각각 변하는 생각의 영역·감정의 영역·오감의 영역에 존재한다면, 우주의 본질이 될 수 없을 것입니다. 변화하는 것은 오직 변화하지 않는 것만이 주재할 수 있습니다. 우리가 "안다." "모른다." 하고 판단하는 모두가 '생각'일 뿐입니다. '안다'도 생각이요, '모른다'도 생각이죠. '안다·모른다' '좋다·싫다'가 모두 생각입니다. 그걸 넘어가야 참세상이 열립니다.

내 겉모습·내 성격·내 사고방식·내 행동방식·내 가족·내 재산·내 신분·내 학벌, 이런 것은 '참나'가 아닙니다. 모두 생각·감정·오감의 영역에 속하는 것들이니까요. 이런 것들에 너무 집착하지 마세요. 이런 조건을 가지고 남을 함부로 재단하지도 마시고요.

자신에 대해 "나는 성격이 좋다."라고 할 수도 있고, "나는 성격이 안 좋다."라고 할 수도 있습니다. 그런데 '참나'는 성격의 좋고 나쁨 여부에 따라 변질되는 것이 아닙니다. "내가 성격이 좋구나!" 하고 '알아차리는 자리'가 참나 자리이고, "내가 성격이 좋지 않구나!" 하고 '알아차리는 자리'가 바로 참나 자리입니다. 성격은 좋을 수도 나쁠 수도 있지만, 그것을 알아차리는 자리인

'참나'는 동일하며, 성격의 좋고 나쁨에 의해 영향을 받지 않습니다.

우리가 보통 '나'라고 여기고 사는 '몸'과 '마음'은 모두 '참나 자리'가 아닙니다. 흙(地)·물(水)·불(火)·바람(風)으로 이루어져 있는 '몸'도 무상하며, 느낌(受)·생각(想)·의지(行)·식별(識)의 작용으로 이루어진 '마음'도 무상하여 잠시도 멈추지 않습니다. 모두 시간과 공간의 제약을 받으며, 매 순간 과거로 흘러가 버리는 무상한 존재들입니다. 모두 다 시시각각 변화하는 자리들이지요.

이런 현상계, 즉 '몸·마음'이 텅 빈 자리에 우리의 '참나·순수한 나'가 존재합니다. 우리가 하루 종일 보고 듣고, 웃고 떠들고 하는 것들은 실상 몸과 마음의 작용일 뿐입니다. 생각·감정·오감을 떠나서 과연 무엇이 존재합니까? 현상계가 텅 비게 되어 아무것도 없습니다. 보고 듣고 느끼고 생각할 수가 없는데, 도대체 무엇이 남겠습니까?

'오감'이 작용하지 않으면 바깥 사물을 보고 들을 수 없습니다. '생각·감정'이 작용하지 않으면 어떤 판단을 할 수도, 기억할 수도, 상상할 수도 없고 희로애락의 감정을 느낄 수도 없습니다. 이런 상태에서 우리는 어떤 모습으로 존재할 수 있을까요? 오직 '순수한 나'일 뿐인 상태겠지요. 『구약성경』에서 말하는 "나는 스스로 현존하는 나이다!"(I Am That I Am)라는 상태입니다. 그 상태에서는 '존재'가 사라지지 않고 오히려 평소보다 더 생생합니다. 그런데 생각도, 감정도, 오감도 존재하지 않아요. 이때야말로 우리의 본래면목(참모습)이 드러나는 순간입니다.

우리는 생각이 없고, 감정이 없고, 오감이 없으면 '깊은 잠'에 빠진 것처럼 죽은 상태와 같으리라 생각하지만, 깊은 잠도 '무의식'의 상태일 뿐입니다. 이런 무의식 상태까지 모두 초월하고 나면 고요하되 또랑또랑한 청정·광명한 의식 상태에 진입하게 되는데, 이런 의식을 '초의식'이라고 말합니다. 이는 자신을 육체와 동일시하는 '에고'를 초월한 '초자아'의 상태입니다.

동서고금의 모든 명상법의 핵심은 이 상태에 진입하는 것입니다. 물론 이 자리를 각 종교·문화권마다 '불성' '아트만' '도심道心' '성령聖靈' '본심本心' 등으로 다양하게 부르지만, 모두 동일한 자리로서 '에고를 넘어선 상태'를 일컫는 말들일 뿐입니다. 이 자리는 시간·공간·에고를 초월하기 때문에, '이름'이나 '고정관념'이 존재하지 않습니다.

그런데 왜 이런 다양한 이름들이 존재하는 것일까요? 모두 시간·공간·에고를 회복한 뒤에 하는 이야기들이기 때문입니다. 즉, 그 자리에서 나온 후에 각자 자신의 종교·문화권에 따라 자신이 아는 '관념'을 가지고서 그 자리를 이리저리 설명한 결과인 것이지요.

여러분도 이 상태를 직접 체험하셔야 합니다. 그래야만 '참나·부처님'의 자리를 알 수 있어요. 시간을 조금이라도 내서 고요히 앉아 마음을 닦아 보세요. 먼저 '오감五感'을 무시하십시오. 오감을 일일이 없애라는 것이 아니라, 오감에 끌려가지만 않으면 됩니다. 뭔가가 보이고 들리고 냄새가 나고 감촉이 느껴지고 하더라도 그냥 '모르쇠'로 일관하세요. "모르겠다!" 하고 버티세요. 무관심에는 당할 자가 없습니다. 어떤 현상이 일어나든지 말든지, 관심을 주지 마세요. 오감도 우리 관심을 먹고 자라기 때문에, 우리가 관심을 주지 않으면 그 존재의 의의가 없어져 버립니다.

오감이 좀 잠잠해지고 나면, '마음'을 무시하세요. 마음이 말하는 소리들, 즉 생각이 일으키는 소음에 신경 쓰지 마세요. 명상을 해 보려고 앉아 있으면 마음이 하루 종일 있었던 여러 일들에 대해 이런저런 의견을 내놓으며 온갖 성토를 할 겁니다.

가만히 있다 보면, 그날 있었던 일 중에서 좋은 일, 나쁜 일이 떠올라서 기분이 오락가락 하게 됩니다. 그래도 무시하세요. 거기에 관심을 주다 보면 생각이 중심을 잡지 못하고 끌려가게 됩니다. 마음을 챙기지 못해서는 어떤 명상도 성공할 수 없어요. 그러니 정신을 단단히 차리고 끌려가지 마세요.

어떤 생각·감정이 엄습해 오든지, "그러든지 말든지 난 모르겠다!" 하는 각오로 버티세요. 기분이 나쁘면 기분 나쁜 줄 '아는 자리'가 바로 '참나 자리'이고, 좋으면 좋은 줄 '아는 자리'가 바로 참나 자리입니다. 오고 가는 것들에 관심을 주지 마세요. 중요한 것은 오고 가는 모든 것들을 '똑똑히 알아차리고 있는 자리'입니다.

이 자리가 바로 우리 존재의 본래 모습이 되는 자리입니다. 그러니 오고 가는 생각이나 감정을 그냥 바라보고 알아차리기만 하지, 따라가지는 마세요. 모든 관심을 오감·감정·생각으로부터 철수시켜서 그러한 몸과 마음의 변화를 냉정히 바라만 보고 있으면서, 그 변화를 '알아차리는 자리'에 모든 관심을 집중한다면, 반드시 '참나'가 드러나게 됩니다.

우리는 우리가 관심을 주지 않는 존재는 인식하지 못합니다.

예전에 제가 찻잔을 하나 얻은 적이 있어요. 제가 차를 좋아할 때에는 그 찻잔을 아주 애지중지해서 책상 위에 놓고 자주 닦아 주었습니다. 그런데 어느 날부터인가 차에 대한 제 관심이 끊겼더니 찻잔이 사라졌어요. 제 인생에서 완전히 사라졌어요.

그랬다가 다시 차에 관심이 가서 차를 마셔 보려고 찻잔을 찾았죠. 그러고 봤더니 사라졌던 찻잔이 제자리에 그대로 있는 겁니다. 항상 눈앞에 있었는데 저의 관심이 찻잔에서 철수하니까 그 존재가 사라졌던 것이죠. 참 신기한 일입니다. 마음이 떠나면 그 존재는 없는 것이나 마찬가지가 됩니다. 이런 원리를 명상에 활용하세요.

몸과 마음 모두에 대한 관심을 잠시라도 좋으니 철수시켜 보세요. 그리고 그 관심을 오로지 몸과 마음의 여러 현상을 '알아차리는 자리'에만 두어 보세요. 그러면 우리는 새로운 차원에 진입하게 됩니다. 현상계에 사는 동안에는 상상조차 할 수 없었던 황홀한 존재의 영역에 진입하게 됩니다.

보조 스님께서는 이 자리를 '① 텅 비어 고요하되 ② 신령스럽게 알아차리는 마음'이라고 표현하셨습니다. 참으로 절묘한 표현입니다. 오감·감정·생각이 모두 사라지고 없으니 ① '텅 비어 고요한 자리'입니다. 또한 오감·감정·생각을 초월해 존재하되 모든 것을 '알아차리는 자리'이니 참으로 ② '신령스럽게 알아차리는 자리'가 아니겠습니까?

　말로 아무리 떠들어도 소용없어요. 꼭 체험으로 확인해 보시기 바랍니다. 1초도 좋고 2초도 좋아요. 단 한 순간이라도 그 자리의 존재를 직접 체득해 보세요. 그래야 여러분의 삶이 질적으로 변하게 됩니다. '성령체험'이 없는 기독교가 참 기독교가 아니듯, '참나각성'이 없는 불교는 참 불교가 아니죠.

제8장
그 세 번째 이야기

만약 이 마음을 깨닫는다면 참으로 단계를 밟지 않고 곧장 '부처의 경지'에 오르고, 걸음걸음이 모두 3계三界를 초월하며, 고향집에 돌아가 단박에 의심을 끊는다는 경지가 될 것이다.

그리하여 인간계에 사는 사람과 하늘나라에 사는 사람의 스승이 되고, '자비'와 '지혜'가 서로 도와서 나도 이롭고 남도 이롭게 할 것이니, 인간계에 사는 사람과 하늘나라에 사는 사람의 하루에 황금 만 냥을 쓰는 귀한 공양을 받게 될 것이다. 그대가 만약 이와 같을 수 있다면 '참다운 대장부'로서 일생에 해야 할 가장 중요한 일을 이미 끝냈다고 하리라.

若悟此心 眞所謂不踐階梯 徑登佛地 步步超三界 歸家頓絶疑 便與人天爲師 悲智相資 具足二利 堪受人天供養 日消萬兩黃金 汝若如是 眞大丈夫 一生能事已畢矣

우리 마음속에는 '현상계'를 초월한 '텅 비어 고요하되 신령하게 알아차리는 자리'가 있습니다. 이 자리가 바로 우리의 본래 모습입니다. 우리가 깨달아야 할 핵심도 바로 이 자리입니다. 과거·현재·미래의 모든 부처님들, 역대의 모든 조사들도 다 이것 '하나'를 깨달아 닦은 것입니다. 이 자리를 투철히 밝혀서 현상계에 표현한 것이죠. 이 세상에 뿌리 없는 열매가 존재할 수 없는 것처럼, 역대 부처님과 조사님들께서는 '부처'의 씨앗에 물을 주고 자라게 하여, 온갖 지혜와 자비의 열매를 거둔 것입니다.

우리는 그 열매의 화려함만을 보고서 그분들이 별도의 기상천외한 비법들을 가진 것으로 알기 쉬운데, 별다른 건 없습니다. 그분들의 신통한 능력도 모두 이 '불성 자리' 즉 '텅 비어 고요하되 신령하게 알아차리는 자리'에서 비롯한 것입니다. 우리가 만약 이 자리를 정확히 파악하고 그 안에 담긴 잠재력을 다 표현할 수만 있다면, 그 자리에서 우리는 부처님과 동등해질 것입니다. 아니, 또 하나의 부처가 탄생할 것입니다. 그래서 인간계에 사는 사람과 하늘나라에 사는 사람의 스승이 되고, '지혜·자비'를 완전하게 갖추게 될 것입니다.

지혜와 자비는 항상 짝을 짓습니다. 지혜는 알기만 하는 것이고 자비는 실제로 사랑을 베푸는 것이니, 이 둘이 서로 짝이 되어야 완전해집니다. 지혜가 없는 자비나 자비가 없는 지혜는 불완전해서 부처님의 원만한 덕德이 되지 못합니다. 이 2가지를 두루 갖추어야 부처님의 경지가 넘봐지는 것이죠.

절에 가 보면 두 보살이 좌우에서 부처님을 모시고 있는 것을 볼 수 있어요. 그중 한 분이 '문수文殊보살'이고, 다른 한 분이 '보현普賢보살'입니다. 그런데 이분들은 부처님 생존 당시의 인물들이 아닙니다. 원래는 부처님 당시의 선종禪宗과 교종敎宗 양 방면의 대가인 '마하가섭'과 '아난'을 모셔야 옳죠. 그런데도 역사성을 무시하고 문수보살과 보현보살을 내세우는 이유가 있습니다.

널리
중생을
이롭게 하라!

그것은 문수보살은 부처님의 '지혜'를 상징하고, 보현보살은 '자비'를 상징하기 때문입니다. 문수보살은 부처님의 진리를 꿰뚫어 보는 '지혜'를 상징하는 반면, 보현보살은 남을 나처럼 사랑하는 '자비'를 상징하지요. 이 2가지 덕목, 즉 '지혜·자비'를 모두 갖추어야 '요익중생饒益衆生'(중생을 넉넉히 이롭게 하자! 홍익인간弘益人間과 같은 의미)을 할 수 있습니다. 널리 중생을 이롭게 할 수 있는 것이죠. 이 정도를 자유자재로 척척 해내야 '대장부'라고 할 수 있지 않겠습니까?

제9장

그대의 참나를
곧장 바라보라

제9장
그 첫 번째 이야기

[질문 6] 어떤 것이 저의 '텅 비고 고요하되 신령스럽게 알아차리는 마음'(空寂靈知之心)입니까?

[답변 6] 그대가 지금 내게 묻는 '그것'이 바로 그대의 텅 비고 고요하되 신령스럽게 알아차리는 마음이다. 어찌하여 그 자리를 곧장 돌이켜 비추어 보지 않고서 밖으로 찾아 헤매는가? 내가 이제 그대의 경지에 근거하여 그대의 '본래 마음'을 곧장 가리켜서 그대로 하여금 깨닫도록 할 것이니, 그대는 마음을 깨끗이 하여 내 말을 잘 들으라.

問據吾分上 何者是空寂靈知之心耶 答汝今問我者 是汝空寂靈知之心 何不返照 猶爲外覓 我今據汝分上 直指本心 令汝便悟 汝須淨心 聽我言說

질문하는 사람은 자꾸 생각으로, 알음알이로 알아내려고 하기 때문에 답답해하고 있습니다. 그 자리는 '생각 이전의 마음자리'인데, 자꾸 생각으로 그것을 찾으려 하니 찾아지지가 않는 것이지요. 여러분도 마찬가지입니다. "참나라는 물건이 이렇게 생긴 물건인가? 아니면 저렇게 생긴 물건인가?" 하고 의심을 내서는 곤란해요. 그런 모든 것이 생각일 뿐이거든요. 그런 생각도 내려놓아야 답을 얻을 수 있습니다.

3차원 세계를 아무리 뒤지고 다녀도 4차원 세계를 찾을 수는 없습니다. 차원이동을 해야죠. 생각 너머의 '참나'를 곧장 찾아야 합니다. 찾기 어렵지 않아요. 여러분의 마음속에 있는 걸요. 무엇이 문제입니까? 밖으로만 치달리는 의식을 안으로 갈무리하기만 하면 됩니다.

보조 스님은 얼마나 답답하실까요? "참나에 대해 나에게 질문하는 '그 자리'가 바로 '순수하게 알아차리는 마음'이다. 그 자리를 곧장 직시하라!"라고 반복해서 말씀하시고 계시지만, 듣는 이는 이해를 못하고서 계속 그 자리에 대해서 생각만 하고 있으니까요.

이런 소리를 들으면 이렇게 생긴 물건 같고, 저런 소리를 들으면 저렇게 생긴 물건 같아서, 듣는 이도 답답하기만 합니다. 이런 답답함을 없애야죠. 답답함을 없애려면 자꾸만 답답함을 일으키는 그런 쓸데없는 걱정거리, 의심거리를 모두 쓸어버리고, 그냥 "이 생각은 어디서 나왔는가?" "이 생각이 일어나기 전의 '나'라는 존재감'은 무엇인가?" 하고 관찰하세요. 자신의 마음을 들여다보세요.

그 자리에서 튀어나온 '생각·감정·오감'에 주목하지 마시고, 그런 일체의 마음의 작용들이 튀어나온 '그 자리'만을 주목하세요. 그 자리에서 모든 것이 튀어나옵니다. 그 자리만 지긋이 지켜보고 있으면 변화가 일어납니다. 하늘이 놀래고 땅이 울릴 변화가 일어나요. "내 안에 이런 것이 있었단 말인가?" 할 정도의 놀랄만한 물건이 튀어나옵니다. 그것이 우리의 '순수한 나' '참나'예요.

남의 것까지 알 필요도 없어요. 각자가 자기 것이라도 확실히 알아야 합니다. 내 것을 내가 찾는데 왜 밖을 두리번거립니까? 내가 내 것을 제대로 알면 남의 것도 다 통합니다. 내 것도 모르면서 남의 것은 어찌 알겠습니까? 나의 '참모습'을 알고 나면 남의 참모습도 알게 됩니다. "너도 그것이 있구나!" 하고 그냥 알게 돼요. 그러면 서로 배려하지 배척하지 않습니다. 상대방에게서 부처의 모습을 발견하게 되니까요.

제9장
그 두 번째 이야기

아침부터 저녁까지 24시간 동안, 보기도 하고 듣기도 하며, 웃기도 하고 말하기도 하며, 성내기도 하고 기뻐하기도 하며, 옳다고 우기기도 하고 그르다고 비방하기도 하면서 갖가지로 활동하고 움직인다. 자, 말해 보라! 능히 이렇게 움직이고 활동하는 자는 누구냐?

만약 '육신'(色身)이 스스로 움직인다면, 무슨 이유로 방금 죽은 사람은 몸이 아직 썩지 않았는데도, '눈'으로 스스로 보지 못하며, '귀'로 들을 수 없으며, '코'로 냄새를 맡지 못하며, '혀'로 말하지 못하며, '몸'으로 움직이지 못하며, '손'으로 붙잡지 못하며, '발'로 분주히 걷지 못하는 것인가? 이렇게 볼 때 능히 보고·듣고·움직이는 것은 반드시 그대의 '본래 마음'이지, 그대의 '육신'은 아니라는 사실을 알 수 있다.

從朝至暮 十二時中 或見或聞 或笑或語 或瞋或喜 或是或非 種種施爲運轉 且道畢竟是誰 能伊麼運轉施爲耶 若言色身運轉 何故有人 一念命終 都未壞爛 即眼不自見 耳不能聞 鼻不辨香 舌不談論 身不動搖 手不執捉 足不運奔耶 是知能見聞動作 必是汝本心 不是汝色身也

우리는 아침부터 저녁까지 하루 종일 ① 보고, 듣고, 웃고, 말하며 '오감'을 쓰고 삽니다. ② 또한 성내기도 하고, 기뻐하기도 하며 '감정'을 쓰고 삽니다. ③ 그리고 옳다고 주장하기도 하고, 틀렸다고 주장하기도 하며 '생각'을 쓰고 삽니다. 오감·감정·생각을 하루 종일 쓰면서 살아가는 것이죠. 하나를 보내면 다른 하나가 와서 늘 분주하고 잠시도 쉴 틈이 없습니다.

그런데 여기에서 한 가지 주목해야 할 사실은, 이렇게 하루 종일 우리를 분주하게 만드는 그것들, 즉 오감·감정·생각이 그대로 '우리의 본체'는 아니라는 사실입니다. 그것들은 '쓰이는 것'들일 뿐이지 '쓰는 자·사용자'가 아닙니다. 우리는 오감·감정·생각을 쓰는 '주체'이지, 쓰이고 나면 그 용도를 다하고 사라지는 오감·감정·생각이 아니라는 말입니다.

우리는 오감을 활용하여 볼 수도 있고 들을 수도 있습니다. 그리고 감정을 활용하여 성낼 수도 있고 기뻐할 수도 있습니다. 그리고 생각을 활용하여 옳다고 우길 수도 있고 틀렸다고 비방할 수도 있습니다. 우리는 이것도 할 수 있고, 저것도 할 수 있습니다. 이렇게 이것을 쓸 수도 있고 저것을 쓸 수도 있는 '사용자'가 바로 '참나'입니다.

우리는 사용자입니다. 왜 쓰이는 물건들 때문에 고뇌하고 좌절하고 절망하며 심지어 소중한 생명까지 바칩니까? 주객이 전도되어 있습니다. 주인과 손님이 뒤바뀌어 있다는 말입니다. 그렇게 살아서는 인생의 답이 나오지 않아요. 주인이 주인 노릇을 못하고 있으니, 어찌 바른 답을 기대하겠습니까? 나라든 개인이든 '주인의식'이 없어서는 망합니다. 살아도 산 게 아니지요. 각자 정신을 바짝 차리고 살아야 합니다.

나는 누구인가?

당장에 자기 자신에게 물어보세요. "하루 종일 보고 듣는 '나'는 누구인가?" "울고 웃는 '나'는 누구인가?" 아니면 이렇게 물어보세요. "옳다 그르다 따지는 '나'는 누구인가?" 모든 생각·감정·오감이 끊어질 때까지 이 의문을 물고 늘어져 보세요. 이러한 의문, 즉 '화두話頭'가 마음속에 박히도록 해야 합니다.

"나는 누구인가?" 하는 의문을 품는 동시에 "모른다!"라고 선언하여, 일체의 판단을 중지하고 오감과 감정과 생각을 '알아차리는 자'에 집중하십시오. 요컨대, 모든 관심을 오직 '나의 존재감'에만 두어야 합니다. 그 자리가 바로 '참나 자리'입니다.

처음에는 이 의문에 마음이 잘 모이지 않아서 아주 애를 쓰게 됩니다. 잠깐 의문을 품고 몰입하다가 곧장 다른 잡념에 빠지게 되어 아주 괴롭지요. 그래도 포기하지 마세요. 여러 부처님과 조사님들도 다 같이 겪은 과정이니까요. 여기에서 포기하면 영원히 범부·중생에서 벗어날 수 없습니다. 화두를 품되 알음알이로 따져서는 영원히 참나를 만날 수 없습니다. (① **몰입의 1단계**)

판단을 중지하고 '자신이 존재한다는 느낌'에 집중하는 것이 쉽지 않더라도 자꾸 시도하십시오. 진리의 샘물이 터지는 그날까지 말입니다. 그날은 꼭 옵니다. 불원간 와요. 꼭 오니 의심치 말고 버티시기 바랍니다. 마음이 딴 데로 가면 다시 불러들이면 그만이니 어렵지 않습니다.

자신을 자책하지 마시고, 그냥 딴 곳으로 뛰쳐나간 정신을 말없이 다시 불러오세요. 자책할 시간이 없습니다. 그냥 다시 불러들이기만 하세요. 그러다 보면 점차 마음이 안정을 찾아서 이 '의문'에 관심이 모이기 시작합니다. 조금씩 "나는 누구인가?" 하는 의문을 통해 '나의 존재감'에 몰입하는 시간이 늘어나게 될 것입니다. 이제는 자꾸 끊기기는 해도 마음이 좀 더 여유를 가지고 '참나'를 비추어 보게 되거든요. (② **몰입의 2단계**)

여기에서 좀 더 재미를 붙여가며 공부하다 보면, 점차 끊어지지 않고 '나의 존재감'에 대한 몰입이 지속되는 경지가 옵니다. 그렇게 되면 다른 생각이 잘 나지 않아서 아주 편안해집니다. 공부를 방해하는 마찰이 거의 없어지는 것이죠. 그래도 아직 불안한 부분이 있는데, 마음을 내지 않으면 공부가 멈춘다는 것입니다. 의지를 내면 잘 되는데 마음을 내지 않으면 곧 멈추는 것이지요. (③ 몰입의 3단계)

이제 몰입이 극치에 이르게 됩니다. 희열과 안락 속에서 몸과 마음이 쇄락해지며, 불순물이 떨어져 나간 '순수한 나의 존재감'이 쭉 흐르게 됩니다. 이때는 정말 힘이 들지 않아요. 이 상태가 쭉 흐르면 생각·감정·오감이 존재하더라도, 동시에 '참나 자리'를 자명하게 자각할 수 있습니다. 의문에 대한 답을 찾게 됩니다. '참나 자리'를 확연히 체득하게 됩니다. 이것이 '견성見性'의 바른 흐름입니다. (④ 몰입의 4단계)

의문을 가지세요. 인생에 대한 '의문' 없이 사는 것은, 당장에는 편할지 몰라도 참으로 답답한 노릇입니다. 의문을 내지 않는 한 '답'도 얻을 수 없거든요. 원인을 지어야 결과를 얻을 수 있다는 것이 현상계의 법칙입니다. 그러니 의문을 진지하게 던지세요. 그리고 그 의문의 답이 나올 때까지 한눈을 팔지 말고 탐구하세요. 그러면 답이 반드시 나옵니다. 이것이 '참나각성'의 철칙입니다.

제9장
그 세 번째 이야기

하물며 이 육신을 이루고 있는 '지地·수水·화火·풍風'의 4대四大는 그 본성이 텅 비어 있어서 거울 속의 모양과 같고 물속의 달과 같다. 그런데 어찌 항상 또렷하게 알며 광명하고 어둡지 않아서, 갠지스강의 모래알과 같은 셀 수 없는 신묘한 작용을 일으킬 수 있겠는가? 그러므로 "신통·묘용은 물을 긷고 나무를 나르는 것이다."라고 하는 것이다.

況此色身 四大性空 如鏡中像 亦如水月 豈能了了常知 明明不昧 感而遂通 恒沙妙用也 故云神通幷妙用 運水及搬柴

우리의 육신을 이루는 '흙·물·불·바람'의 4가지 요소는 아주 허망한 것들이죠. 영원불멸한 것들이 아니에요. 텅 빈 공간에 소립자들이 모이고 원자·분자를 이루어서 우리가 아는 물질·육신이 이루어지는 것입니다. 영원히 변치 않는 물건이 아니라, 자꾸자꾸 변화하는 중에 일시적으로 현재와 같은 모습을 취한 것뿐입니다. 즉, 생겨났다가 사라지는 무상無常한 존재들이죠. 아무리 간절히 원해도 이 육신을 가지고 영원히 살 수는 없는 법입니다.

우리가 존귀한 존재일 수 있는 것은 이 '육신' 때문이 아닙니다. 부처님의 '위대한 지혜와 자비'는 이 육신에서 나오는 것이 아닙니다. 우리가 하루 종일 보고 듣고 느끼며, 울고 웃고, 옳다 그르다 시비를 일삼는 것도 육신이 할 수 있는 일이 아닙니다.

영원한 물건이 되기 위해서는 시간·공간의 제약을 넘어서야 합니다. 시간과 공간에 걸려서는 영원한 존재가 되지 못합니다. '육신'이 영원한 물건이 못 되듯이, '마음'도 영원한 물건이 못 됩니다. 육신이 공간에서 자유로울 수 없다면, 마음은 시간에서 자유롭지 못합니다. 마음은 과거·현재·미래에 꽉 끼어 있어서 잠시도 자유롭지 못하고, 육신은 동서남북의 공간 사이에 꽉 끼어 있습니다. 이 2가지 물건을 단박에 내려놓고 시간·공간을 초월한 자리를 찾아야 합니다.

  그 자리는 '항상 또렷한 자리'이며, '광명하여 어둡지 않은 자리'입니다. 천 년이 흐르건 만 년이 흐르건 어두워지는 법이 없는 자리여야, 영원불멸한 자리라고 할 수 있지 않겠습니까? 그것이 영원한 존재라면 시간이 흐른다고 변해서는 안 될 것이며, 공간에 의해 제약을 받아서도 안 될 것입니다. 우리 마음속에 이러한 조건에 상응하는 자리가 있는지, 어서 찾아보세요. 그리고 조건에 맞지 않는 것들은 빨리빨리 목록에서 제거하십시오.

  '생각·감정·오감'은 모두 이 조건에 들어맞지 않습니다. 그런데 여러 부처님과 조사님들께서는 이 자리를 정확히 찾으셨을 뿐만 아니라, 평생 부족함이 없이 쓰고 가셨습니다. 우리는 왜 그렇게 살지 못하는 것일까요? 이 자리를 찾아야 우리는 '부처'가 될 수 있습니다. 영원불멸한 마음속의 보물을 찾지 못하는 한에는 부처가 될 수 없습니다.

  이 '부처의 씨알'이 되는 '참나 자리'를 되찾고 보면, 보고 듣고 웃고 우는 모든 일이 다 '신묘한 작용'일 뿐이라는 사실을 알게 됩니다. 모르고 살면 신통할 것이 없는 것 같지만, 진실을 알고 나면 이것들이야말로 어마어마하게 신통한 자리임을 알게 됩니다. 남의 마음을 읽고(타심통), 남이 보지 못하는 것을 보며(천안통), 남이 들을 수 없는 것을 듣고(천이통), 하늘을 날아다니며(신족통), 전생의 일을 기억하는 것(숙명통)만이 '신통'이 아닙니다. 물질인 손과 발을 정신이 움직이고, 희로애락의 감정을 몸과 마음으로 표현하는 것, 이 자체가 신통입니다.

하늘을 나는 신통도 그것이 나온 자리는 '참나'입니다. 참나가 아니고서야 어찌 그런 일을 할 수 있겠습니까? 그런데 보고 듣고 울고 웃는 것 또한 '참나의 나툼'입니다. 참나가 아니고서 누가 이 육신을 움직이고, 생각과 감정을 부릴 수 있겠습니까? 이것이 참나를 되찾은 이, 견성한 이의 안목입니다.

안목이 바뀌어야만 부처가 될 수 있습니다. 그리고 우리 자신의 안목을 단박에, 질적으로 확연하게 바꿀 수 있는 최고의 비법은 '진리를 직접 보는 것'뿐입니다. 결국 '견성見性'이 아니고는 안목이 바뀌지 않습니다. 그러니 반드시 살아생전에 견성하여 생사를 초월한 긴 안목을 확보하시기 바랍니다.

제10장

단박에 참나를 깨닫는 비결

제10장
그 첫 번째 이야기

[보조] 진리에 들어가는 길에는 여러 가지가 있으니, 그대에게 하나의 문을 가르쳐 주어 그대로 하여금 '그대의 근원'(참나)으로 돌아갈 수 있게 하리라. 그대는 지금 저 까마귀가 울며 까치가 지저귀는 소리를 듣고 있는가?
[스님] 예, 듣고 있습니다.

[보조] 그렇다면 소리를 듣는 '그대 자신'을 돌이켜 들어 보라. 그 소리를 듣는 본성 자리에 이런저런 소리들이 있는가?
[스님] 그 자리에는 어떠한 소리도 어떠한 분별도 일절 없습니다.

[보조] 훌륭하다! 이것이 바로 '소리를 관觀하여 진리에 들어가는 문'(관음입리지문觀音入理之門)이다.

[보조] 내가 다시 그대에게 묻겠다. 그대가 그 자리(소리를 듣는 그대 자신)에 도달했을 때, 거기에 어떠한 소리도 어떠한 분별도 일절 없었다고 했다. 이미 아무것도 얻을 수 없다면, 그러한 때는 텅 비어 있는 허공이 아닐까?
[스님] 애초에 허공과 같이 텅 비어 있지는 않았습니다. 그 자리는 광명하여 어둡지가 않았습니다.

[보조] 그렇다면 어떤 것이 텅 비어 있지 않은 본체인가?
[스님] 형상·모양이 없어서 말로 표현할 수가 없습니다.

[보조] 그것이 바로 모든 부처님·조사들의 '생명'이니, 다시는 의심하지 말라.

且入理多端 指汝一門 令汝還源 汝還聞鴉鳴鵲噪之聲麼 曰聞 曰汝返聞汝聞性 還有許多聲麼 曰到這裏 一切聲一切分別 俱不可得 曰奇哉奇哉 此是觀音入理之門 我更問爾 爾道到這裏 一切聲一切分別 總不可得 旣不可得 當伊麼時 莫是虛空麼 曰元來不空 明明不昧 曰作麼生是不空之體 曰亦無相貌 言之不可及 曰此是諸佛諸祖壽命 更莫疑也

질문자가 그래도 못 알아듣는 눈치니까, 보조 스님이 특별처방을 합니다. 원리는 의식을 돌이키는 '회광반조回光返照'의 공부법으로 동일한데, 그 적용은 다양하게 할 수 있습니다. "이 오감을 느끼는 나는 누구인가?" 하고 물어도 되고, "이 감정을 일으키는 나는 누구인가?" 하고 물어도 됩니다. 또 "이 생각을 일으키는 나는 누구인가?" 하고 진지하게 묻고, 그 답을 직접 찾아나서도 됩니다.

그 외에 별다른 법은 없어요. 그냥 "우리 마음속에는 오감·감정·생각의 뿌리가 되는 '순수한 알아차림' 순수한 나의 존재감'이 있다. 그러니 오직 그 자리를 고양이가 쥐구멍 노려보듯이 주시하여 반드시 '참나'를 확인하자!"라는 굳건한 각오를 세우고, 자나 깨나 한결같은 마음으로 그 자리에 집중하면 됩니다. 이것이 화두 참선의 본질이고, 달마 대사가 중국에 전해 주신 불법의 요체이며, 동서양 모든 명상법의 뿌리입니다.

가톨릭의 명상법 중에 '향심向心 기도', 즉 일체의 언어·형상을 초월하여 곧장 '존재의 중심 자리'인 '하느님'을 향하는 기도가 있는데, 이것도 동일한 원리입니다. 『요한복음』을 보면 예수님께서 다음과 같이 선언하시는 것을 볼 수 있습니다.

하느님은 영靈이시다! 그러므로 그분께 예배를 드리는 사람은 '영과 진리' 안에서 예배를 드려야 한다. (『요한복음』 4:24)

우리는 흔히 사람의 '마음'을 '영혼靈魂'이라고 부릅니다. 그런데 이 영혼도 엄밀히 구분하면 둘로 나뉩니다. '영靈'은 에고를 넘어서 존재하는 보다 근본이 되는 순수의식을 말하며, '혼魂'은 개성을 지닌 이기적 자아, 즉 에고의 영역을 대표합니다. 따라서 하느님은 당연히 '영'의 영역에 존재하십니다. 그러니 우리가 그분을 뵙고 그분께 예배를 드리기 위해서는, 필연적으로 우리도 영의 차원에서 예배를 드려야 옳은 것이죠.

그러므로 하느님께 참다운 기도를 바치기 위해서는 먼저 자신의 마음속을 들여다보고, 개성과 에고를 지닌 '이성(知)·감성(情)·의지(意)' 작용을 일으키는 '혼'을 초월하여야 합니다. 그 뒤에 남은 순수한 '영의 상태', 에고를 초월한 '진리의 상태'에서 우리는 우리 마음속에 내려와 계신 '하느님의 현존'을 체험할 수 있습니다.

우리가 '성령'을 직접 대면할 수 있으며, '성령의 진리'와 함께할 수 있는 것입니다. 이것이 '기도'의 본질입니다. 우리 마음에 동서양의 구분이 없는데, 마음을 되 밝히는 방법에 어찌 동서양의 구분이 있겠습니까? 모두 동일한 법문일 뿐입니다.

각설하고 보조 스님의 '관음법문觀音法門'을 차근차근 따라가 보시죠. 이번에는 보조 스님께서 오감 중에서 '소리를 들음'을 통해 '견성'하는 법을 가르치고 계십니다. 이는 『능엄경』에서 강조하는 법인데, 소리를 들되 그 소리를 듣는 자신을 바라보아 '참나'를 깨치는 문으로, 보조 스님께서는 '관음입리지문觀音入理之門'(소리를 바라보아 진리에 들어가는 문)이라고 부르고 계십니다. 그래서 흔히 '관음법문'이라고 하지요.

보조 스님의 설명을 그대로 한번 따라 해 보십시오. 시간을 초월하여 보조 스님이 전달하고자 하는 그 '느낌'을 실감나게 전달받을 수만 있다면, 견성이 그리 멀지 않을 것입니다. 이것이 '이심전심以心傳心'(서로 간에 마음으로 주고받음)이라는 것입니다. 반드시 여러분 각자가 스스로 이 느낌을 체득해야 합니다. 그래야만 자기의 것이 됩니다. 다시는 잃어버리는 일이 없도록 확고히 자기 것으로 만들어야 합니다.

먼저 '소리'를 들어 보세요. 아무 소리나 좋습니다. 꼭 까마귀 소리, 까치 소리가 아니어도 상관없습니다. 소리 하나를 정확히 들어 보세요. 듣고 있습니까? 그다음, 그 소리를 듣는 '나 자신'

을 느껴 보세요. 보조 스님은 크게 2단계로 설명하셨지만, 좀 더 세분하면 3단계입니다. ① '소리'를 듣는 것에 집중합니다. ② '소리를 듣는 나'를 느껴 봅니다. ③ 소리에 의해 제약되지 않은 '순수한 나'로서만 존재합니다. 이상이 '견성에 이르는 요결'입니다.

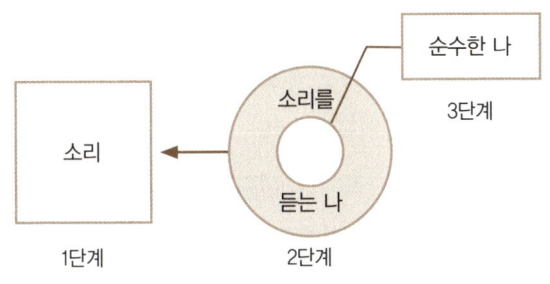

[견성의 3단계 과정]

이 '소리' 대신 다른 '오감'은 물론 오감의 대상이 되는 '사물', 혹은 성내고 기뻐하는 '감정', 시비가 끊어지지 않는 '생각'을 대입해도 동일합니다. 부처님께서 가장 중시하셨던 '호흡'도 아주 중요한 바라보기의 대상입니다. 참고로 부처님께서는 이 '호흡에 대한 관찰'을 통해 견성하셨고, 아들인 라훌라에게도 호흡만 잘 관찰하면 해탈에 이를 수 있다고 설파하셨죠. 아무튼 어떤 주제를 택하든 앞에서 말한 3단계를 거치면 '참나'로 귀결됩니다.

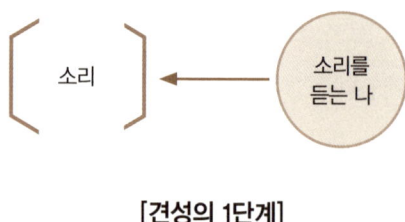

[견성의 1단계]

① '**견성의 1단계**'에서는 호흡·오감·감정·생각 중에 택한 한 가지 주제에 집중합니다. 빠르면 집중하는 즉시 단박에 2단계와 3단계로 넘어갈 수도 있습니다. 그러나 일반적으로는 이 단계에서 '몰입'이 잘 이루어질수록 다음 과정이 쉽게 이루어집니다. 대상이 호흡, 즉 들이쉬는 숨과 내쉬는 숨이건, 오감 중 하나이건, 희로애락의 감정이건, 분별·망상의 생각이건, 선택된 한 가지 주제에 대한 몰입이 잘 이루어져야 합니다. 여기에서는 들리는 소리에 주의를 집중해 보십시오.

② '**견성의 2단계**'에서는 1단계를 통해 소리에 마음이 모일 때, 슬며시 '소리를 듣는 나'를 관찰하고 느껴 보는 것입니다. '소리'로 향하던 의식을 '소리를 듣는 나'로 향하게 하는 것이죠. 견성의 1단계에서 몰입이 잘 이루어질수록 2단계로의 진입이 용이합니다.

다른 것을 다 잊어버리고 소리만 듣다 보면, 소리를 듣는 나 자신이 아주 수월하게 찾아집니다. 그래서 1단계에서 몰입을 이루는 것이 중요합니다. 맛만 보는 것과 완전히 내 것으로 삼는 것과는 차이가 납니다. 완전히 내 것으로 만들고자 한다면 견성의 1단계에서 몰입의 4단계를 반드시 체득하시기 바랍니다.

③ '견성의 3단계'는 최종 단계로, '소리는 듣는 나'에서 어떠한 제약·조건도 붙지 않은 '순수한 나'를 추출해 내는 단계입니다. '~인 나'나 '~을 가진 나'가 아닌, 어떠한 제약도 지니지 않은 '100% 순수한 나' 즉 '참나'를 직접 확인하는 것입니다. 이 자리에는 어떤 생각·관념·대상도 붙지 못하기에 텅 비어 있는 듯하지만, '나'라는 존재감은 생생합니다. 이것이 견성의 실증입니다.

2단계 과정에서 우리가 주목했던 것은 '소리를 듣는 나' 즉 소리에 의해 제약된 나인 '에고'였습니다. 그러나 3단계 과정에서 확인된 '나'는 그냥 '나'일 뿐인 '나'입니다. 그 이상의 설명이 불가능합니다. 어떠한 대상에 의해서도 제약받지 않고 있거든요. 언제 태어난 나도 아니요, 어디에 존재하는 나도 아니며, 어떤 인간관계를 가진 나도 아니요, 어떤 신분을 지닌 나도 아닙니다. 그냥 '100% 순수한 나'인 것입니다.

이상의 3단계 회광반조법을 통해서 우리는 '참나'를 되찾을 수 있습니다. 지금 이 순간 당장 시작해 보십시오. '소리'가 편한 분은 소리에 집중하시고, '영상·이미지'가 더 쉽게 느껴지는 분은 한 가지 영상·이미지에 집중하세요. 그러나 가장 보편적인 견성의 방편으로는 부처님께서 강조하신 '호흡'을 추천합니다.

자세한 법문은 『출입식념경出入息念經』을 참고하시면 되고요, 기본 원리는 이 3단계 접근법이면 충분합니다. ① 먼저 자신의 '들어오고 나가는 숨'을 집중해서 바라보고 ② '숨을 바라보는 나'를 주목한 다음 ③ '순수한 나'를 주목하면 됩니다. 아주 쉽죠. 직접 몸과 마음으로 이 법을 체득하여 '참나각성'의 환희를 느껴 보시기 바랍니다.

제10장
그 두 번째 이야기

이미 형상·모양이 없으니 어찌 크고 작음이 있겠으며, 이미 크고 작음이 없으니 어찌 한계가 있겠는가? 한계가 없으니 안과 밖이 없으며, 안과 밖이 없으니 멀고 가까움이 없다. 멀고 가까움이 없으니 나와 남이 없으며, 나와 남이 없으니 오고 감이 없다.

오고 감이 없으니 생성과 소멸이 없으며, 생성과 소멸이 없으니 예전과 지금이 없다. 예전과 지금이 없으니 미혹함과 깨달음이 없으며, 미혹함과 깨달음이 없으니 중생과 부처가 없다. 중생과 부처가 없으니 오염됨과 청정함이 없으며, 오염됨과 청정함이 없으니 옳고 그름이 없다. 옳고 그름이 없으니 일체의 이름·언어가 있을 수 없다.

旣無相貌 還有大小麼 旣無大小 還有邊際麼 無邊際故無內外 無內外故無遠近 無遠近故無彼此 無彼此則無往來 無往來則無生死 無生死則無古今 無古今則無迷悟 無迷悟則無凡聖 無凡聖則無染淨 無染淨則無是非 無是非則一切名言 俱不可得

'100% 순수한 나'인 '참나'는 일체의 '이원성'을 초월한 자리입니다. 그 자리에는 시간·공간, 주관(나)·객관(남)의 이원성이 존재하지 않아요. 반면에 현상계는 이러한 이원성이 없이는 성립할 수 없습니다. 그래서 변증법이나 유물론 같은 형이하학에서는 '음양陰陽의 모순'을 우주 변화의 근본원리로 삼습니다.

'음양'이 대립하지 않으면 어떻게 우주가 굴러가겠습니까? 만약 '시간과 공간'이 구분되지 않는다면 여러분이 지금 이 모습대로 존재할 수 있을까요? '나와 남'이 구분되지 않는다면 여러분이 지금 이 모습대로 존재할 수 있겠습니까? 말이 안 되는 소리죠. 그런데 신기하게도 '참나'는 그런 식으로 존재합니다. 그 자리는 '시간과 공간' '나와 남' 등 일체의 이원성을 초월한 자리예요. 이원성에 딱 붙잡히는 순간 현상계로 추락하고, 이원성이 사라지는 순간 절대계에 존재하는 것입니다.

'이원성'에는 현상계의 모든 것들이 포함됩니다. 현상계의 모든 모습들은 대립되는 이원적 요소에 의해 지탱되고 있기 때문에, 하나가 없어지면 나머지 하나도 사라져서 현상계가 무너지고 맙니다. 음陰이 없는 양陽, 양이 없는 음은 존재할 수 없습니다. 그러한 규정 자체가 상대를 전제하고 있기 때문입니다. 과거가 없는 미래, 미래가 없는 과거도 마찬가지입니다. 나타나면 같이 나타나고 사라지면 같이 사라집니다. "이것이 있으면 저것이 있다!"라는 '연기緣起·인과因果'도 이원성이 있어야 가능합니다.

참나는
모든 이원성을
초월한다

앞서 보조 스님께서 제시한 회광반조법을 따라서 '참나'를 찾고 나면, 그 자리에는 일체의 이원성이 모두 소멸하고 없다는 것을 명확히 확인할 수 있습니다. 우리 몸·마음 안에 존재하면서 어떠한 이원성도 띠지 않고 존재하는 자리, 그 자리가 바로 우리의 참나 자리입니다. 자신이 그 자리를 정확히 찾았는지를 점검할 때에는 다음 사항들을 체크해 보세요.

'참나 자리'에는 ① '형상·모양'이 존재하지 못합니다. 형체가 또렷이 구분되어야 현상계의 모든 존재들이 서로 구분될 수 있습니다. 그러한 구분이 계속 존재하는 한 완벽한 참나 자리는 아니죠. 그러니 참나 자리는 각종 형상·모양들이 모두 사라진 자리여야 합니다. 일체의 형상·모양이 없으니 ② '크고 작음'이 없겠죠. 형체가 구분되지 않는데 어떤 것이 크고 어떤 것이 작은지 구분할 수 없죠. ③ '각각의 한계'가 사라집니다. 각 사물들 간을 구분하고 가르는 명확한 한계·경계선이 없이는 현상계가 성립할 수 없죠. 따라서 그 자리에는 ④ '안과 밖'의 구분도 없습니다. 이상은 주로 '공간적인 이원성'을 초월하는 면을 다루었습니다.

이제 참나 자리가 '시간적 이원성'을 초월한 면을 살펴보겠습니다. 시간이 흘러간다는 것은 ⑤ '오고 감'이 있다는 의미입니다. 현상계의 시간적 변화에는 반드시 오는 것이 있고 가는 것이 있어서 그 오고 감에 끝이 없습니다. 그러니 이 오고 감이 사라져야 합니다. 참나 상태에는 이러한 고리가 끊어지고 없어요. 따라서 그 자리에는 ⑥ '생성과 소멸' ⑦ '예전과 지금'의 시간적 구분도 사라지고 없습니다. 과거·현재·미래가 완전히 사라져 버립니다.

이렇게 공간적·시간적 이원성을 초월하면, 자연스럽게 우리가 정신적·육체적 생활을 하는 중에 느끼는 이원적 요소들을 모두 초월하게 됩니다. 시간·공간이 사라진 마당에 ⑧ '미혹함과 깨달음'이 남아 있을 수 있나요? 물론 현상계에서는 이러한 것들을 철저히 구분해야 합니다. 현상계에 살면서 부처와 중생의 차이를 정확히 구분하지 못해서는 영원히 깨달을 수 없어요. 미혹함을 모르는데 어찌 깨달음인들 알겠습니까? 그러나 절대계에서는 이런 구분이 존재할 수 없습니다. 그 자리는 깨달을 수도 없고 미혹해질 수도 없는 광명한 자리거든요.

　미혹함과 깨달음이 모두 사라지고 없는데 ⑨ '중생과 부처'의 구분이 어찌 존재하겠으며 ⑩ '오염됨과 청정함'도 어떻게 존재할 수 있겠습니까? ⑪ '옳고 그름'도 더 이상 의미를 잃습니다. 그리고 이 모든 것들을 구분 짓고 따지던 ⑫ '이름·언어'를 초월하게 됩니다. 이름·언어가 없다면 우리는 온갖 이원성을 초월하게 됩니다. 이름·언어로 따지고 분석하는 것이 모든 이원성을 선명히 구분하는 시작이죠.

　위의 기준으로 우리 삶을 한번 돌아보세요. 여러분은 현상계에서 사십니까? 아니면 절대계에서 사십니까? 우리는 철저히 현상계를 살고 있다는 사실을 잘 아시겠죠? 위에서 열거한 이원적인 구분들을 떠나서 존재하는 순간이 얼마나 되겠습니까? 그렇다고 우리가 절대계를 전혀 체험하지 못하는 것은 아닙니다. 아주 가끔 우리가 모든 이원성을 초월한 절대계를 체험하기는 해요. 신명이 날 때나 멋진 예술 작품을 접할 때, 뭔가를 아주 집중해서 할 때, 간혹 무아無我의 경지에 들어가기도 합니다.

　그러나 그것이 너무나 짧은 순간이고 그 자리에 대한 이해가 결여되어 있기에, 그 상황을 정확히 이해하지 못하고 그냥 흘려보냅니다. 정말로 소중한 순간인데 말입니다. 이것이 부처·보살·조사와 범부·중생이 갈리는 자리예요. 그 순간을 정확히 포착하여 갈고닦아 연성한 분들이 부처·보살·조사들이요, 그 자리를 무심히 흘려보내고서 윤회의 세계를 돌고 돌며 방황하는 것이 우리 범부·중생들인 것입니다.

하지만 이제는 이 지긋지긋한 방황도 끝낼 때가 됐습니다. 방법은 간단합니다. 하루에 아주 조금씩이어도 좋으니 특별히 시간을 내서 이원성을 초월하여 존재하는 연습, '견성의 3단계 수련'을 꾸준히 익히십시오. 처음에는 그러한 수련이 낯설지 모르지만, 자꾸자꾸 하다 보면 익숙해지고 편해지는 순간이 옵니다. 그러면 삶이 질적으로 변하기 시작합니다.

우물을 파는 것을 상상해 보세요. 땅을 파내려 가다 보면 처음에는 흙탕물이 나옵니다. 처음부터 맑은 물이 나오지 않지요. 그렇다고 거기에서 포기하면 어리석은 짓이죠. 자꾸자꾸 파 들어가면 맑은 물이 나오는 순간이 와요. 반드시 옵니다. 만약 처음에 흙탕물이 나온다고 실망해서 우물파기를 멈췄다면, 세상에는 우물이 단 한 개도 존재할 수 없었을 것입니다.

마음을 닦는 수련도 마찬가지입니다. 처음에는 공부하기 전보다 더 번뇌·망상이 밀려올 수도 있습니다. 그러나 그것에 지지 않고 버티다 보면, 어느덧 맑은 마음이 샘물처럼 솟아 나오는 경지에 도달하게 됩니다. 번뇌·망상의 소용돌이에서 빠져나와 청정하고 투명한 마음을 대하는 날이 반드시 옵니다. 처음에 마음이 어지럽다고 수련을 포기했다면, 세상에는 단 한 명의 부처도 존재하지 못했을 것입니다. 이 점을 잊지 마시기 바랍니다.

제10장
그 세 번째 이야기

이와 같은 일체의 의식·오감과 그 대상, 일체의 망령된 생각이 모두 없다면, 갖가지 형상·모양, 갖가지 이름·언어를 모두 얻을 수 없을 것이니, 이야말로 어찌 본래부터 텅 비고 고요하며, 본래부터 어떤 물건도 없는 그 자리가 아니겠는가?

그러나 일체의 현상이 모두 텅 빈 그 자리에 신령스럽고 지혜로우며 어둡지 않아서 무정물과는 다른, 신령스러운 인식능력을 지닌 본성이 있으니, 이것이 바로 그대의 '텅 비고 고요하되 신령스럽게 알아차리는 청정한 마음의 본체'이다.

既摠無如是 一切根境 一切妄念 乃至種種相貌 種種名言 俱不可得 此豈非本來空寂 本來無物也 然諸法皆空之處 靈知不昧 不同無情 性自神解 此是汝空寂靈知淸淨心體

일체의 이원성을 초월한 그 자리에는 '의식'(생각·감정) '오감' 그리고 '의식·오감의 대상'이 존재하지 않습니다. 눈·귀·코·혀·몸의 오감과 분별·망상의 의식이 이미 존재하지 않는데, 그 대상이 되는 색깔·소리·냄새·맛·감촉이 어찌 존재할 수 있겠습니까?

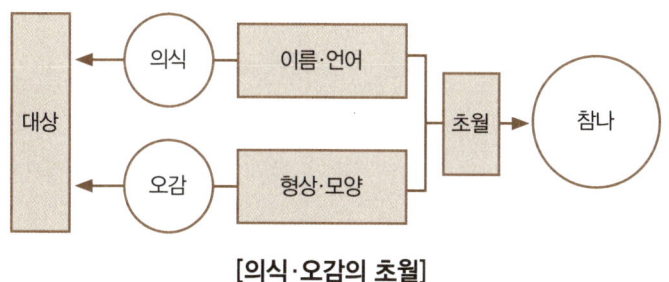

[의식·오감의 초월]

'오감'이 없으면 '온갖 형상·모양'을 인식할 수 없고, '의식'이 없으면 '온갖 이름·언어'도 구사할 수 없습니다. 이 모든 것이 사라지고 남은 자리는 참으로 '텅 비어 고요할' 뿐입니다. 그래서 본래부터 텅 비어 있던 자리라고 하는 것입니다. 뭐가 있다가 사라지는 것은 이원성에 걸립니다. 그러니 애초에 아무것도 없던 자리라는 것입니다. 애초에 아무것도 없었으니 새삼스럽게 뭘 더 덜어 내고 할 것이 없어요. "우리 안에 어떤 존재도 더럽힐 수 없는 애초부터 텅 빈 자리가 존재하니, 이것을 곧장 찾아라!" 하는 것이죠.

 그런데 그 자리를 가만히 보니, 우리가 "텅 비어 있다."라고 말하고 말기에는 좀 맞지 않는 부분이 있어요. 텅 비어서 아무것도 없다고만 하기에는 너무도 또랑또랑 알아차리고 있거든요. 물론 오감·의식(생각·감정)은 그 자리에 남아 있지를 못합니다. 그런데 그러한 오감이나 의식을 초월한 '또랑또랑한 인식능력' '순수한 인식능력'은 분명히 존재하거든요.

 여러분이 그 자리를 직접 체험해 보시면 이게 무슨 말인지를 실감하실 것입니다. 어떠한 오감의 작용··의식의 작용이 없는데, 이를 초월하여 고요하되 또랑또랑한 순수의식은 분명히 존재하거든요. 사정이 이러니 이 자리를 '텅 비어 고요하되 신령스럽게 알아차리는 자리'라고 말하지 않을 수가 없는 것이지요. 우리가 현상계에 살며, 현상계의 언어로 이 경지를 묘사하자니 아무래도 모순이 생깁니다. 하지만 텅 비어 고요하되 신령하게 알아차리는 자리, 이렇게밖에 설명할 수 없습니다. 이것이 우리 마음의 본체입니다.

제10장
그 네 번째 이야기

이 청정하고 텅 비어 고요한 마음은 과거·현재·미래의 모든 부처님들의 '탁월하게 청정하고 밝은 마음'이며, 또한 중생의 뿌리가 되는 '깨달아 알아차리는 본성'(覺性)이니, 이 본성 자리만 깨닫고 지킬 수 있다면 앉은 자리에서 움직일 필요도 없이 그대로 해탈할 것이며, 이것에 어리석어 등진다면 6가지 세계[20]를 돌고 돌면서 끝없는 세월을 윤회할 것이다.

그래서 "한마음(一心)에 대해 어리석어 6가지 세계를 돌고 도는 자는 진리를 떠난 것이며 요동한 것이며, '진리의 세계'(法界)를 깨달아 한마음을 회복한 자는 진리를 다시 회복한 것이며 고요한 것이다."라고 말하는 것이다. 비록 '어리석음·깨달음'의 차이는 있으나 그 근본은 '하나'일 뿐이다.

而此淸淨空寂之心 是三世諸佛 勝淨明心 亦是衆生本源覺性 悟此而守之者 坐一如而不動解脫 迷此而背之者 往六趣而長劫輪廻 故云迷一心而往六趣者 去也動也 悟法界而復一心者 來也靜也 雖迷悟之有殊 乃本源則一也

---

20) 6취六趣
6도六道. 중생이 윤회하는 6가지 세계로서 ① 지옥의 세계 ② 아귀餓鬼의 세계 ③ 축생畜生의 세계 ④ 아수라阿修羅의 세계 ⑤ 인간의 세계 ⑥ 천상의 세계로 구분한다.

부처가 되는 비법은 우리의 마음속에 존재하는 '부처의 씨알'(불성)을 투철히 밝혀내는 것일 뿐입니다. 부처가 될 수 있는 씨알은 누구에게나 공평하게 있습니다. 어리석은 자든 똑똑한 자든 이 '불성'이 없는 사람은 없습니다. 불성은 다름이 아니라 '깨달아 알아차리는 본성'(覺性)에 불과합니다.

현상계에 살아가는 우리네 살림살이를 보면 미혹하여 어리석기도 하고 훤히 깨달아서 아주 지혜롭기도 합니다. 그러나 현상계의 미혹함·깨달음은 현상계에서의 구분일 뿐입니다. "깨달았다."라는 것을 '알아차리는 자'가 불성이며, "어리석다."라는 것을 '알아차리는 자'가 바로 불성이에요. 그러니 이런저런 사실을 '깨달아 알아차리는 자리'가 바로 우리의 '본성 자리'인 것입니다. 이 자리야말로 모든 부처의 씨알이 되는 자리로, 일체 중생이 평등한 자리입니다.

이 절대적으로 평등한 자리, 텅 비어 고요하되(一) 지극히 신령스러운 자리(心)인 '한마음'(一心) 자리야말로, 일체 중생의 본질이며 뿌리가 되는 '참 마음'의 자리입니다. 천하의 대악인의 마음속에도 이 '알아차리는 마음'이 존재하며, 천하의 대성인의 마음속에도 이 '알아차리는 마음'이 존재합니다. 천하 중생이 오직 '한마음'일 뿐입니다. 일체의 이원성, 즉 나와 남의 구별이 없는 자리가 바로 한마음 자리인데, 어찌 '나의 한마음' '너의 한마음'의 구별이 있겠습니까?

[한마음의 두 모습]

오직 이기적 자아인 '에고'에만 그러한 구별이 있습니다. 한마음을 되찾기 위해서는 에고를 초월해야 하니, 어찌 그 자리에 나와 남의 구별이 있겠으며, 미혹함과 깨달음의 구별이 있겠습니까? 여러분이 '한마음'으로 존재하는 한, 여러분은 여러 부처님과 조금의 차이도 없어요. 하지만 이 자리에서 조금만 움직이면, 곧장 현상계가 펼쳐져서 '6가지 세계'(6도)가 현현하게 될 것입니다.

제10장
그 다섯 번째 이야기

그러므로 "진리(法)란 '중생의 마음'(衆生心)을 말한다."라고 하는 것이다. 이 텅 비고 고요한 마음은 '성인聖人'이라고 해서 더 불어나는 것도 아니고, 중생이라고 해서 더 줄어드는 것도 아니다. 그러므로 "성인의 지혜에 담겨 있다고 해서 더 빛나는 것도 아니고 범부의 마음에 숨어 있다고 해서 더 어두운 것도 아니다."라고 말하는 것이다.

이미 성인이라고 해서 더 불어나는 것도 아니며, 중생이라고 해서 더 줄어드는 것도 아니라면, 부처나 조사들은 어찌하여 일반 사람들과 다른 것인가? 그들이 일반 사람들과 다른 점은 자신의 '마음·생각'을 잘 보호할 수 있다는 것일 뿐이다.

所以云所言法者謂衆生心 而此空寂之心 在聖而不增 在凡而不滅 故云在聖智而不耀 隱凡心而不昧 旣不增於聖 不少於凡 佛祖奚以異於人 而所以異於人者 能自護心念耳

부처님과 같은 성인聖人의 마음은 '지혜·자비'로 꽉 차있습니다. 생각·감정에 진리를 꿰뚫어 보는 지혜와 나와 남을 둘로 보지 않는 자비가 현현해 있는 것입니다. 그런데 범부의 마음은 그렇지 못하여 '무지·아집'이 꽉 차있습니다. 생각·감정에 진리에 대한 무지와 '나·나의 것'만을 중시하는 아집이 현현해 있는 것이지요. 성인의 마음과 범부의 마음은 이렇게 달라요. 이것은 "세세생생 마음을 어떻게 닦고 관리해 왔느냐?"의 차이에 기인한 것입니다.

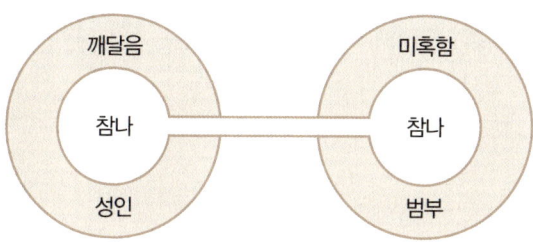

[성인의 마음·범부의 마음]

그런데 우리의 '참나'에는 이러한 구별이 적용되지 않습니다. 성인이라고 해서 참나가 더 크고, 범부라고 해서 참나가 더 작지 않아요. 성인이나 범부나 '알아차리는 자리'는 동일합니다. 오직 알아차릴 뿐인 그 자리에는 성인·범부의 구별이 존재하지 않거든요. 일체의 이원성을 초월한 그 자리에 어찌 미혹함·

깨달음의 구별이 존재할 수 있겠습니까? 오직 현상계에서만 성인·범부가 구별되는 것입니다. 현상계에서는 이러한 구분이 엄정합니다. 부처는 부처인 이유가 있으며, 범부는 범부인 이유가 있습니다. 누구나 자기가 뿌린 대로 거두는 것이 현상계의 철칙입니다.

우리의 '참나 자리'는 현상계의 구별이 붙지 못하는 자리로서, 단지 '알아차리는 자리'일 뿐입니다. 이것이 '불성'입니다. 그러니 '중생의 일상의 마음' 즉 '평상심'이 그대로 '불성'이고 '진리'인 것입니다. 알아차리지 못하는 마음은 없으니까요.

제10장
그 여섯 번째 이야기

그대가 만약 (참나에 대한) '믿음'이 확고해지면 의심이 '단박' 사라질 것이다. 여기에서 대장부의 강한 의지가 분출될 것이며, 참되고 바른 견해가 발동하여, '진리의 참맛'을 직접 보며 스스로 긍정할 수 있는 경지에 이르게 될 것이니, 이것이 바로 마음을 닦는 사람의 '이해하여 깨달은 자리'(해오처 解悟處)가 되는 것이다.

(이것이 비록 '참나안주의 증오證悟[21]'가 아니고 '참나각성의 해오解悟[22]'이기는 하나) 이 자리에는 다시 계급의 차례가 있을 수 없는바(부처와 동등함), 이것을 '단박'(頓)이라고 하는 것이다. 그래서 "'믿음의 씨앗' 가운데, 모든 부처의 '열매로서의 공덕'과 하나로 계합하여 털끝만큼도 다르지 않아야, 비로소 '믿음'(참된 믿음)이 이루어진다."라고 말하는 것이다.

汝若信得及 疑情頓息 出丈夫之志 發眞正見解 親嘗其味 自到自肯之地 則是爲修心人 解悟處也 更無階級次第 故云頓也 如云於信因中 契諸佛果德 分毫不殊 方成信也

---

21) 증오 영적 체험과 개념 이해가 합일된 자명한 깨달음
22) 해오 개념 이해가 영적 체험을 앞서는 깨달음

우리가 불교를 믿는다고 하더라도 선명한 '내적 체험'이 있어야만 '확신'의 단계로 들어갈 수 있습니다. 지금 까치의 지저귀는 소리를 듣다가 '소리를 듣는 자'를 회광반조하는 체험을 통해, '텅 비어 있되 늘 신령하게 알아차리는 자리'라는 것을 명확히 체험하지 않았습니까? 이러한 '돈오의 첫 체험'이 있어야만 우리는 '확신'을 얻을 수 있습니다.

이렇게 '믿음'이 확고해지면 참나에 대한 의심이 사라지고 참나에 대한 판타지가 날아가게 됩니다. 이제 시공을 초월한 우리의 본래 자리인 참나를 선명히 알았으니까요. 그러나 아직 '참나각성'의 상태에 늘 머물 수는 없습니다. 그 자리가 분명히 존재한다는 '확신'과 선명한 '이해'를 얻게 된 것뿐이죠. 그래서 체험보다 개념이 앞서기에 '해오解悟(체험적으로 이해한 깨달음)라고 하는 것입니다.

이 '참나각성의 해오' 단계에서도 우리는 참나가 지닌 고요함(선정바라밀)과 자명함(지혜바라밀)을 체험하지만, 아직 그 자리에 확고히 안주한 것은 아닙니다. 그러니 참나에 안주하지 못한다면 6바라밀을 더욱 부지런히 닦아야 하는 것입니다. 특히 선정·지혜바라밀을 갈고닦아서 늘 흐를 수 있게 해야 합니다. 6바라밀 중 이 2가지 바라밀이 늘 흐르는 '정혜쌍운定慧雙運'의 경지가 되어야, '참나안주의 증오證悟'(깨달음을 자명하게 증득함)가 이루어져서 1주住 보살의 경지에 이를 수 있습니다.

보조 스님께서는 『원돈성불론圓頓成佛論』과 『계초심학인문誡初心學人文』에서, 1주의 경지에 대해 다음과 같이 말씀하십니다.

> 10신信 중에 방편이 되는 '지관止觀'을 닦아, 애씀 없이 고루 챙길 수 있는 공부가 이루어지면, 선정과 지혜가 원만하게 광명해지니(定慧圓明), 이를 발심주發心住(1주)[23]라고 부른다.
> 自修十信中 方便止觀任運功成 定慧圓明 便名發心住 (『원돈성불론』)

> 오래도록 공부를 하다 보면, 자연히 '선정禪定'과 '지혜智慧'가 원만하게 광명해져서(定慧圓明), 자기 마음의 '본성'(공적영지空寂靈知)을 확연히 볼 수 있을 것이다(1주의 초견성). 그리고 환영(참나의 작용)과 같은 '자비'와 '지혜'를 써서 중생을 제도하면, 인간계와 천상계에 큰 복 밭을 짓는 것이니, 간절히 반드시 힘써야 한다.
> 如是久久 自然定慧圓明 見自心性 用如幻悲智 還度衆生 作人天大福田 切須勉之 (『계초심학인문』)

---

23) 극락왕생의 측면에서는 자성정토自性淨土에 안주한 경지에 해당한다.

참나가 늘 드러나 있는 경지가 바로 1주 보살입니다. 그래서 1주 보살은 늘 고요하고 늘 지혜롭습니다. '혼침·산란'의 업장을 극복하여, 자동으로 '선정·지혜'가 쌍으로 굴러가니 '정혜쌍운'이라고 합니다. 컴퓨터의 바이러스 백신 프로그램이 실시간으로 깨어서 감시하듯이, '참나의 선정·지혜'가 늘 생각·감정·오감을 깨어서 알아차리고 있는 경지이죠. 이 경지가 바로 '참나 안주'의 단계입니다(1주의 초견성).

그런데 『대승기신론』의 입장은 이 단계마저도 '부분적인 견성'이라고 여깁니다. 최소한 '1지地의 견성'은 되어야 참나를 온전히 보았다고 인정합니다.

> '1주 보살' 등이 보는 바는, '진여법'을 깊이 믿기 때문에 진여법을 조금 본다. … 그러나 이 보살은 여전히 스스로 분별하니 '법신보살'의 지위에 들어가지 못한다.
> 初發意菩薩等所見者 以深信眞如法故 少分而見 … 然此菩薩猶自分別 以未入法身位故 (『대승기신론』)

왜냐하면 일반적으로 '참나안주'를 이룬 1주 보살은, 6바라밀 중에서 '선정바라밀'과 '지혜바라밀'을 주로 닦기 때문입니다. 나머지 4바라밀까지 갖추어져야 온전한 견성이니까요. 그래서

『대승기신론』에서는 이 경지에서 더욱 닦아 6바라밀을 두루 갖추어, '6바라밀안주'(법신안주)를 이루어야 1지 보살의 경지에 들어간다고 보는 것입니다. 1지 보살부터는 늘 '반야'(반야바라밀, 지혜)와 '방편'(나머지 5바라밀, 자비)이 자동으로 함께 굴러간다고 해서, '반야방편쌍운般若方便雙運'이라고 합니다. 컴퓨터 바이러스 백신 프로그램처럼, '6바라밀'이 늘 깨어서 실시간으로 감시하는 경지에 도달하게 되는 것이죠.

그런데 보조 스님은 '선정'과 '지혜'를 6바라밀의 핵심으로 보고, '참나의 선정·지혜'가 자동으로 굴러가는 1주 보살의 경지를 '1단-1지 보살'만큼 중요하게 생각합니다. 이미 6바라밀이 갖추어졌다고 보는 것이죠. 보조 스님은 1주 보살의 경지를 선불교에서 말하는 '확철대오廓徹大悟'의 경지로서, 곧장 부처로 향해 가는 경지로 보았습니다.[24] 이미 부처가 되는 고속도로에 들어섰다는 의미입니다.

아무튼 이러한 모든 변화도 보조 스님께서 강조하시는 '믿음'

---

[24] 대승교학에서 '진여안주'를 성취한 1주 보살은 '정정취正定聚'(부처가 되기로 확정된 무리)에 해당한다고 본다. 물론 '법신안주'를 성취한 1지 보살을 더욱 확정적 정정취로 본다.

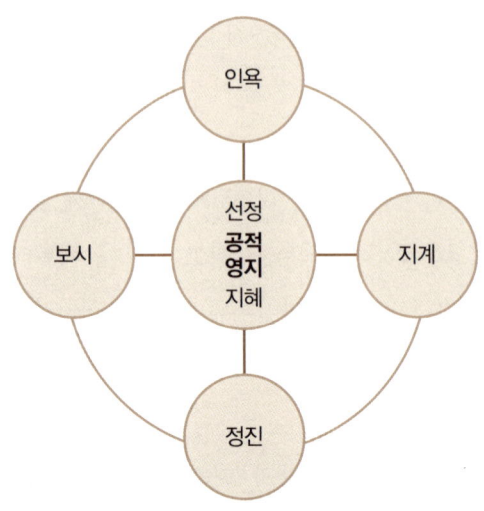

[6바라밀의 핵심, 선정과 지혜]

이 확고해지는 단계의 '돈오'(참나각성의 해오)에서 시작하는 것입니다. 그러니 이 '돈오의 첫 체험'이야말로 '믿음의 씨앗'(信因)이라고 하지 않을 수 없습니다. 비록 현상계의 입장에서는 '씨앗'이긴 하지만, 부처님께서 '열매'로 성취한 '위대한 지혜·자비'를 온전히 갖추고 있습니다.

부처님께서 수많은 세월을 통해 결실로 성취한 '위대한 지혜·자비'도, 결국 본래 불성에 갖추어져 있던 '씨앗으로서의 지혜·자비'가 완벽히 드러난 것일 뿐이니까요. ① '선정'을 닦아 '참나의 현존'을 체험하고 ② '지혜'를 닦아 '범부의 불성'이 '부처의 불성'과 더불어 털끝만큼도 다르지 않음을 깨달아서 '믿음'이 확고해진다면, 비록 개념이 앞선 깨달음이기는 하지만 '단박 깨달음'(돈오)이라고 할 수 있는 것입니다.

제11장

단박에 깨달은 뒤 점진적으로 닦아 나가는 법

제11장
그 첫 번째 이야기

[질문 7] 이미 이러한 진리를 깨달았으며 (그 깨달음에) 다시 계급이 없다면, 무슨 이유로 깨달은 뒤에 다시 닦아서 점진적으로 익히고 점진적으로 이루어야 하는 것입니까?

問旣悟此理 更無階級 何假後修 漸熏漸成耶

질문자가 다시 의문을 표합니다. "앞에서 당신이 말한 대로 '돈오'를 통해 단박에 깨닫게 되면 모든 계급을 초월한 깨달음을 얻게 될 것인데, 다시 무슨 수행이 필요한가? 왜 다시 점진적으로 닦아야 하는가?" 하고 말입니다.

앞에서 이미 언급했지만, 이유는 간단합니다. '절대계'와 '현상계'의 차이 때문입니다. 우리가 모든 이원성과 계급을 초월한 절대계의 영역인 '참나'를 깨닫는 것은 단박에 가능합니다. 하지만 우리가 세세생생 쌓아온 업장을 소멸하여 '참나의 지혜·자비'를 완벽히 드러내기 위해서는, '인과법칙'에 근거한 '올바른 닦음'이 필요합니다.

10장에서는 '돈오'하는 핵심 요령에 대해 자세히 설명했는데, 참나를 되찾는 3단계의 비결을 잊지 마세요. 이제 이 장에서는 그러한 '참나각성' 이후 뒤따라야 하는 '점진적 닦음'(漸修)에 대한 자세한 설명이 있을 것입니다.

제11장
그 두 번째 이야기

[답변 7] 깨달은 뒤에 점진적으로 닦아야 한다는 것의 의미를 앞에서 이미 다 말했는데도 의심을 풀지 못하니 거듭해서 설명해 주겠다. 그대는 마음을 깨끗이 하고 잘 살펴서 들으라.

일반 중생은 시작이 없는 아득한 옛날부터 오늘에 이르기까지 5가지 세계[25]를 흘러 다니면서 태어나고 죽기를 반복하되, '나라는 생각'에 굳게 집착하는 '전도된 망상'과 '무명의 종자·습기'가 오래되어 지금의 '습성'을 이루게 되었다.

答悟後漸修之義 前已具說 而復疑情未釋 不妨重說 汝須淨心 諦聽諦聽 凡夫 無始曠大劫來 至於今日 流轉五道 生來死去 堅執我相 妄想顚倒 無明種習 久與成性

---

25) 5가지 세계(五道)
① 지옥의 세계 ② 아귀餓鬼의 세계 ③ 축생畜生의 세계 ④ 인간의 세계 ⑤ 천상의 세계

우리 중생들은 도대체 언제부터 이 ① 지옥 ② 아귀(餓鬼) ③ 축생(畜生) ④ 인간 ⑤ 천상계의 '5가지 세계'를 돌고 돌게 되었을까요? 헤아릴 수가 없지요. 언제부터인지 알 수가 없습니다. 그래서 흔히 시작이 없는 아득한 옛날부터 우리는 윤회계를 돌아다닌다고 말합니다. 그 시작점을 따질 수가 없다는 것입니다.

그러나 어떤 식으로 타락하는지는 분명히 알 수 있습니다. 텅 비어 고요하되 신령한 알아차림을 지닌 자리인 '참 마음'의 자리에는 음양의 이원적 구조로 이루어진 현상계가 발붙이지 못합니다. 그 자리에는 어떠한 이원성도 존재하지 않거든요. 그러니 우리가 윤회계를 이리저리 떠돌게 된 것은 순수한 참 마음 상태에서 '한 생각'이 일어났기 때문입니다.

'참나'는 그 본성상 우주만물을 모두 나툴 수 있는 능력이 있습니다. 그 능력에 힘입어 '한 생각'이 일어납니다. 여기까지는 문제가 안 됩니다. 한 생각이 튀어나왔다고 해서 참나가 어떻게 되는 것은 아니니까요. 그런데 문제가 생겼습니다. 한 생각이 튀어나오면서 '나라는 생각'(我相)이 형성되어 그 생각에 집착하게 되니, 결국 참나를 제치고 에고가 주인 행세를 하게 되는 것입니다.

아무래도 에고는 청정한 참나가 아니다 보니, 거친 에너지의 영향을 받아 '이기심'을 부립니다. '나·남'을 가릅니다. 이것은 '내 것' 저것은 '남의 것', 이런 것을 가려요. 에고가 발생하여 현상계의 영역으로 타락한 것이죠. 현상계는 나·남이 없이는 이루어질 수 없습니다.

나와 남이 갈리면서 '나·나의 것'에 집착하는 '에고의식'(불교에서는 7식이라고 부름)이 생겨나며, 동시에 에고의 대상이 되는 '경계'가 생겨납니다. 에고의 작용인 모든 의식에는 대상이 있거든요. ~를 알고 싶든지, ~를 느끼고 싶든지, ~를 보고 싶든지, ~를 만지고 싶든지, 항상 대상이 존재합니다. 대상이 없는 의식은 없습니다. 의식은 항상 뭔가를 대상으로 하여 분별·망상을 일으키거든요.

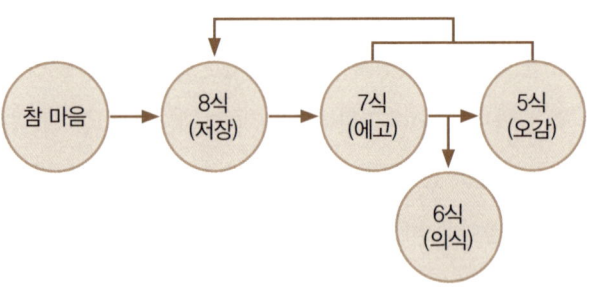

[마음의 전개]

나·나의 것에 집착하는 '에고'가 생겨나면, '오감'(전5식)과 '의식'(6식)의 대상이 되는 '색깔·소리·냄새·맛·촉감·법칙'(6경境)으로 이루어진 '경계'가 나타납니다. 에고가 6식과 5식으로 이러한 경계를 인식하게 되면, 물을 만난 고기처럼 아주 활개를 치고 덤빕니다. '오감의 정보'를 바탕으로 옳고 그름을 가르고 좋고 싫음을 구분하면서, 온갖 생각·감정의 의식(불교에서는 6식이라고 부름)이 요동하며 하루 종일 분별·망상을 짓고 또 짓습니다. 잠이 들어서는 꿈에서까지 그 분별·망상이 이어져서 잠시도 쉴 틈이 없습니다.

이렇게 해서 7식의 '에고'에 뿌리를 두고, 6식의 '생각·감정'과 5식의 '오감'으로 지은, 나·나의 것에 집착하여 이루어지는 각종 생각·말·행동의 업보들은 우리의 '무의식'(불교에서는 8식·아뢰야식이라고 부름)에 종자種子(씨앗)·습기習氣(습관화된 에너지)의 형태로 저장됩니다. 본래 청정·광명했던 무의식은 우리가 윤회계를 돌고 돌면서 쌓아 온 온갖 오염물질들로 인해 오염됩니다.

그리고 우리의 오염된 무의식 안에 저장된 어두운 무명無明의 생각·말·행동의 씨앗·습관화된 에너지들은 세세생생 우리를 따라다니면서, 적절한 조건만 형성되면 곧장 튀어나와 우리 인생의 흐름을 결정합니다. 이것이 5세계를 돌고 도는 우리네 살

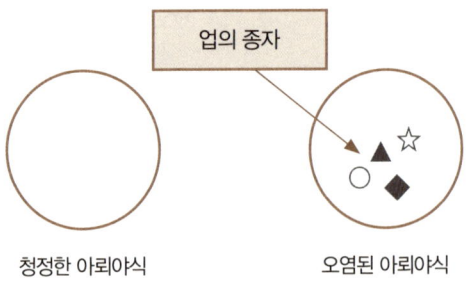

[아뢰야식의 2가지 모습]

림살이의 실상입니다. 우리가 여기서 죽고 저기서 나더라도 동일한 무의식을 지니고 다니기 때문에, 과거에 지은 업보로부터 영원히 자유로울 수가 없습니다. '무의식의 정화'가 아니고서는 영원한 자유가 절대로 올 수 없는 것입니다.

그래서 내 안의 영원불멸의 자리인 '참나'를 깨닫는 '돈오'를 이루더라도, '무의식의 정화'라는 큰 공부가 여전히 산처럼 버티고 있습니다. 단박에 모든 것을 깨치고 닦았다고 주장하는 분들도 그 행동거지를 들여다보면, 여전히 자신이 과거에 익혔던 고정관념과 아집의 영향을 받고 있다는 것을 알 수 있습니다. 자나 깨나 참나를 붙잡을 수 있다고 해서 모든 업장이 다 정화된 것은 아니거든요. 참나를 붙잡는 데에 장애가 되는 업장만 지워진 것이지요.

과거의 모든 업장에서 자유를 얻지 못하는 한 부처 자리는 요원합니다. 이처럼 중대한 공부인 '점수' 공부를 어찌 소홀히 할 수 있겠습니까? 우리가 세세생생 지난 생을 살아오는 동안, 무심코 우리의 무의식에 쌓아 두었던 어두운 종자·습기들을 이제는 청소해야 합니다. 지금부터라도 조금씩 정화해 가야 합니다. 그래야만 우리의 미래가 밝아질 수 있어요.

그러기 위해서는 과거의 안 좋은 습관으로부터 탈출해야 합니다. 모든 습관을 다 버리라는 것이 아니에요. 부처님은 습관이 없는 분이 아니라, 6바라밀에 맞는 '자리自利·이타利他'의 '좋은 습관'만 가진 분입니다. 그러니 나와 남 모두에게 만족과 행복을 주는 '지혜·자비'의 습관은 간직하고, 나와 남 모두에게 고통과 불행을 주는 '무지·아집'의 습관은 남김없이 내다 버려야 합니다. '나쁜 습관 버리고 좋은 습관 쌓아가기', 이것이 '점수'의 핵심입니다.

과거 일곱 부처의 공통된 설법이라고 전해 오는 「과거칠불통게過去七佛通偈」도 바로 이런 가르침을 전하고 있습니다.

> 일체의 악惡을 행하지 말며, 일체의 선善을 받들어 행하라. 그리고 자신의 마음을 정화해라. 오직 이것이 모든 부처님의 가르침

이다.

諸惡莫作 衆善奉行 自淨其意 是諸佛教 (『법구경法句經』)

나와 남에게 고통을 주고 해를 끼치는 나쁜 습관은 버리고 또 버리고, 나와 남에게 행복을 주고 이익을 주는 좋은 습관은 익히고 또 익혀서 완전히 내 것이 되게 하면, 행동·말·생각이 모두 정화되어 부처의 경지에 이를 것이라는 의미입니다.

제11장
그 세 번째 이야기

비록 금생에 이르러 자신의 '본성'이 본래 텅 비고 고요하여 부처와 다를 바가 없다는 것을 단박에 깨닫더라도, 오랜 세월 동안 익혀 온 '습관'은 졸지에 갑자기 제거하기 어려우니, 힘든 경계나 편한 경계를 만나게 되면 화를 내거나 기뻐하는 '감정'과, 옳다고 여기거나 틀렸다고 여기는 '생각'이 불길처럼 일어났다 사라졌다 하여, 객관 경계에 대한 번뇌가 예전과 다를 바가 없다.

따라서 만약 '지혜'(반야바라밀)로 공을 들이고 노력하지 않는다면, 어찌 능히 '무명無明'(무지와 아집)을 상대하고 다스려 아주 크게 쉬는 경지에 도달할 수 있겠는가? "단박에 깨달음은 비록 부처님과 동일하나, 수많은 생애를 살면서 익힌 습기가 너무나 깊구나. 바람은 고요해졌으나 파도는 여전히 솟구치듯, 진리는 훤히 드러났으나 망상이 여전히 일어나는구나." 하는 말이 바로 이것을 말한 것이다.

雖到今生 頓悟自性 本來空寂 與佛無殊 而此舊習 卒難除斷 故逢逆順境 瞋喜是非 熾然起滅 客塵煩惱 與前無異 若不以般若 加功着力 焉能對治無明 得到大休大歇之地 如云頓悟雖同佛 多生習氣深 風停波尙湧 理現念猶侵

'돈오의 첫 체험'(참나각성의 해오解悟)을 한다고 하더라도, 오랜 세월 동안 익혀 온 습관을 졸지에 바꿀 수는 없는 노릇이죠. 그러니 자신이 무의식적으로 하던 '생각·감정·행위의 습관들'로부터 자유로울 수 없습니다. 평소 습관화된 생각·감정·행위들이 적절한 조건만 만나면 계속해서 불길처럼 솟구칩니다. 돈오까지 하고서 참 난감한 노릇이지만, 그렇다고 그것들을 무시하기만 해서는 부처가 못 됩니다.

'참나'를 훤히 깨쳐서 나와 부처가 둘이 아니라는 것을 명확히 깨달아 알았지만, 과거의 생각·감정·행위가 여전히 우리의 발목을 잡습니다. 이것이 '점수'가 필요한 이유인 것입니다. 그렇다면 어떻게 닦아가면 되느냐? 답이 이미 있습니다. '고요하되 자명한 참나'에 의지하고 내맡기며 닦아야 합니다.

이것이 '닦음 없는 닦음'(바라밀의 실천)입니다. 업장을 닦아가는 것은 맞는데, 에고의 산란함·흐리멍덩함이 아닌 참나의 고요함·자명함으로 닦으니 닦음 없는 닦음인 것이죠. ① '참나의 고요함'(선정바라밀)으로 '참나의 현존'과 늘 함께하며 ② '참나의 자명함'(반야바라밀)으로 일체를 '참나의 나툼'으로 보면서, '참나의 뜻'(6바라밀의 진리)을 자명하게 분별하고 실천하면 됩니다. 그렇게 한다면 어떤 업장도 못 닦을 것이 없습니다.

부처가 되기 위해서는 자신의 '표면의식'에서 일어나는 잘못된 생각·감정·행위는 물론, '무의식'에 내재된 잘못된 생각·감정·행위의 습기까지 제거해야 합니다. 당장 드러나지 않는다고 해서 없는 것이 아니라, 일정 조건만 갖추어지면 여지없이 드러나게 되니까요.

여러분이 술을 좋아한다고 합시다. 그렇다고 항상 술 생각만 하는 것은 아니죠. 그런데 일정한 조건이 형성되면 그 조건에 딱 걸려들어서 술 생각에서 자유로울 수가 없게 됩니다. 그래서 마치 술을 마시지 않으면 죽을 것 같고, 술을 마셔야만 살 것 같은 생각까지 듭니다. 우리를 중독시키는 모든 습관들이 다 그렇습니다. 우리의 '무의식' 속에 둥지를 틀고서 겉으로는 잘 드러나지 않더라도 안에는 생생하게 살아 있어요. 그러다가 우리의 관심으로 힘을 얻기만 하면 표면으로 튀어나오는 것이죠.

우리가 한번 중독된 습관으로부터 빠져나오기 힘든 이유가 여기에 있습니다. 그 습관이 무의식에 뿌리를 내렸기 때문입니다. 잘못된 습관이 무의식에 뿌리내리고 있으니 자꾸 관심이 그쪽으로 가고, 관심이 가면 잘못된 습관의 종자들이 힘을 얻게 되어 현실 속으로 튀어나오는 악순환이 벌어집니다. 그리고 이런 과정이 반복되면서 그 습관이 한층 강화되어, 점차 우리의 마음 전체를 지배하게 됩니다. 그러니 이런 악순환의 고리를 하루 빨리 끊어야 합니다.

그렇다면 어떻게 해야 할까요? ① '선정바라밀'(참나의 고요함)을 써서 이미 형성된 잘못된 습관의 종자들에게 "몰라!"라고 선언하여 더 이상 '관심'을 주지 말아야 합니다. 습관은 관심을 먹이 삼아 힘을 얻거든요. ② 그리고 '반야바라밀'(참나의 자명함)을 써서 잘못된 습관이 차지하고 있는 자리에 '좋은 습관'을 유치해야 합니다. 잘못된 습관이 우리 무의식에 뿌리를 내리고 강화되어 온 방식 그대로, 좋은 습관을 의도적으로 뿌리내리게 하고 강화시켜 나가야 합니다.

나쁜 습관에는 "몰라!"를 선언하고, 좋은 습관에는 '자명한 인가와 선택'을 통해 그것을 습관화해야 합니다. 무의식에 뿌리내리도록 생각하고, 말하고, 행동으로 옮겨야 해요. 나쁜 습관도 그런 방식으로 우리 마음속에 자리를 잡지 않았습니까? 그러니 똑같은 방식을 좋은 습관, 부처가 되는 데 도움이 되는 습관에 적용하세요. 관심을 주고, 자꾸 생각하고, 자꾸 말로 발표하고, 자꾸 몸으로 표현하세요. 이것이 '무의식 정화'의 비결입니다.

제11장
그 네 번째 이야기

또한 대혜大慧 종고宗杲 선사께서 이르시길 "간혹 예리한 근기의 무리들이 많은 힘을 기울이지 않고 수월하게 이 일을 해결하고는(돈오頓悟. 참나의 각성), 이 공부가 아주 쉽다는 마음을 내어 다시 닦고 다스리려고 하지 않는다. 그리하여 세월이 가면 다시 전처럼 흘러 다니며 방랑하게 되니, 윤회를 면하지 못하게 된다."라고 하셨다. 그러니 어찌 한 번 깨달음을 얻었다고 하여, 그 뒤의 닦음을 버릴 수 있겠는가?

又宗杲禪師云 往往利根之輩 不費多力 投發此事 便生容易之心 更不修治 日久月深 依前流浪 未免輪廻 則豈可以一期所悟 便撥置後修耶

대혜 스님은 화두선을 제창하신 분으로 선불교의 거두이십니다. 그런 분께서도 경고하시기를, 한 번 참나를 깨달았다고 건방 떨고 공부를 게을리하면 다시 미혹해져서 윤회계를 벗어나지 못한다고 하셨는데, 이는 '점수의 필요성'을 말씀하신 것입니다. 사실 한 생각 돌이키면 '참나 자리'이고, '참나의 고요함·자명함'에 안주하면 '정혜쌍운'이 이루어지죠. 그런데 이게 누구나 쉽게 되지는 않아요. 방법은 간단한데 업장이 많아서 사람마다 나름의 장애가 있기 때문입니다.

하지만 예리한 근기를 지닌 사람들은 참나를 각성하는 데 있어서 별로 장애가 없기 때문에, 스승의 지적에 곧장 자신의 '참나 자리'를 찾아냅니다. "부처가 무엇입니까?" "네가 바로 부처다!" "아, 그렇구나! 내가 부처구나!" 이러는 수가 있다는 것입니다. 불가능한 얘기가 아니에요. 그런데 이런 예리한 근기의 수행자라고 할지라도 모든 업장이 다 정화된 것은 아니어서, 다시 예전 생활로 돌아가는 분들이 많다는 것입니다. 대혜 스님께서는 이것을 지적하신 것이죠.

"아니, '참 마음' 즉 '부처님 마음'을 얻었는데, 뭐가 부족해서 다시 중생으로 떨어지느냐?"라고 하실지도 모르겠습니다. 그러나 앞에서 살펴보았듯이 무의식이 정화되지 않았고, 계속해서

나·나의 것에 집착하는 분별·망상이 일어나서는 부처가 될 수 없습니다. 부처가 되는 씨앗은 튼튼할지 몰라도 그 씨앗이 자라는 토양이 안 좋고 물과 비료가 제때에 공급되지 않는다면, 씨앗이 자라지 못하고 죽어 버리게 되는 것입니다.

이러한 사정에 대해 『진심직설』에서는 다음과 같이 말하고 있습니다.

> 요즘 세상 사람들 가운데 공부하는 이들을 보면, 자신의 '본래의 불성'을 알자마자(돈오의 체험), 곧장 자신의 타고난 그대로의 참 모습만을 스스로 믿어, 여러 선행善行을 닦고 익히는 수행(점수)을 하지 않는다. 단지 '참 마음'만 통달하지 못할 뿐 아니라, 또한 게으름을 이루게 되어 오히려 악도惡道에 떨어질 것이니, 하물며 삶과 죽음을 벗어날 수 있겠는가? 이러한 견해는 크게 잘못된 것이다.
> 今見世人有參學者 知有箇本來佛性 乃便自恃天眞 不習衆善 豈只於眞心不達 亦乃成懈怠 惡道尙不能免 況脫生死 此見大錯也
> (『진심직설』)

우리가 일단 '참나'를 보고 나면, 이 '참나 자리'를 깨달은 것만으로도 모든 문제가 다 해결될 것 같은 생각이 듭니다. 기독교에서 '성령체험'을 한 것만으로 구원을 얻었다고 착각하여 멋대로 살다가 타락하는 경우와 한가지입니다. 그래서 이렇게 타락하면 답도 없다고 경고하고 있는 것입니다. 성령체험 이후 '성화聖化'의 노력이 필요하다는 의미인 것이죠.

> 만일 그들이 우리의 구주이신 예수 그리스도를 앎으로써 세상의 더러움을 피한 뒤에(칭의稱義), 다시 세상에 얽매여 굴복하게 되면, 그 나중 형편이 처음보다 더 나빠질 것이다. '하느님의 의로움'을 안 뒤에 받은 '거룩한 계명'(서로 사랑하라!)을 저버리는 것보다, 처음부터 몰랐던 것이 그들에게 오히려 더 나을 것이다.
> (『베드로후서』 2:20~21)

마찬가지로 불교에서도 ① '참나의 현존'을 체험하였으면(참나각성의 해오) ② 더 닦아서 '참나의 고요함·자명함'에 확고히 안주할 수 있어야 하며(참나안주의 증오) ③ 나아가 '정혜쌍운'에 의지하여 뿌리 깊은 '무지·아집'의 업장을 정화하여 '지혜·자비'를 온전하게 해야 합니다(닦음 없는 닦음). 그런데 참나를 깨달은 것만으로 만족하니 타락할 수밖에 없지요.

따라서 보살도를 완수하고 부처의 경지에 이르기 위해서는, 돈오·견성의 체험 이후 '참나의 고요함·자명함'에 의지하여 '6바라

[6바라밀을 통한 지혜와 자비의 배양]

밀'을 두루 닦아야 합니다. 이를 좀 더 구분해 보면, 6바라밀 중에서 '보시·지계·인욕'은 '참나의 자비'를 배양하는 것이며, '반야'는 '참나의 지혜'를 배양하는 것입니다. '정진·선정'은 '참나의 지혜·자비'를 모두 배양하는 것이 되는데, '노력'(정진)과 '마음의 평정'(선정)이 없이는 지혜도, 자비도 배양되지 않기 때문입니다.

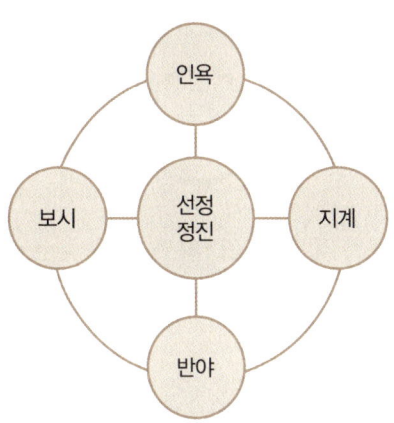

[6바라밀의 핵심인 선정·반야]

그런데 여기서 주목해야 할 것은, '선정바라밀과 반야바라밀'이 6가지 바라밀의 핵심이 된다는 것입니다. 그래서 '정혜쌍운'이 성취되면 자연히 6바라밀이 두루 닦이게 됩니다. ① '참나의 고요함'으로 늘 평정심을 유지하는 '선정바라밀'을 닦으면, 평정심이 쉬지 않고 흐르기에 '정진바라밀'이 이루어집니다. ② '참나의 자명함'으로 자명한 것만 진리로 인가하는 '반야바라밀'을 닦으면, 인가한 진리를 수용하는 '인욕바라밀'이 이루어지며, 인가한 진리에 의거하여 남을 나처럼 사랑하는 '보시바라밀'이 이루어지고, 인가한 진리에 따라 남에게 부당한 피해를 주지 않는 '지계바라밀'이 이루어집니다.

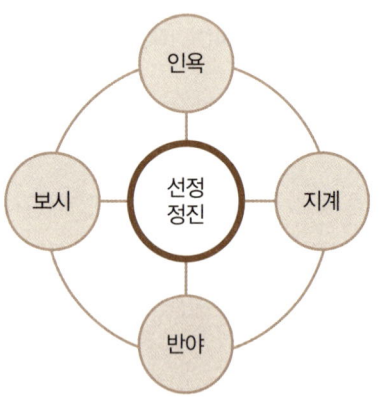

이것을 좀 더 자세히 설명해보겠습니다. '정혜쌍운'이 이루어지면 '참나의 고요함'이 늘 흐르니, 6바라밀 중 '선정바라밀'(고요

함)과 '정진바라밀'(쉬지 않음)이 이루어지게 됩니다. 그리하여 어떤 경계를 만나더라도 '참나의 현존'에 안주하여, 일체의 번뇌에 휘둘리지 않도록 내면의 평정심이 늘 지켜 줍니다.

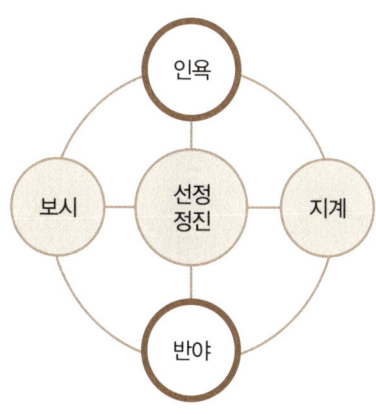

그리고 '참나의 자명함'이 늘 함께하니, 일체 만법이 '참나의 나툼'이라는 '법공法空의 진리'를 인가하는 '반야바라밀'이 이루어지고, 진실을 수용하는 '인욕바라밀'이 이루어지게 됩니다. 또한 이를 바탕으로 참나가 보내는 '자명·찜찜의 신호'를 잘 이해할 때, '참나의 뜻'이 '6바라밀의 구현'임을 자명하게 인가하게 됩니다(지혜 ↔ 무지).

그리하여 언제 어디서나 "내가 받고 싶은 것을 남에게 베풀자!"라는 '보시바라밀'과, "내가 당하기 싫은 것을 남에게 가하지 말자!"라는 '지계바라밀'이 이루어지게 됩니다(자비 ↔ 아집). 이렇게 '참나의 고요함·자명함'을 바탕으로, '참나의 뜻'인 6바라밀은 생각·감정·오감의 차원에서 '지혜와 자비'로 나와 남 모두를 이롭게 하며 구현되는 것입니다.

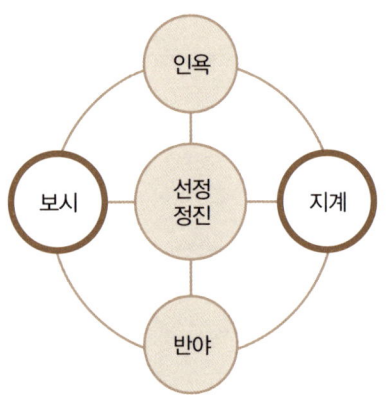

이렇게 '6바라밀'을 잘 닦아가면 '지혜·자비'는 나날이 자라나게 되며, 그것을 방해하는 번뇌인 '무지(지혜의 발현을 방해함)·아집(자비의 발현을 방해함)'은 나날이 세력을 잃어갈 것입니다. 이러한 6바라밀의 수행을 통해 6바라밀의 본성을 온전히 회복하는 '1지의 견성'(구공具空을 증득한 견성)도 이루어지고, 나아가 표면의식과 무의식의 완전한 정화, 위대한 지혜와 자비심의 성취인 '궁극의 견성'도 이루어질 수 있는 것입니다.

『대승기신론』에서는 "무슨 이유로 '참나'를 기억하여 잊어버리지 않는 것 외에, 다시 온갖 선행善行을 배우기를 구해야 하는 것입니까?"라는 혹자의 질문에 대하여 다음과 같이 답하였습니다.

> 예컨대 여기 큰 신비한 보배 같은 구슬이 있다고 하자. 그것의 본체와 본성은 밝고 청정하나, 광물에 의해 더럽혀져 있다. 그래서 설사 사람들이 그 보물로서의 본성을 기억하고 잊지 않는다고 하더라도, 온갖 방법을 동원하여 갈고 다스리지 않으면, 끝내 청정한 본래 모습을 회복할 수 없다. '참나의 진리'도 이와 같다. 참나의 본체와 본성은 텅 비고 청정하나 한량없는 번뇌에 의해 오염되고 더럽혀져 있다. 설사 사람이 참나를 기억하여 잊지 않는다고 하더라도, 온갖 방편(6바라밀)을 동원하여 닦고 익히지 않는다면 청정해지지 않을 것이다. 때가 한량이 없고 온갖 사물(생각·감정·오감)에 걸쳐 두루 존재하기 때문에, 일체의 선행을 닦아서 그것을 다스리는 것이다. 만약 사람이 일체의 선행을 닦는다면 자연히 '참나의 진리'로 돌아가게 될 것이다.
>
> 譬如大摩尼寶 體性明淨 而有鑛穢之垢 若人雖念寶性 不以方便種種磨治 終無得淨 如是衆生眞如之法 體性空淨 而有無量煩惱染垢 若人雖念眞如 不以方便種種熏修 亦無得淨 以垢無量遍一切法故 修一切善行以爲對治 若人修行一切善法 自然歸順眞如法故 (『대승기신론』)

이것은 '참나'를 보고서 그 참나를 늘 기억하더라도, 그것만으로 참나가 완벽하게 발현되는 부처가 되는 것이 아니라는 의미입니다. 참나를 잊어버리지 않되 '6바라밀'을 두루 닦아 자신의 표면의식과 무의식을 완전히 정화하여 참나가 지닌 위대한 공덕, 즉 '위대한 지혜·위대한 자비'를 현실화시켰을 때만 본래의 '참나의 진리'가 온전히 구현될 수 있다는 것입니다.

제11장
그 다섯 번째 이야기

따라서 깨달은 뒤에도 늘 비추어 보고 관찰하여, 망념이 문득 일어나거든 절대로 그것을 따라가지 말 것이며, 버리고 또 버려서 '무위無爲'[26]에 이르러야 비로소 '궁극의 경지'라고 할 수 있으니, 천하의 선지식이 깨달은 뒤에 '소를 기르는 수행'[27]을 하는 것도 바로 이러한 이유 때문이다.

비록 뒤에 닦는다고는 하지만, 이미 망념이 본래 텅 비었으며, 마음의 본성이 본래 청정한 것임을 '돈오頓悟'하였으니, 악惡을 끊되 끊어도 끊는 바가 없으며, 선善을 닦되 닦아도 닦은 바가 없는 것이다. 이것이야말로 '참다운 닦음'이며 '참다운 끊음'이다. 그러므로 "비록 온갖 행실을 모두 닦더라도, 오직 '무념無念'[28]을 으뜸으로 삼는다."라고 하는 것이다.

故悟後 長須照察 妄念忽起 都不隨之 損之又損 以至無爲 方始究境 天下善知識 悟後牧牛行是也 雖有後修 已先頓悟妄念本空 心性本淨 於惡斷 斷而無斷 於善修 修而無修 此乃眞修眞斷矣 故云雖備修萬行 唯以無念爲宗

---

26) 무위 에고를 초월한 경지
27) 소를 기르는 수행(牧牛行)
생각·감정·오감의 습기를 갈고닦아 참나를 현상계에 완전히 발현시키는 수행
28) 무념 일체의 분별·망상이 없는 마음. 참 마음

'돈오'를 하여 '참나'를 깨달았다고 하더라도, 우리가 현상계에 존재하는 한 우리는 과거에 생각·감정·오감으로 지은 업보로부터 자유로울 수 없습니다. 따라서 깨달은 뒤에도 늘 자기의 마음자리를 비추어 보고 관찰하여, 망령된 생각·감정·행위가 홀연히 일어나거든 곧장 알아차려야 합니다. 절대로 그것을 따라가면 안 됩니다.

'부처'라는 것이 별다른 존재가 아닙니다. '망령된 생각'을 하지 않고, '비양심적인 언행'을 하지 않는 사람이에요. 망령된 생각이 일어나고 비양심적인 언행을 하고 싶더라도, 정신을 바짝 차리고 '참나 자리'를 잊지 않으면서 그러한 생각이나 언행을 바로잡으라는 것입니다.

우리의 에고는 항상 '나'를 최고로 여기며, 세상천지를 '내 것'으로 만들려고 덤빕니다. 이러한 '무지·아집'은 우리의 모든 생각과 감정, 행동들을 오염시킵니다. 그러나 '참나의 고요함·자명함'으로 매 순간 일어나는 '표면의식'을 정화하고, 나아가 내면의 '무의식'까지 깨끗이 정화하고 나면, 노력하지 않아도 생각·말·행동이 진리에 딱딱 들어맞는 날이 옵니다.

'무위無爲'에 도달해야 한다는 것이 이것을 말합니다. '유위의 욕심'에 따르지 않고 '무위의 양심' 그대로 살아가는, 진정한 성인의 경지에 이르는 것이죠. 그러기 위해서는 에고가 아주 성숙되어야 합니다.

흔히 "에고는 없애야 한다!"라고 말하는 경우가 있습니다. 그런데 에고는 '개체적 자아'로서, 이것이 없어지면 우리가 현상계에 존재할 수 없게 됩니다. 에고가 있어야만 현상계에서 활동할 수 있고, 에고가 있어야만 '개성'도 있는 것이죠. 부처님도 개성이 있고 각 부처님마다 개성이 모두 다릅니다. 여러 성인들도 마찬가지이고요. 예수님과 공자님의 개성은 다르시잖아요. 그러니 종교도 여러 갈래로 나뉜 것이고요.

요컨대 '에고' 없이는 인간이 현상계에 접속할 수가 없습니다. 에고가 없다면 '참나의 지혜·자비'를 입체적으로 구현할 수도 없는 것이죠. 다른 중생들과 함께 '6바라밀'을 펼칠 수 없습니다. 그러니 에고야말로 얼마나 소중한 존재입니까? 에고가 없다면 깨달음도 없고, 지혜와 자비의 구현도 없고, 6바라밀의 실현도 없는 것입니다.

그러므로 에고는 죽여 없애야 하는 것이 아니라, 성숙시켜야 하는 것입니다. 에고는 잘 경영해서 허튼 생각·허튼 언행을 하지 않도록 인도하기만 하면 됩니다. 언제 어디서나 에고가 제 욕심을 부리지 않고, '참나의 뜻'을 잘 따르도록 성숙시켜야 합니다. 그래야만 '에고의 욕심'이 '참나의 양심'을 자연스럽게 따르는 '무위의 경지'에 도달할 수 있습니다.

이러한 경지는 유교의 성인이신 공자님께서 말씀하신 "에고의 욕심이 하자는 대로 해도, 하늘의 진리에 어긋나는 법이 없다."(從心所欲 不踰矩,『논어論語』)라는 경지입니다.『논어』에서 말하는 '극기복례克己復禮' 즉, 자신의 에고를 철저히 검열하고 다스려서(극기) '참나의 뜻'(6바라밀의 진리)에 조금도 위배되지 않도록 갈고닦는 것(복례)이, 바로 보조 스님께서 말씀하시는 '소를 기르는 수행'(목우행牧牛行)입니다. 에고에 의해 펼쳐지는 '생각·감정·오감'의 습기를 깨끗이 정화하여, '참나의 본래 모습'인 '6바라밀'을 현상계에 완전하게 구현하는 수행인 것이죠.

그런데 또 이런 의심을 할 수가 있어요. "에고를 정화하는 수행이 '점수'이니, 점수만 하면 되는구나. 그러면 '돈오'는 왜 필요한가?" 하고 말입니다. 헷갈리시면 안 됩니다. 보조 스님이 말씀하시는 점수는 '돈오 이전의 점수'가 아니라, '돈오 이후의 점수'입니다. 이미 돈오를 통해 '참나의 고요함·자명함'을 체험적으로 깨달은 사람이 닦는 점수라야 '참된 점수'이거든요. '올바른 점수의 방법'에 대해 『대승기신론』에서는 다음과 같이 말합니다.

> 앉아서 '지止(선정을 통한 참나의 현존 체험)에 전념할 때를 제외하고는, 일체의 때에 ① '응당 해야 하는 것'(선)과 ② '응당 해서 안 되는 것'(악)을 마땅히 남김없이 관찰해야 한다(觀, 지혜를 통한 참나의 뜻 분별). 가고 머무르며, 눕고 일어날 때 모두 응당 '지止·관觀'을 함께 행해야 한다. 이른바 비록 일체 현상의 본성은 생겨나지 않음을 알아차리더라도, 다시 '인연의 화합'과 '선악의 과보'가 없어지거나 무너지지 않음을 알아차려야 한다. 그리고 비록 '인연'과 '선악의 업보'를 알아차리더라도, 또한 그 '본성'은 얻을 수 없음을 알아차려야 한다.
>
> 唯除坐時專念於止 若餘一切 悉當觀察應作不應作 若行若住 若臥若起 皆應止觀俱行 所謂雖念諸法自性不生 而復卽念因緣和合 善惡之業 苦樂等報 不失不壞 雖念因緣善惡業報 而亦卽念性不可得 (『대승기신론』)

이런 방법대로 '돈오 이후의 점수'를 실천하면 됩니다. ① 먼저 '참나의 고요함'에 의지하여 '참나의 현존'을 체험해야 합니다. ② 그리고 '참나의 자명함'에 의지하여 선과 악은 본래 '참나의 나툼'으로 텅 빈 것임을 알아차리되, '선악의 과보'는 엄정하니 '참나의 뜻'(6바라밀의 진리)에 따라 선은 반드시 하고 악은 반드시 제거해야 함을 깨닫고 실천해야 합니다.

이것이 돈오 이후의 '닦음 없는 닦음'입니다. 본래 선과 악이 텅 비어 있음을 알되, 나와 남 모두에게 이로운 선은 반드시 실천하고, 나와 남 모두를 해롭게 하는 악은 반드시 제거해야 합니다. 그것이 '참나의 지혜·자비'를 온전히 드러내는 길입니다. 6바라밀을 구현할 재료인 '생각·감정·오감'이 본래 텅 비어 있고, 선을 닦고 악을 끊더라도 선과 악이 본래 텅 비어 있으니, 닦되 닦은 것이 없는 것입니다.

이미 '참나각성'을 통해, '생각·감정·오감'(현상계)은 '순수한 알아차림'(절대계)에 의지하여 존재한다는 것(일체유심조)을 이해했기 때문에, 생각·감정·오감을 닦더라도 그것을 초월합니다. '참나의 고요함·자명함'에 의지하는 '닦음 없는 닦음'은, '참나의 현존' 안에서 '참나의 뜻'(6바라밀의 진리)에 따라 선을 닦고 악을 끊습니다. 그리고 이 또한 '참나의 나툼'일 뿐입니다.

이런 '돈오 이후의 점수'를 통해 돈오가 확고해져서 '선정과 지혜'가 자동으로 늘 흐르는 이는(1주 보살), 언제 어디서나 '참나의 고요함·자명함'이 자동으로 흐릅니다. 그래서 ① '참나의 고요함'에 안주하였기에 '참나의 현존'을 끊어짐 없이 알아차릴 수 있으며 ② '참나의 자명함'에 안주하였기에 '참나의 뜻'인 '6바라밀의 진리'를 자명하게 분별하고 실천할 수 있습니다. 그래서 6바라밀의 진리에 근거하여 '선과 악'을 자명하게 분별하고, 선을 실천하고 악을 제거하는 '닦음 없는 닦음'으로 '참나의 지혜·자비'를 현상계에 드러낼 수 있습니다.

『금강경金剛經』의 핵심 사상인 "응당 집착함이 없이 그 마음을 내라!"(應無所住 而生其心)라는 가르침이 바로 이것입니다. 돈오 이후 '참나의 현존' 안에서 일체를 '참나의 나툼'인 텅 빈 것으로 보되, '참나의 뜻'인 6바라밀을 적극적으로 닦아가라는 '집착 없는 닦음'의 심법을 강조한 것입니다.

> 수보리여, 보살은 응당 '법法'(5온, 6근)에 집착함이 없이 '보시'를 해야 한다. 이른바 '색깔'(色)에 집착함이 없이 보시를 해야 한다. '소리'(聲), '냄새'(香), '맛'(味), '촉감'(觸), '법칙'(法)에 집착함이 없이 보시를 해야 한다. 수보리여, 보살은 응당 이와 같이 '형상'(相)에 집착함이 없이 보시를 해야 한다. 왜 그런가? 만약 보살이 '형상'에 집착함이 없이 보시를 행하면, 그 '복덕'이 헤아릴 수 없기 때문이다.
> 須菩提 菩薩 於法應無所住 行於布施 所謂不住色布施 不主聲香味觸法布施 須菩提 菩薩 應如是布施 不住於相 何以故 若菩

薩 不住相布施 其福德 不可思量 (『금강경』)

이러한 사정 때문에 수보리여, 여러 보살마하살들은 응당 이와 같이 '청정심'을 내는 것이다. 응당 '색깔'(色)에 집착하여 마음을 내서는 안 된다. 응당 '소리'(聲), '냄새'(香), '맛'(味), '촉감'(觸), '법칙'(法)에 집착하여 마음을 내서는 안 된다. 응당 집착함이 없이 그 마음을 내야 한다!

是故 須菩提 諸菩薩摩訶薩 應如是生淸淨心 不應住色生心 不應住聲香味觸法生心 應無所住 而生其心 (『금강경』)

기독교에서 말하는 '성령과 함께하는 삶'도 바로 이런 것입니다. 사도 바울은 이렇게 설명합니다.

항상 기뻐하십시오. 쉬지 말고 기도하십시오. 모든 일에 감사하십시오. 이는 그리스도 예수 안에서 여러분을 향한 '하느님의 뜻'입니다. '성령의 불'을 끄지 마십시오. '예언'(양심의 경고)을 멸시하지 마십시오. 모든 일을 잘 분별하여 선한 것은 꼭 취하십시오. 그리고 악한 것은 어떤 것도 반드시 버리십시오. (『데살로니가전서』 5:16~22)

꼭 그렇습니다. '참나의 고요함·자명함'과 함께 살아가는 이는 늘 내면에 평안이 흐르고, 참나를 향한 기도가 쉬지 않으며, 모든 일을 '참나의 나툼'으로 보고 감사히 처리합니다. '참나의 경고'인 '자명함·찜찜함의 신호'를 항상 경청하고 존중합니다. 그래서 매사를 '참나의 뜻(6바라밀의 진리)'에 맞게 처리하니, 선은 아무리 작아도 반드시 실천하고, 악은 아무리 작아도 반드시 제거합니다. 이것이 '참나와 함께하는 삶'입니다.

인과법을 따르되
인과법을 초월하라!

돈오한 이가 점수를 익히는 것은 돈오하지 않은 이가 닦는 점수와는 차원이 다릅니다. 돈오 이후의 점수는, ① 절대계의 차원에서는 '선·악'이 본래 없다는 사실을 잘 알면서도, ② 현상계의 차원에서는 부지런히 선을 닦고 악을 버리는 수행을 하는 것입니다. 이것이 참다운 '보살의 길'입니다. 인과법을 따르되 인과법을 초월하는 것이죠.

본래 완전한 '참나의 지혜와 자비'를 깨끗이 드러내는 선이라야만 '참다운 선'입니다. 인간의 에고로 닦는 선은 오염되어 있기 때문에 깨끗하지 못해요. 그러니 '참나의 고요함·자명함'에 근거한 점수라야 '참된 닦음' '참된 끊음'이라고 할 수 있는 것입니다. 에고가 주도하는 점수는 '선'을 진정으로 닦지도 못하며, '악'을 진정으로 끊지도 못합니다.

물론 에고가 주도하더라도 선행을 닦아서 복을 받는 것은 좋은 일이고, 악행을 끊어서 벌을 면하는 것은 좋은 일입니다. 그러니 언제 어디서건 역량이 허락하는 한 선은 하고 악은 하지 말아야 합니다. 당연한 소리죠. 그러나 이 정도에서만 멈춰서는 우리가 '인과법칙'을 벗어날 수 없습니다. 근본적으로 인과법칙을 넘어서 존재하는 '절대계의 영역'은 구경조차 하지 못하게 됩니다.

'인과법칙'에 의해 돌고 도는 윤회계에서 근본적으로 벗어나는 방법은, 본래부터 윤회계에 의해 제약된 적이 없는 '참나'를 되찾아, '에고의 뜻'이 아니라 '참나의 뜻'에 의거하여 무량한 공덕을 짓는 것입니다. 참나의 뜻으로 지은 공덕이라야 무량할 수 있습니다. 에고의 뜻으로 지은 공덕은 유한할 뿐입니다. 규봉 스님의 말씀으로 들어 볼까요.

> 미혹하거나 깨달았거나, 마음은 본래 스스로 알아차린다. 이는 인연에 의지하여 태어난 것도 아니고, 경계로 인해서 생겨난 것도 아니다. 미혹할 때는 번뇌에 빠지나 '알아차림'(知) 자체는 번

뇌가 아니며, 깨달을 때는 신령하게 변화를 일으키나 '알아차림' 자체는 신령한 변화가 아니다. 그러하니 '알아차림'(知) 한 글자는 모든 신묘함의 근원이다.

任迷任悟 心本自知 不藉緣生 不因境起 迷時煩惱 亦知非煩惱 悟時神變 知非神變 然知之一字衆妙之源

이 '알아차림'(知)에 미혹함으로 말미암아, '나라는 형상'(我相)을 일으켜 '나·나의 것'을 계산한다. 그리하여 사랑하거나 미워하는 마음이 자연히 생겨나며, 사랑하거나 미워하는 마음을 따라서 선과 악을 짓게 된다. 또한 선악의 과보로 '6도에 윤회하는 몸'을 받아서 세세생생 돌고 돌아 끊어짐이 없다. 그러다가 선한 벗을 만나서 가르침을 받으면, '텅 비어 고요한 알아차림'을 단박에 깨닫게 된다. 이 '알아차림'은 분별도 없고 형체도 없으니, 누가 '나라는 형상' '사람이라는 형상'을 짓겠는가?

由迷此知 卽起我相 計我我所 愛惡自生 隨愛惡心 卽爲善惡 善惡之報 受六道形 世世生生 循環不絶 若得善友開示 頓悟空寂之知 知且無念無形 誰爲我相人相

일체의 형상이 모두 텅 비어 있음을 깨달아야 하니, '참 마음'에는 분별심이 없다. 그러니 분별심이 일어나면 알아차려야 한다. 알아차리면 사라진다. 수행의 신묘한 문은 오직 여기에 있다.

覺諸相空 眞心無念 念起卽覺 覺之卽無 修行妙門 唯在此也

그러므로 비록 온갖 행실을 닦더라도, 오직 '무념'(분별심이 없는 참나)을 으뜸으로 삼는다. 오직 '무념의 마음'을 얻으면(참나에 안주하는 증오證悟의 증득), 사랑하거나 미워하는 마음이 자연히 엷어지고, '자비'와 '지혜'가 자연스럽게 점차 밝아지며, '죄업'이 자연히 끊어지고, '공행'이 자연히 정밀해지고 참되게 될 것이다.

故雖備修萬行 唯以無念爲宗 但得無念之心 卽愛惡自然淡薄 悲智自然增明 罪業自然斷除 功行自然精眞

(이상 『중화전심지선문사자승습도』)

결국 온갖 선행을 닦되 항상 '무념無念'을 근본으로 삼으라는 것이 핵심입니다. '무념'은 '에고에 의해 오염되지 않은 마음·참마음'을 말합니다. 『육조단경六祖壇經』에서 전하는 육조 스님의 설명을 들어 보겠습니다.

> 무엇을 '무념無念'이라고 하는가? 일체의 현상을 봄에 마음이 조금도 오염되지 않는 것을 '무념'이라고 한다. 모든 장소에 두루 작용하나 또한 일체의 장소에 집착하지 않는다.
> 何名無念 若見一切法 心不染着 是爲無念 用卽遍一切處 亦不着一切處 (『육조단경』)

'무념'을 지키라고 해서 보고 듣고 울고 웃는 일체 행위를 하지 말라는 의미가 아닙니다. 일체의 생각·감정·오감을 활용하되, 이것들을 초월하여 물들지 않는 '순수한 알아차림의 자리'에 뿌리를 내리고 살라는 것이죠. 돈오에 의해 체득한 '참나의 고요함·자명함'(무념)에 의지하여 '혼침·산란의 업장'을 다스려 '참나의 선정·지혜'가 자동으로 굴러가게 하고, 뿌리 깊은 '무지·아집'의 업장을 제거하여 '참나의 지혜·자비'를 온전히 드러내는 것이 '점수'의 핵심 요결입니다.

여담이지만 기독교에도 이와 유사한 내용이 있습니다. 예수님 이전에 제일 대단한 분은 '모세'였죠. 모세가 하느님께 '율법'을 받았거든요. "이 율법만 잘 지키면 구원받을 수 있다." 하는 것이 『구약』의 핵심인데, 이 율법의 대표가 바로 우리가 잘 아는 '십계명'입니다. 그런데 예수님은 당시 율법을 지키는 것을 지상과제로 알고 살던 바리새파들을 비판하셨습니다.

예수님은 율법만 잘 지킨다고 해서 '하느님의 왕국'에 갈 수 있는 것이 아니라고 여기셨죠. 자기 마음속에 '하느님'을 모셔야지, 겉모습으로만 선행을 하고서 다 되었다고 여기면 큰일이라고 하셨습니다. 율법은 '인과법칙'에 제약된 법이기 때문에 현상계에서만 의미가 있지, 절대계의 영역에 들어가는 열쇠는 못 됩니다. 좋은 인과를 지어서 복은 받을 수 있어도, 그것만으로 '하느님의 참된 자녀'는 될 수 없다는 것이죠.

'성령'을 체험하여 하느님을 직접 대면해야 합니다. 자신의 마음속에서 '하느님의 현존'을 체험해야만, 성령으로 인해 거듭나게 됩니다. 자신의 '영'이 거듭나기 전에는 '완전한 구원'은 어림도 없습니다. 그렇다고 율법을 부정하자는 것이 아닙니다. 영적으로 거듭나서 율법을 제대로 지키자는 것이죠.

> 내가 율법이나 예언서들을 폐지하기 위해서 온 것으로 생각하지 마라. 폐지하러 온 것이 아니라 오히려 완성하기 위해서 왔다. 내가 진실로 너희에게 말한다. 하늘과 땅이 없어지기 전에는, 모든 것이 이루어질 때까지 율법에서 한 자 한 획도 없어지지 않을 것이다. (『마태복음』 5:17~18)

즉, 겉모습으로만 율법을 지키지 말고, 율법에 내재된 속뜻까지 완벽히 알면서 지키자는 것입니다. 그러려면 율법을 내려 주신 '하느님 마음'을 알아야겠지요. 율법이 본래 하느님의 마음에서 나온 것이니, 하느님 마음 그대로 살면 율법이 저절로 나올 것 아닙니까? 하느님께서 율법을 어기실 리는 없잖아요?

사정이 이러하니 ① 율법만 알고 하느님의 현존을 체험하지 못한 사람과 ② 하느님의 현존은 체험했으되 율법을 지키지 않는 사람은 모두 반쪽짜리에 불과한 것입니다. 불교로 치면 ① 돈오는 모르고 점수만 닦는 수행자와 ② 돈오만 중시하여 점수를 닦지 않는 수행자에 비유할 수 있는데, 둘 다 잘못되었다는 것입니다.

기독교의 목표가 '성령체험'을 통해 '하느님의 온전한 자녀'가 되어 율법을 완성하자는 것이듯, 불교의 목표도 '참나체험'을 통해 참나를 깨닫되 온갖 선행(6바라밀)을 두루 닦아서 '지혜와 자비'를 완성하는 '부처'가 되자는 것입니다. 즉, 참나의 현존도 정확히 깨닫고, '참나의 고요함·자명함'에 의지하여 6바라밀도 열심히 닦아가자는 것이 이번 절의 결론입니다.

제11장
그 여섯 번째 이야기

규봉 스님께서도 먼저 깨닫고 뒤에 닦는 의미를 총괄하여 말씀하시기를 "이 '본성'을 단박에 깨달으면, 본성에는 애초에 번뇌가 없으며, 번뇌가 전혀 없는 지혜의 성품이 본래부터 온전히 갖추어져 있어서, 부처와 더불어 전혀 다를 바가 없다는 사실을 깨달아 알게 되니, 이러한 깨달음에 의지해서 갈고닦아 가는 것을 '최상승선最上乘禪'[29]·'여래청정선如來淸淨禪'[30]이라고 한다.

만약 생각 생각에 닦고 익히면 자연스럽게 점진적으로 백 천 삼매를 얻을 수 있을 것이니, 달마達磨 스님 문하에서 서로 전하며 내려온 것이 바로 이런 선禪이다."라고 하셨다. 그러므로 '돈오頓悟·점수漸修'의 의미는 마치 수레의 두 바퀴와 같아서 하나만 없어도 안 되는 것이다.

主峰總判先悟後修之義云 頓悟此性 元無煩惱 無漏智性 本自具足 與佛無殊 依此而修者 是名最上乘禪 亦名如來淸淨禪也 若能念念修習 自然漸得百千三昧 達磨門下 轉展相傳者 是此禪也 則頓悟漸修之義 如車二輪 闕一不可

---

29) 최상승선 가장 상근기가 닦는 참선
30) 여래청정선 부처님께서 닦으신 청정한 참선

앞에서 누차 이야기했지만, '점수漸修'는 '현상계'에서 필요한 것입니다. '절대계'의 영역에는 '닦음'이 붙지 못합니다. 닦을 주체도 없고, 닦을 것도 없고, 닦음이라는 행위도 존재할 수 없어요. 그런데 현상계는 '인과법칙'의 지배를 받기 때문에, 우리가 과거에 저지른 각종 업보에 대해 책임을 져야 합니다. 그리고 밝은 미래를 열기 위해 온갖 선업을 닦아야 합니다.

물론 돈오를 하기 전에도 점수를 해야 합니다. 돈오를 했건 안 했건, 선행은 꼭 하고 악행은 절대로 하지 말아야 합니다. 『명심보감明心寶鑑』을 보면 한漢나라의 소열 황제가 자신의 아들에게 경계한 말이 나와요. 소열 황제는 『삼국지』에 나오는 유비劉備(161~223)입니다. 이것이 유명한 구절인데, 한번 살펴보겠습니다.

> 선善이 작다고 행동으로 옮기지 않아서는 안 되며,
> 악惡이 작다고 행동으로 옮겨서는 안 된다!
> 勿以善小而不爲 勿以惡小而爲之 (『명심보감』)

동서고금을 막론하고 선善은 하고 악惡은 하지 말아야 합니다. 이것을 모르면 '인간'으로서 부족한 것입니다. 나와 남에게 이롭고 좋은 일이 '선善'이니, 이런 일은 아무리 작더라도 반드시 해야죠. 반면 나와 남 모두에게 고통을 안겨 주는 일, 나에게는 유리한데 남에게는 피눈물을 안겨 주는 일이 바로 '악惡'입니다. 이런 일은 그것이 아무리 작더라도 절대로 하지 말아야 합니다. 반드시 그 대가를 치러야 하거든요. 그것이 '인과법칙'이에요.

사정이 이러하니 현상계를 살아가는 우리는 부지런히 선을 하고 악을 버려서 하루하루 닦아가야 합니다. 죽기 전까지 닦고 또 닦아서 잠시도 쉬어서는 안 됩니다. 아무리 작은 선이라도 무시하지 말고 꼭 행하고, 아무리 작은 악이라도 무시하지 말고 절대로 행하지 말아야 해요. 이것이 '점수의 바른 길'입니다.

그런데 '점수'에도 여러 차원이 있어요. 현상계만을 전부로 알고 닦는 점수는 그 폭이 작습니다. 현상계의 법칙만을 전부로 알고 닦아서는 '인과법칙'으로 이루어진 현상계를 넘어설 수가 없는 것이지요. 그리고 현상계 내의 모든 일의 주체인 '에고'를 넘어서기도 어렵기 때문에, 모든 선행이 완전한 선행이 되지 못하며 오염되고 불완전해집니다.

그래서 선을 행하되 그 주체가 '나'라는 것을 내려놓지 못하고, 그 선행의 주체가 '나'라는 사실이 널리 알려지기를 바라게 됩니다. 또 선행을 하고서 그 결과물을 기대하게 됩니다. 선행의 결과물을 다른 사람의 소유가 아닌 '내 것'으로 만들고 싶어 하는 것이지요. 그렇게 '무지·아집'이 그득한데 어떻게 완전하고 청정한 선행을 할 수 있겠습니까?

이런 식으로는 '온전한 선행'인 '바라밀'을 실천할 수 없습니다. 참나에 본래 내재된 '6가지 덕목'(보시·지계·인욕·정진·선정·반야)을 온전히 드러내는 '닦음 없는 닦음'이 바라밀이거든요. 그러니 완전하고 청정한 선행을 하기 위해서는 무엇보다 '참나'를 체득해야 합니다. 그래야만 '에고'를 초월할 수 있으며 에고의 번뇌·망상을 다스릴 수 있습니다. 다시 말해서 현상계를 초월한 절대계를 모르고서는 온전한 점수가 안 된다는 것입니다. 『노자老子』에 이런 말씀이 있어요.

> 도道는 에고를 초월하니, 못하는 것이 없다.
> 道常無爲 而無不爲 (『노자』)

'도道' 즉 절대적 진리의 자리에는 '에고'가 붙지 못합니다. 그래서 온갖 신통을 다 부리는 것입니다. 그런데 에고를 초월한 절대계를 체험하지 못한 '점진적 닦음'은 에고에서 자유롭지 못하기 때문에, 그 수행이 높이 자라지 못하고 작은 수준에서 멈춰 버리고 맙니다.

그래서 규봉 스님께서는 '고요하되 자명한 참나'를 단박에 깨달아 알고(돈오, 반야), 이 깨달음에 의지해서 '닦음 없는 닦음'(점수, 방편)을 성취하라고 하신 것입니다.[31] ① '선정바라밀'로 '참나의 현존'과 늘 함께하며 ② '반야바라밀'로 '참나의 뜻'(6바라밀의 진리)을 자명하게 분별하고 실천하는 것, 그것이 '최상승선最上乘禪'이요 '여래청정선如來淸淨禪'이라는 것입니다.

따라서 보조 스님의 말씀처럼 '돈오頓悟·점수漸修'는 수레의 두 바퀴와 같아서 하나라도 없어서는 안 되는 것입니다. 한편으로는 철저히 초월하여 절대계에 노닐어야 하며, 다른 한편으로는 철저히 현상계의 영역에 노닐면서 선을 하고 악을 뿌리 뽑아야 합니다. 이것이 참된 '보살의 길'입니다.

---

31) 사리불이여, 보살마하살은 '반야바라밀'(돈오)을 행할 때, '모든 바라밀'(방편, 닦음 없는 닦음)을 두루 갖춘다. (舍利弗 菩薩摩訶薩 行般若波羅蜜時 攝諸波羅蜜, 『마하반야바라밀경摩訶般若波羅蜜經』)

제11장
그 일곱 번째 이야기

어떤 이는 선善·악惡의 본성이 본래 텅 빈 것임을 알지 못하고, 굳게 앉아 움직이지 않고 자신의 몸·마음을 눌러 억압하기를 마치 돌로 풀을 누르는 것과 같이 하면서 "마음을 닦는다."라고 여기니 이는 크게 어리석은 짓이다.

그러므로 이르기를 "성문聲聞[32]들은 마음 마음마다 번뇌를 끊으려고 하나, 그 끊으려는 마음이 바로 도적이다."라고 한 것이다. 단지 살생·도둑질·음탕함·거짓말이 모두 본성에서 일어난 것이라는 사실을 자세히 관찰할 수만 있다면, 일어나도 일어남이 없을 것이다. 일어나는 자리가 본래 고요한데, 어찌 다시 끊을 것이 있겠는가? 이것이 이른바 "잡념이 일어나는 것이 두려운 것이 아니라, 그 잡념을 알아차림이 더딜까 두려울 따름이다."라는 것이며, 이른바 "잡념이 일어나면 알아차릴 뿐이니, 알아차리면 없어진다."라는 것이다.

或者不知善惡性空 堅坐不動 捺伏身心 如石壓草 以爲修心 是大惑矣 故云 聲聞 心心斷惑 能斷之心是賊 但諦觀殺盜婬妄 從性而起 起卽無起 當處便寂 何須更斷 所以云 不怕念起 唯恐覺遲 又云 念起卽覺 覺之卽無

---

32) 성문 자신의 해탈만을 추구하는 소승小乘의 수행자들

선행을 열심히 실천하고 악행을 열심히 제거하더라도 '선·악의 이원성'을 초월한 자리를 알고 닦아야 하는데, 이걸 모르고 닦으면 '선행'이라는 형상(相)과 '악행'이라는 형상에 너무 집착하게 되어, 온갖 이원성을 초월해 존재하는 '참나'를 구경조차 할 수 없습니다. 그래서 선행·악행의 모든 이원성을 초월한 '참나 자리'를 깨쳐야 하는 것입니다.

이 '참나 자리'를 깨닫지 못하면, '선과 악'이라는 이름에 너무 걸리고 집착하여 '완전한 선행'을 행할 수 없습니다. 부처님과 같은 위대한 선행을 닦지 못해요. 부처님께서 위대한 선행을 닦을 수 있었던 비밀은, 선악이 본래 없는 '열반 자리'에 서서 치우침 없는 '중도'를 실천하셨기 때문입니다. 그러니 온전한 선행을 하실 수 있었던 것입니다.

선을 행하십시오! 그리고 악을 행하지 마십시오! 다만 '에고의 뜻'이 아닌 '참나의 뜻'에 따라 닦아가십시오! 선행을 한 장본인이 바로 '나'라는 '아집'에서 벗어나십시오! 선행의 결과물은 반드시 '내 것'이 되어야 한다는 '무지'에서 벗어나십시오! 이렇게 닦아가야만 '참나'는 더욱 광명해지고, '생각·감정·행위'는 제자리를 찾게 될 것입니다.

참나의 뜻에 따라 '닦음 없는 닦음'(바라밀의 실천)을 행해야 합니다. '에고의 무지·아집'으로 닦은 선행은 그 공덕이 작고 보잘것없습니다. 그러니 현상계에서 '참된 공덕'을 짓고자 한다면, 일체 현상의 근원인 '참나 자리'를 깨닫고 '참나의 지혜·자비'를 있는 그대로 드러내는 공덕을 지을 수 있어야 합니다.

우리는 현상계에 존재하는 한, 여러 가지 형상들만을 봅니다. 큰 형상·작은 형상, 시작되는 형상·소멸하는 형상, 선善의 형상·악惡의 형상, 남성이라는 형상·여성이라는 형상 등등 말입니다. 물론 현상계를 살아가는 한 이러한 구분은 엄정해야 합니다. 그리고 각각의 형상에 따라 차별성을 가지고 대해야 합니다. 현상계는 절대계가 아니니까요. 그러므로 선악이 모두 형상일 뿐이라고 하더라도, 선은 해야 하고 악은 하지 말아야 합니다.

그러나 '지혜'가 이 정도에서 멈춰서는 완전하지 못합니다. 절대계는 현상계의 뿌리입니다. 형상 있는 것은 형상 없는 것에 그 뿌리를 두고 있어요. '뿌리'를 알아야만 '말단'을 정확히 판단할 수 있습니다. 따라서 '참나의 실체'를 정확히 알아야만 그 닦음이 온전해질 수 있습니다. 선악을 초월한 그 자리를 알아야만, 선을 하고 악을 하지 않음이 완전해질 수 있는 것입니다.

소승불교의 수행자들은 이런 사실을 두루 알지 못해서 '번뇌'를 끊어야 한다는 것에 너무 집착했습니다. 사실 번뇌를 인위적으로 끊으려는 마음 자체가 바로 '번뇌'인데 말입니다. 그것은 '참나의 뜻'이 아니라 '에고의 뜻'이니까요. 번뇌는 에고의 망령된 생각에 기인한 것입니다. 그러니 번뇌를 제대로 처리하기 위해서는, '번뇌의 실상'을 명확히 알아야 합니다. 그리고 번뇌의 실상은 '참나의 실상'을 깨달을 때 온전히 파악됩니다.

그러니 무엇보다 '참나각성'(돈오)이 급합니다. 일체의 번뇌를 초월한 '참나 자리' 즉 '텅 비어 고요하되 신령하게 알아차리는 자리'를 체험하고 나면, 번뇌를 대처할 방법이 나옵니다. '점수의 올바른 방법'이 보이는 것이죠. 별다른 방법이 없습니다. '올바른 점수'(닦음 없는 닦음)는 오직 '참나의 현존과 함께하며, '참나의 지혜·자비'를 매 순간 있는 그대로 드러내는 것일 뿐입니다.

번뇌가 일어날 때마다, ① '참나의 고요함'에 의지하여 '참나의 현존'과 함께하면서 '번뇌'를 초월하십시오. ② '참나의 자명함'으로 모든 번뇌가 '참나의 나툼'일 뿐임을 자명하게 인가하고, '참나의 뜻'(6바라밀의 진리)을 자명하게 분별하여 '망령된 생각'에 흔들리지 마십시오. 에고가 꼼수를 부릴 필요가 없습니다. 참나가 스스로의 지혜와 능력으로 현상계에서 자유로이 역사할 수 있도록 허용하고 잘 돕기만 하면 충분합니다.

참나는 이렇게 말합니다. "일체의 번뇌도 모두 '참나의 나툼' 즉 '순수한 알아차림의 작용'일 뿐이다. 번뇌 또한 나의 작용이니 번뇌와 싸우지 말고, 번뇌의 근원인 '참나 자리'로 되돌려서 '바라밀'(참나의 신성한 작품)로 승화시켜라!" 그러니 우리가 수행 중에 번뇌가 일어나면 번뇌와 싸우려 하지 말고, 번뇌가 나온 자리인 '참나 자리'에 번뇌를 도로 던져 넣고, 정화되어 나오는 대로 잘 살려서 쓰면 되는 것입니다. 이것이 공식입니다.

번뇌 또한 '참나의 작용'이니, 바다의 파도처럼 잠시도 쉬는 법이 없습니다. 쉼 없이 밀려드는 파도를 무슨 수로 고요하게 하겠습니까? 파도와 싸워서는 끝이 없어요. 그러니 번뇌와 싸우지 마세요. 번뇌는 제아무리 위협적이어도 현상계에서만 존재합니다. 파도(번뇌)도 바다(참나)의 작용일 뿐임을 통찰하면서, 곧장 내 마음속의 본체 자리인 절대계의 참나 자리를 직시하세요.

오직
알아차릴 뿐!

그래서 "잡념이 일어나는 것이 두려운 것이 아니라, 그 잡념을 알아차림이 더딜까 두려울 따름이다."라는 말이 나온 것입니다. 마음은 본래 '생각'하는 것이 그 주된 임무입니다. 바다에 파도가 끝이 없듯이, 마음에 생각도 끝이 없어요. 그러니 잡념이 일어나거든 잡념과 싸우지 마시고, 현상계의 요동하는 마음이 아닌 '순수의식' 자리에 모든 관심을 집중해야 합니다.

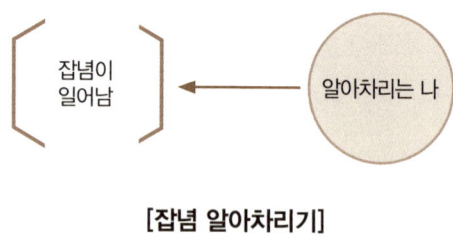

[잡념 알아차리기]

방법은 어렵지 않습니다. "내 마음에 잡념이 일어났구나!"라고만 마음을 모아 알아차리면 됩니다. 마음에 잡념이 일어났다는 것을 빈틈없이 알아차리기만 하세요. 잡념과 자신을 동일시하지 마시고, 잡념이 일어나고 사라지는 것을 고요히 바라보기만 하세요. '나≠잡념'이라는 사실을 명확히 알아차리고 바라보십시오. 그리고 모든 관심을 '알아차리는 자'에게로 돌리세요. 그러면 모든 잡념은 삽시간에 사라지고 '나'만 오롯이 남게 될 것입니다. 현상계를 문득 초월해 버린 것입니다.

그러면 잡념 덕에 견성할 수 있습니다. 버릴 것이 하나도 없는 것입니다. 사실 잡념은 '순수한 알아차림'에 뿌리를 두고 존재하는 '참나의 작용'입니다. 생각·감정·오감이 모두 참나의 나툼일 뿐입니다. 그래서 "번뇌가 사실은 보리(지혜)이다!"라고 말하는 것입니다. 그리고 이것이 마음에 번뇌가 일어나는 것을 두려워하고, 번뇌를 끊고자 투쟁하는 소승의 수행으로는 위대한 부처가 나오지 못하는 이유입니다.

번뇌가 일어나는 것을 두려워하지 마십시오. 어떤 번뇌가 일어나든 '대처 방법'은 간단합니다. ① 어떤 번뇌가 일어나건, '번뇌를 알아차리는 자'인 '참나의 현존'을 깨달아 흔들리지 않아야 합니다(선정). ② 참나의 안목으로 '번뇌의 실상'이 바로 '참나의 나툼'임을 정확히 꿰뚫어 보아야 합니다(지혜). ③ 그리고 일체의 번뇌를 참나 자리에 맡겨 녹인 뒤에(선정) ④ 번뇌를 정화시켜서 '참나의 뜻'인 '6바라밀의 진리'에 맞게 '각종 바라밀'로 승화시켜 쓰면 됩니다(지혜).

번뇌가 일어났다고 자책할 시간이 없어요. 번뇌가 일어나는 것을 막는 방법은 없습니다. 또한 그렇게 해서도 안 됩니다. 그런데 비록 '참나의 작용'이라고 하더라도, 분명 '번뇌'는 현상계에서 '독'으로 작용합니다. 그러나 독도 실상을 정확히 알고 잘 다루면 '약'이 된다는 사실을 알아야 합니다. 번뇌가 일어나는 대로 '참나의 고요함'과 '참나의 자명함'을 써서 잘 다루면, 번뇌는 '바라밀'(참나의 신성한 작품)로 승화됩니다.

우리의 '순수의식'인 '참나 자리'에는 어떠한 번뇌의 독도 침범할 수 없습니다. 번뇌가 본래 붙을 수 없는 자리를 명확히 알고, 번뇌의 실상을 꿰뚫어 보면서 자유롭게 다루고 활용하십시오. 소승의 수행자들처럼 번뇌가 일어날까봐 전전긍긍해서는 '중생구제'라는 부처님의 대사업을 일으킬 수가 없습니다.

그러니 무엇보다 먼저 '돈오'의 체험을 통하여 번뇌가 오염시킬 수 없는 '참나 자리'를 되찾아야 합니다. 그리고 이를 바탕으로 '번뇌의 실상'이 '참나의 나툼'임을 꿰뚫어 보아야 합니다. 나아가 자신의 번뇌는 물론 타인의 번뇌까지 제거할 수 있는 '중생구제·홍익인간'의 대사업을 추진해야 합니다. 이것이 '대승보살의 길'입니다.

제11장
그 여덟 번째 이야기

그래서 '깨달은 사람'에게는 비록 밖에서 날아들어 온 망상과 번뇌가 있더라도 모두 '제호醍醐'[33]를 이루게 된다. 다만 미혹에는 뿌리가 없고, 허공 꽃 같은 3계는 바람에 사라지는 연기와 같으며, 헛되이 변화한 현상계는 끓는 물에 사라지는 얼음과 같음을 바라볼 뿐이다.

만약 이와 같이 생각 생각마다 닦고 익혀서, (참나의 현존을) '바라보고 돌아보기'를 잊지 않고 '선정'과 '지혜'를 고르게 챙긴다면(증오證悟의 증득), 사랑하고 미워하는 마음이 자연히 옅어지고, '자비'와 '지혜'가 자연스럽게 점차 밝아지며, '죄업'이 자연히 끊어지고, '공덕'이 자연히 늘어나게 될 것이니, '번뇌'가 다할 때에 육신의 생사가 끊어질 것이다.

故悟人分上 雖有客塵煩惱 俱成醍醐 但照惑無本 空華三界 如風卷煙 幻化六塵 如湯消氷 若能如是念念修習 不忘照顧 定慧等持 則愛惡自然淡薄 悲智自然增明 罪業自然斷除 功行自然增進 煩惱盡時 生死卽絶

---

33) **제호** 우유를 정제해서 만든 최고의 음식

'깨달은 사람'은 '돈오의 첫 체험'을 하여 '참나각성의 해오解悟'를 이룬 사람을 말합니다. 이미 '본래 고요하고 본래 또랑또랑한 참나'를 체험하고 이해하였기에, 어떤 번뇌와 망상을 마주하더라도 ① '선정바라밀'로 그것들에 끌려가지 않으며 ② '반야바라밀'로 일체의 현상계의 작용이 모두 '참나의 나툼'(텅 비어 있음)일 뿐임을 자명하게 알아차려, 번뇌와 망상을 녹이고 정화시킬 수 있습니다.

참나를 깨친 사람은 '영혼의 연금술사'입니다. '연금술'은 잡철을 모아서 녹이고 정련하여 황금을 만드는 신비한 기술입니다. 어떤 번뇌·망상이 일어나든 그것들을 '참나의 고요함과 자명함'으로 깨어서 자명하게 알아차리면, 번뇌·망상이 그대로 녹아서 '참나의 나툼'으로 거듭나게 됩니다. 이 얼마나 신통합니까? 오직 참나를 깨친 이만이 이런 일을 할 수가 있습니다.

이렇게 '참나의 고요함과 자명함'으로 일체의 번뇌·망상을 녹이고 정화하는 닦음이 우리 내면에 확고히 자리를 잡아서, '고요함'(선정바라밀)과 '자명함'(반야바라밀)이 늘 흐르면 '1주 보살'이 됩니다. 1주 보살은 이미 참나에 안주한 경지이니, ① 늘 고요함으로 '참나의 현존'과 함께하면서 ② 늘 자명함으로 일체를 '참나의 나툼'으로 보면서, '참나의 뜻'(6바라밀의 진리)을 자명하게 분별하여 '무지와 아집'의 업장을 닦아갑니다.

깨달은 사람은 마음에 '탐욕'이 일어나면 이를 '참나의 고요함'으로 녹이고, '참나의 자명함'으로 정화시켜 '보시바라밀'로 돌려놓을 수 있습니다. 이야말로 영혼의 연금술사가 되는 것이죠. '오염'이 일어나면 '지계바라밀'로, '분노'가 일어나면 '인욕바라밀'로, '나태'가 일어나면 '정진바라밀'로, '산란'이 일어나면 '선정바라밀'로, '무지'가 일어나면 '반야바라밀'로 모두 돌려놓을 수 있습니다.

그러면 더 이상 번뇌·망상과 싸울 필요가 없게 됩니다. 무엇이 나오건, 그것들이 본래 나온 자리인 '참나 자리'에 되돌려서 '참나의 고요함·자명함'으로 녹이고 정화시켜서 쓰면 됩니다. 참나 자리에 되돌려 녹여서 쓰면 잡철이 모두 순금으로 변하는 것이죠. 그러니 번뇌·망상도 버릴 것이 아니라 '보살도'(6바라밀의 실천)의 소중한 재료임을 알아야 합니다. 이 기술을 터득하지 못하면 '돈오·점수'를 닦아 자신과 중생을 이롭게 하는 '보살'이 될 수 없습니다. 이것이 보살의 필살기라고 할 수 있습니다.

선정과 지혜를
고루 챙겨라!

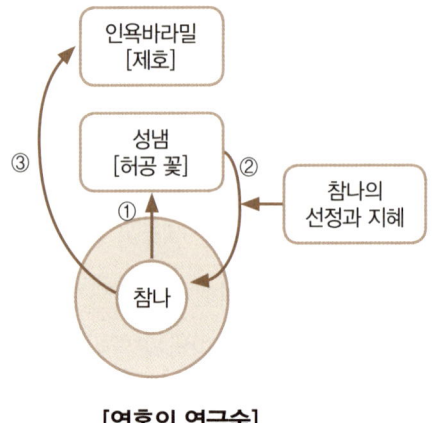

[영혼의 연금술]

이렇게 '선정·지혜'를 모두 갖추고 있는 '참나 자리'에 자리를 잡고 안주한 이(1주 보살)는, 고요함과 자명함을 고루 지녔기에 늘 고요함을 유지하고, 자명한 분별력을 갖추고, 선을 실천하고 악을 제거합니다. 이것을 '정혜쌍운定慧雙運(선정과 지혜가 함께 굴러감)이라고 합니다. 보조 스님께서는 『원돈성불론』에서, 1주의 경지에서 이미 '부처와 동등한 정각'을 얻었음을 다음과 같이 전하십니다.

『화엄경』「범행품梵行品」에 이르길, 처음 발심할 때 최고의 깨달음을 얻는다는 것이 이 주住(1주)에 해당한다. 10주住(1주)에 들어간 뒤에 '보광명지普光明智'(두루 광명한 참나의 지혜)로 항상 세간에 처해서(세간이 본래 정토임) 근기에 따라 두루 대응하여 중생을 교화하되(나와 남이 본래 둘이 아님), 오염과 집착에 빠지지 않아서(자성정토自性淨土에 안주함) '자비'(悲)와 '지혜'(智)가 점차 밝아지고 공행功行이 점점 증진한다.

梵行品云 初發心時 卽得阿菩提者 當此住也 入十住之後 以普光明智 恒處世間 隨根普應 敎化衆生 而無染着 悲智漸明 功行漸增

마침내 '보현행普賢行'을 이루어 '원인'이 가득 차서 '과보'를 마침에(부처의 경지에 도달함), 과보로 무량한 상호相好와 무량한 장엄莊嚴을 얻음이 등불의 빛과 같고 그림자와 같아서, 항상 10방에 두루 하여 있는 것도 아니고 없는 것이 아니며(무주열반無住涅槃의 온전한 증득), 항상 함도 아니고 끊어짐도 아니니, 위대한 서원과 위대한 지혜의 자유자재한 작용이기 때문이다.

畢竟成普賢行 因滿果終 報得無量相好 無量莊嚴 如光如影 恒遍十方 非有非無 非常非斷 以大願大智自在用故

이와 같이 위대한 작용이 자유자재함은 처음 깨달은 '근본보광명지根本普光明智' 가운데 항상 그러한 작용을 떠나지 않는 것이다. '지혜의 본체'(智體)가 원만하니 시간 또한 옮기지 않으며, 지혜 또한 다르지 않다.

如是大用自在 不離初悟根本普光明智中恒然之行 以智體圓故

時亦不移 智亦不異

이 가운데 '습기'를 연마하고 다스려서 '자비와 지혜'(6바라밀)가 점차 원만해져서 계급을 승진함이 없지 않으나, 처음의 발심으로 이미 '시간성이 없는 지혜의 문'에 들어간 것이니, 비록 '구경위究竟位'(불지)에 이르더라도 애초에 움직여 바뀜이 없는 것이다(1주에서 이미 '불성' 즉 '자성정토'에 안주함). 이는 마치 왕의 옥새로 한 번 도장을 찍어 무늬가 이루어짐에 전후의 차이가 없음과 같다.

於中鍊治習氣 悲智漸圓 昇進階級非無 然從初發心 以入無時智門故 雖至究竟位 初無移易也 如王寶印 一印文成 無前後也 (『원돈성불론』)

이러한 보조 스님의 주장은, 최고의 화엄경 학자인 당나라의 이통현李通玄(635~730) 장자의 『신화엄경론新華嚴經論』의 입장을 계승한 것입니다. 이통현 장자는 흔히 '통현 장자'라고 불리는데, 교가와 선가를 두루 회통한 분입니다. 이분의 주장이 이렇습니다.

초발심(1주)의 때에 단박 3계의 '무명'(번뇌)이 바로 '부처의 지혜의 바다'(佛智之海)라는 것을 인가하니(돈오), '여래의 법신·지신智身의 대자비의 도장'을 가지고, 단박에 '현상계'가 그대로 '법계의 위대한 작용'(참나의 나툼)임을 도장 찍으니(법공의 증득) 전후의 차이가 없다.

卽以初發心時 頓印三界無明 便爲佛智之海 以如來法身智身大悲之印 一下頓印世間 以爲法界大用 無前後

처음 10주 초심(1주)에 '여래 부처의 과보로 얻는 지혜의 법'(如來佛果智法)을 올바르게 증득하여, 비로소 일체 보살의 온갖 수행(6바라밀행)을 행하게 된다. 처음 증득했을 때 '진리 본체의 지혜로운 본성'(法體智性)을 아니, 설사 다른 일들처럼 오랜 겁을 경과하여 수행하더라도, '스스로의 견해'(1주 증오의 견처)는 본래 움직이지 않는다. 이는 초발심(1주)의 때에 3세의 부처와 더불어 똑같이 정각을 이루어서, 전후의 차이가 없기 때문이다.

創首十住初心 正證如來佛果智法 方行一切菩薩萬行 爲初證之首 爲知法體智性故 設同凡事 經過多劫行 而於自見本不移時 於初發心時 與三世佛 同成正覺 無前後際故 (『신화엄경론』)

'참나 자리'는 본래 '텅 비어 고요하되 신령하게 알아차리는 자리'입니다. 그러니 이미 '돈오·견성'(1주의 초견성)을 통해 애쓰지 않고도, ① 일체를 초월하여 영원한 '참나의 고요함'과 ② 만법을 참나의 작용으로 보는 '참나의 자명함'에 안주한 '1주의 경지'는, '여래의 자녀'라 불려도 손색이 없는 자리인 것이죠. 부처와 동일한 '참나의 선정·지혜'를 확보했으니까요.

이 '참나 자리'는 수많은 세월을 닦아서 부처가 된다고 해도 애초에 달라지는 자리가 아닙니다. 이 자리는 시공을 초월하는 절대계의 자리이니, 늘 동일한 '참나의 고요함·자명함'이 있을 뿐입니다. 다만 그러한 참나를 현상계에 구현하는 것에 있어서는 역량의 차이가 분명히 존재합니다. 그러나 아무리 우리의 역량이 계발되더라도, 본래 완전한 '참나의 선정·지혜'는 변하지 않습니다. 수행은 에고를 계발시키는 것이지, 참나를 계발시키는 것이 아니거든요.

물론 이 2가지 요소는 6바라밀 중 일부라서, 1주의 견성은 아직 '부족한 견성'이라는 『대승기신론』 등의 의견도 있습니다. 저는 이런 의견을 더 지지하지만, '선정·반야바라밀'이 6바라밀의 핵심인 것은 분명합니다. 그러니 이 2가지 바라밀을 자유롭게 활용할 수 있는 1주 보살은, 이미 부처의 경지와 하나로 통하고 있다고 보는 것도 자명합니다.

이렇게 '참나안주'를 이룬 1주 보살은 닥치는 모든 경계를 '정혜쌍운'에 의지하여 닦아갑니다. ① '참나의 고요함'으로 '에고의 아집'을 극복하고 ② '참나의 자명함'으로 '에고의 무지'를 극복해 나갑니다. 이렇게 '선정·지혜'로 애씀 없이 닦아가다 보면, 표면의식은 물론 무의식까지 점차 정화되어 '무지·아집'의 업장이 점점 떨어져 나가게 됩니다.

따라서 '무지·아집'의 업장에서 벗어나는 만큼, ① 일체 사물의 실상을 있는 그대로 꿰뚫어 보는 '지혜'가 밝아지며 ② 나와 남을 둘로 보지 않고 사랑하고 배려하는 '자비'가 자라나게 됩니다. 그러다가 '반야'(반야바라밀, 돈오)와 '방편'(나머지 바라밀, 점수)이 함께 굴러가는 '반야방편쌍운'을 이루게 되면, 1지 보살의 경지에 이르게 됩니다.

'에고의 산란·혼침'의 업장을 극복하고, '참나의 선정·지혜'를 애씀 없이 고루 챙길 수 있는 경지가 '정혜쌍운'(1주의 참나안주)입니다. 마찬가지로 '에고의 무지·아집'의 업장을 본격적으로 극복하는 중에, '참나의 6가지 덕목'(보시·지계·인욕·정진·선정·반야)을 애씀 없이 고루 챙길 수 있는 경지가 '반야방편쌍운'(1지의 법신안주)입니다.

> 불자들이여, 보살이 비로소 이러한 마음을 발하면, 곧 '범부'의 경지를 초월하여 '보살'의 자리에 들어가서, '여래의 가문'(如來家)에 태어나게 된다. 그 종족의 허물을 말할 수 없게 되니, 세간

의 무리를 떠나서 출세간의 길에 들어간다. 보살의 자리에 머물면서 3세가 평등한 자리에 들어가, '여래의 종성' 가운데 반드시 '최고의 올바르고 원만한 깨달음'을 얻을 것이다. 보살이 이런 법에 머물면, '보살의 환희지'에 머문다고 이르니, '움직이지 않는 자리'(찬나 자리)와 상응하기 때문이다.

佛子 菩薩始發如是心 卽得超凡夫地 入菩薩位 生如來家 無能說其種族過失 離世間趣 入出世道 得菩薩法 住菩薩處 入三世平等 於如來種中 決定當得無上菩提 菩薩住如是法 名住菩薩歡喜地 以不動相應故 (『화엄경』「십지품十地品」)

『화엄경』은 보살이 1지 보살에 이르러 '혈육의 가문'에서 벗어나 확고히 '여래의 가문'에 태어난 경지에 들어가게 된다고 봅니다. 이제 '범부의 소속'이 아니라 확실히 '여래의 소속'이 된다는 것이죠. 물론 보조 스님은 1주 보살만 되어도 이미 '여래의 자녀'로 봅니다. 하지만 6바라밀의 본성을 온전히 복원하는 '반야방편쌍운'의 1지 보살이라야, 진정으로 여래의 가문에 태어난 것이라는 입장도 반드시 기억해야 합니다.

이때부터는 '법신보살'(6바라밀의 덕목을 두루 갖춘 법신을 증득한 보살)이 되어 오로지 '6바라밀의 힘'에만 의지하여, 세세생생 무지·아집의 '번뇌'를 제거하고 지혜·자비의 '공덕'을 닦는 일에만

주력하게 됩니다. '6바라밀의 구현'만이 지상 목표가 되는 것이
죠. 이렇게 닦아가다 보면, 참나를 가리는 심리적 장애인 '아집'
이 정화되어 번뇌의 현행이 멈추게 됩니다.

비록 지적 장애인 '무지'는 온전히 정화되지 않아서 궁극의
12지 부처와 같은 절대적 전지·전능에는 도달하지 못하지만,
'평등성지平等性智'(나와 남을 둘로 보지 않는 지혜)를 이루어 상대적
전지·전능을 얻게 됩니다. 7지 보살은 한 생각에 6바라밀을 모
두 갖추고 있습니다.

> 7지 보살은 생각마다 늘 10가지 바라밀[34]을 갖추고 있다.
> 此菩薩 於念念中 常能具足 十波羅蜜 (『화엄경』「십지품」)

7지에서는 번뇌의 현행이 멈추고, 이후 8지 보살이 되면 번뇌
를 완연히 초월하게 됩니다. 7지는 아직 노력이 필요하나, 8지
보살부터는 노력이 필요 없어요. 그냥 참나가 그대로 드러나서,
인위적 노력이 없이도 '6바라밀'이 우리 에고를 온전히 인도하

---

[34] 6가지 바라밀에 6바라밀의 확장인 4가지 바라밀, 즉 ① 방편바라밀(6바라밀의 자유
자재한 활용) ② 서원바라밀(6바라밀의 진정한 서원의 성취) ③ 능력바라밀(신통한 능
력을 지닌 6바라밀의 성취) ④ 지혜바라밀(전지·전능한 6바라밀의 성취)을 추가한 것
이다.

게 됩니다. 그래서 이 경지를 '번뇌를 초월한 경지'라고 합니다.

만약 일체의 인위적으로 노력하는 행위를 버리고 제7지에서 제8지에 들어가 '보살의 청정한 수레'를 타고 세간을 돌아다니면, 번뇌와 과실을 알지만 오염되지 않으니, 이때야 비로소 '번뇌를 초월한 행위'라고 부를 수 있다. 일체를 모두 초월하였기 때문이다.
若捨一切有功用行 從第七地 入第八地 乘菩薩淸淨乘遊行世間 知煩惱過失不爲所染 爾乃名爲超煩惱行 以得一切盡超過故 (『화엄경』「십지품」)

8지 보살은 '참나각성' 이후 '업장'이 정화되어, 노력하지 않아도 '참나의 선정·지혜'가 자동으로 흐르되(여기까지는 1주 보살도

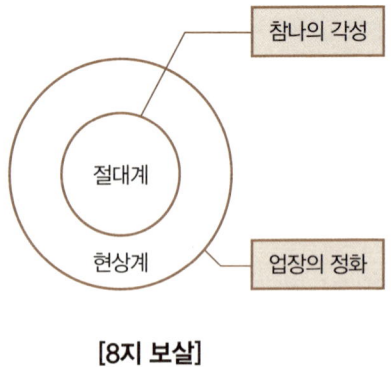

[8지 보살]

증득함), 무의식의 업장 중 '심리적 장애'(아집. 지적 장애인 '무지'는 불지에서 정화됨)까지 정화되어, 노력하지 않아도 6바라밀이 온전히 발현되는 경지를 말합니다.

8지 보살의 경지에 이르면 인위적 노력이 없이도, 어떤 경계를 당하건 '참나의 고요함·자명함'이 자동으로 '온전한 6바라밀'을 정밀하게 구현합니다. 아직 '궁극의 12지 불지'(부처의 작용을 얻음)에 이른 것은 아니나, 이미 6바라밀을 닦음에 인위적 노력이 필요 없기에, 『화엄경』에서도 이미 '부처의 경지'가 도달한 것으로 봅니다(부처의 본체를 얻음).

> 불자여, 보살이 이 제8지에 머물면, '위대한 방편에 뛰어난 솜씨를 갖춘 지혜'로 일으킨 '인위적 노력이 없는 깨달음의 지혜'로, '일체지의 지혜에 대한 앎'(一切智智, 여래의 지혜)이 작용하는 경계를 관찰하게 된다.
> 佛子 菩薩住此第八地 以大方便善巧智 所起無功用覺慧 觀一切智智所行境

> 불자여, 8지 보살은 이와 같은 지혜를 성취하여 '부처의 경계'에 들어가며, '부처의 공덕'이 늘 비추어 주며, '부처의 위의'를 따르며, '부처의 경계'가 늘 현전하며, 늘 여래의 가피를 받는다.

佛子 菩薩成就如是智慧 入佛境界 佛功德照 順佛威儀 佛境現前 常爲如來之所護念 (『화엄경』「십지품」)

이 경지에서는 '평등성지'를 확고히 얻어서 나와 남을 둘로 보지 않으며, 선을 닦고자 하고 악을 버리고자 노력할 필요가 없습니다. 그냥 '본성' 그대로 살아가기만 해도, 매사를 '참나의 고요함·자명함'이 '6바라밀'로 처리하는 경지입니다. 유교에서 말하는 '성인聖人'의 경지도 바로 이러한 경지입니다.

'정성스러운 사람'(양심 그대로 살아가는 사람)은 힘쓰지 않아도 중심을 잡고, 생각하지 않아도 선善을 택하며, 언제 어디서나 여유롭게 '중도中道'를 걸으니 바로 '성인聖人'이시다.
誠者 不勉而中 不思而得 從容中道 聖人也 (『중용』)

에고의 욕심이 하자는 대로 해도,
하늘의 진리에 어긋나는 법이 없다.
從心所欲 不踰矩 (『논어』)

'성인'은 ① 절대계의 차원에서는 '6바라밀의 진리를 갖춘 참나'가 늘 광명하며 ② 현상계의 차원에서는 '심리적 장애'인 '아집'이 정화되어(7식의 정화), 애쓰지 않아도 6바라밀을 자유롭게 구현할 수 있는 사람입니다. 절대계든 현상계든 자유자재하여 걸림이 없는 경지에 도달하는, 이런 정도가 되어야 '중도'를 걷는 사람이라고 말할 수 있습니다.

> 내 뜻대로 말고
> 참나의 뜻대로
> 살라!

이러한 8지 보살의 경지에 도달하면, 형체와 수명에 제한이 있는 '분단신分段身'을 떠나서, 형체와 수명에 제한이 없는 '변역신變易身'을 성취하여 정토에 태어납니다. 하지만 이미 '평등성지'를 얻어서 나와 남을 차별하지 않으니, 남의 공부를 자신의 공부로 보고 중생을 구제하기 위해서 자유자재로 사바세계에 몸을 나툽니다.

8지 보살은 '에고의 뜻'대로 살지 않고 '참나의 뜻' 그대로 살아가는 존재입니다. 이미 노력하지 않아도, '참나의 고요함·자명함'이 '6바라밀'로 인도해 버립니다. 가장 큰 장애물이던 '아집'이 무너졌으니 6바라밀이 온전히 구현되는 것을 막지 못합니다. 그러니 이런 분들은 그냥 살아가는 것이 수행입니다.

선을 닦으려고 하지 않아도 6바라밀의 인도에 따라 선을 꼼꼼히 실천하며, 악을 끊으려고 하지 않아도 6바라밀의 인도에 따라 악을 행하지 않습니다. 이렇게 사는 것 자체가 수행이니, 인위적 노력이 없이 살아가는 중에 자꾸자꾸 무량한 공덕을 짓게 됩니다. 최소 비용에 최대 효과가 거두어지는, 아주 남는 장사를 하는 경지입니다.

'부처'가 별다른 존재가 아니에요. 그냥 '참나 자리'에 안주하여, '참나의 뜻'에 모든 것을 턱 맡기고 살아가는 존재일 뿐입니다. 오직 '양심' 그대로 살아가는 존재이지요. 그러니 8지 보살은 '부처의 본체'를 얻은 존재라고 하는 것입니다. 이미 '부처'로 불릴 수 있는 경지입니다.

사실 이런 경지야말로 모든 성인들의 경지입니다. 역대 모든 성인들의 공통 주장이 "에고의 뜻대로 살지 말고, 참나의 뜻대로 살자!"라는 것일 뿐이거든요. 예수님은 이렇게 말씀하셨습니다.

> 나는 내 뜻이 아니라, 나를 보내신 분(하느님)의 뜻을 실천하고자 하늘에서 내려왔다. (『요한복음』 6:38)

그대는 내가 아버지 안에 있고, 아버지가 내 안에 계시다는 것을 믿지 못하겠는가? 내가 그대들에게 하는 말은 나로부터 나온 말이 아니다. 내 안에 살아 계시는 아버지께서 당신의 일을 하시는 것이다. (『요한복음』 14:10)

또한 유교의 핵심 요지도 이와 동일합니다.

'하느님'께서 명령하신 것을 '본성'(性, 양심의 근본원리)이라 이르고, 본성을 따르는 것을 '길'(道, 양심의 보편법칙)이라 이르며, 길을 닦고 수리하는 것을 '가르침'(敎, 양심의 가르침)이라 이른다.
天命之謂性 率性之謂道 修道之謂敎 (『중용』)

그릇된 욕심을 제거하고 '하느님의 뜻'을 잘 보존하라.
遏人慾而 存天理 (『맹자집주孟子集注』)

언제 어디서나 절대계의 '참나·하느님' 안에 안주하여 살아가되, 현상계에서 '참나·하느님의 뜻'을 온전히 드러내는 '지혜·자비의 삶'을 살아가는 것이, 절대계·현상계에서 우리가 누릴 수 있는 최선의 삶입니다. '성聖'이라는 한자가 본래 '지혜와 자비가 탁월한 사람'을 의미합니다. 사람들은 잘 듣지 못하는 '하느님의 명령'(天命)을 잘 듣고 (耳, 지혜) 남들에게 말로 설명해 주는 것(口, 자비)에 있어서 탁월한 사람(王)이라는 뜻이죠.

> 공자님께서 말씀하시길 "'성스러움'(聖)은 내가 능하지 못하다. 나는 다만 진리를 배움에 싫증내지 않고, 진리를 가르침에 게으르지 않을 뿐이다."라고 하셨다. 자공이 말하길 "진리를 배움에 싫증내지 않음은 '지혜로움'(智)이며, 진리를 가르침에 게으르지 않음은 '인자함'(仁)이니, 인자하며 지혜로우시니 선생님께서는 이미 '성인'이십니다."라고 하였다.
> 孔子曰 聖則吾不能 我學不厭而教不倦也 子貢曰 學不厭 智也 教不倦 仁也 仁且智 夫子既聖矣 (『맹자』)

'성인'은 '우주적인 마음'인 양심을 온전히 구현함으로써 '우주적인 인간'이 됩니다. 이것이야말로 종교를 초월하여 '인간'으로서 최고의 삶이죠. '인간의 참된 본성'을 온전히 구현하는 존재가 있어야만, 우리는 비로소 '인간'이 어떤 존재인지를 알 수 있습니다. 우리가 '성인들의 삶'에 주목하는 이유도 바로 이것입니다. 성인들의 삶은 그대로 '인간의 매뉴얼'이죠. 성인들을 통해 우리는 "인간은 무엇인가?" "인간의 본성은 무엇인가?" "인간은 어떻게 살아야 하는가?"에 대한 답을 얻을 수 있습니다.

성인은 '참된 본성의 뜻'에 따라 자신의 본성을 온전히 구현하며(자리自利), 남의 본성도 온전히 구현될 수 있도록 돕습니다(이타利他). 그것도 어떤 인위적 노력이 아닌 자연스러운 본성의 구현을 통해서 말입니다. 중생들이 '탐진치'를 본능적으로 추구하듯, 성인들은 '6바라밀'을 본능적으로 추구한다고 생각해 보십시오. 6바라밀(유교의 인의예지신에 해당)이야말로 우리의 '참된 본성'이니, 성인들은 자연스럽게 이를 추구하는 것입니다.

> 오직 '천하의 지극히 정성스러운 사람'(聖人, 양심을 온전히 구현하는 사람)이라야 능히 '자신의 본성'을 남김없이 다 발휘할 수 있으니, 자신의 본성을 남김없이 다 발휘할 수 있으면 능히 '남의 본성'도 남김없이 다 발휘하도록 할 수 있을 것이며, 남의 본성을 남김없이 다 발휘하도록 할 수 있다면 능히 '사물의 본성' 또한 남김없이 다 발휘하도록 할 수 있을 것이다. 사물의 본성을 남김없이 다 발휘하도록 할 수 있다면 하늘과 땅의 조화와 양육을 도울 수 있을 것이며, 하늘과 땅의 조화와 양육을 도울 수 있다면 하늘과 땅과 더불어 대등하게 참여할 수 있을 것이다.
> 惟天下至誠 爲能盡其性 能盡其性 則能盡人之性 能盡人之性 則能盡物之性 能盡物之性 則可以贊天地之化育 可以贊天地之化育 則可以與天地參矣 (『중용』)

여기에서 7~8지 보살이 얻는다고 하는 '평등성지'는, 성불할 때 완성하는 '부처의 4가지 지혜' 중 하나입니다. 부처를 이룬다는 것은 ① '참나의 현존'에 안주하는 '열반'과 ② '참나의 지혜·자비'를 온전히 펼치는 '보리'를 증득한다는 의미입니다. 여기에서 '보리'란 ① 5식 ② 6식 ③ 7식 ④ 8식의 모든 의식을 정화시켜, '4가지 지혜'로 변화시키는 것을 말합니다.

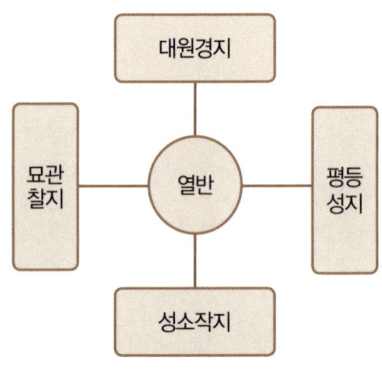

[열반과 보리]

① 먼저 5식은 부처가 될 때 정화되어, 오감을 통해 이루고자 하는 것을 현실화하는 '성소작지成所作智'(전능全能을 이룸)를 이룹니다. ② 6식은 1지에서 정화되어, 신묘하게 관찰하는 지혜인 '묘관찰지妙觀察智'를 이룹니다. 그러나 그 완성은 '불지'에서 이루어집니다.

③ 7식, 에고의식은 심리적 장애가 극복되는 7지에서 정화되어, 나와 남을 평등하게 보는 '평등성지平等性智'를 이룹니다. 그러나 7지는 지혜를 유지하는 데에 아직 '노력'이 필요합니다. 8지에 가야 노력이 필요 없어지며, 궁극의 완성은 '12지 불지'에서 이루어집니다. ④ 마지막으로 8식은 지적 장애마저 극복되는 12지 불지에서 정화되어, 크고 원만한 거울처럼 온 우주를 있는 그대로 비추는 '대원경지大圓鏡智'(전지全知를 이룸)를 이룹니다. 이상이 '4가지 지혜'에 대한 설명이었습니다.

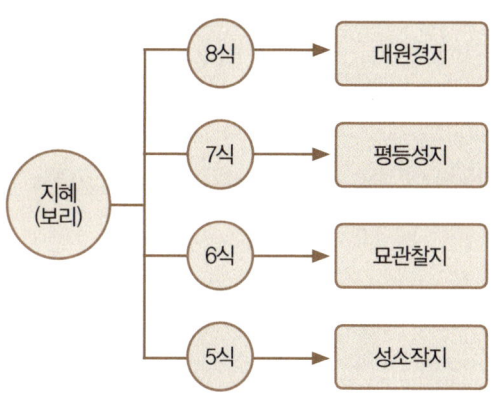

[부처의 4가지 지혜]

제11장
그 아홉 번째 이야기

만약 여기에서 '미세한 번뇌의 흐름'마저도 영원히 끊어지면, '원만한 깨달음의 위대한 지혜'[35](원각대지圓覺大智, 청정한 법신)만이 광명하게 홀로 존재하며, 천백억의 '화신化身'을 시방세계 안에 나타내어 중생들의 근기에 따라 달려가 감응하리니, 마치 달이 하늘에 나타나면 그 그림자가 온갖 물에 두루 비치는 것과 같을 것이다. 응용에 다함이 없어 인연 있는 중생을 구제하니, 영원한 쾌락을 얻은바 근심이 없으므로 '크게 깨달아 세상에서 존중받는 분'(대각세존大覺世尊)이라 부른다.

若微細流注永斷 圓覺大智朗然獨存 卽現千百億化身 於十方國中 赴感應機 似月現九霄 影分萬水 應用無窮 度有緣衆生 快樂無憂 名之爲大覺世尊

---

35) 원만한 깨달음의 위대한 지혜(圓覺大智)
모든 업장이 정화된 부처의 지혜인 '대원경지大圓鏡智'를 말함

7지 이상의 보살은 이 지구와 같은 물질계를 떠나서 저 높은 고차원의 영계에 머뭅니다. 그런데 이 경지도 끝이 아닙니다. 육신의 생사가 끝났다고 해서 끝이 아니에요. 아직 '미세한 번뇌의 흐름'이 남아 있어요. 거기에서 더 나아가 자신의 '오염된 아뢰야식阿賴耶識'(과거 모든 업의 종자를 관리하는 8식)에 저장되어 있는 미세한 번뇌의 흐름을 모두 정화해야 완벽한 해탈을 이룰 수 있습니다.

이 경지가 불가에서 말하는 '대원경지大圓鏡智'(크고 원만한 거울 같은 지혜)라고 하는 자리로서, '전지全知·전능全能'한 12지 부처님의 자리입니다. 자신의 표면의식·무의식을 모두 정화해야만 참된 부처라 할 수 있으며, 궁극의 견성을 이루었다고 할 수 있습니다. 궁극의 견성을 이룬 부처님께서는 온 우주를 자신과 둘로 보지 않으며, 온 우주의 일체 중생을 해탈시키기 위해서 언제 어느 곳이나 직접 찾아가시고 몸을 나투어 구제하시는 '중생구제'의 최고 실천자이십니다.

처음 돈오를 체험하고(참나각성의 해오), 참나의 선정·지혜를 고르게 챙기고(참나안주의 증오), 심리적 장애를 극복하여 '평등성지'를 이루어 정토에 태어나고(7~8지 보살), 나아가 지적 장애마저 극복하여 '대원경지'를 이루어 '부처'에 이르는 과정에 대한 지금까지의 설명은, 보조 스님께서 규봉 스님의 입장을 많이 참고하셨습니다. 이번에는 규봉 스님의 말씀으로 들어 보시죠.

일체의 중생은 '깨달아 알아차리는 본성'(覺性)을 갖추지 않음이 없으니, '신령하게 밝고 공적한 본성'(靈明空寂)은 부처와 더불어 다름이 없다. 다만 시작이 없는 겁으로부터 일찍이 깨닫지 못하여, '몸'을 '나의 형상'(我相)이라고 망령되게 집착하였다. 그리하여 사랑·미움 등의 감정을 낳고, 감정에 따라 업을 지으며, 지은 업에 따라 과보를 받아서, 태어나고 늙고 병들고 죽으면서 장구한 겁의 세월을 윤회하고 있다.
一切衆生 無不具有覺性 靈明空寂 與佛無殊 但以無始劫來 未曾了悟 妄執身爲我相 故生愛惡等情 隨情造業 隨業受報 生老病死 長劫輪迴

그러나 몸 안에 있는 '깨달아 알아차리는 본성'은 일찍이 태어나거나 죽은 적이 없다. 마치 꿈에 몸이 끌려다니며 노역을 했더라도 몸은 본래 편안하고 한가하였던 것과 같으며, 또한 물이 얼음이 되어도 '젖는 성질'은 바뀌지 않는 것과 같다. 만약 이 '깨달아 알아차리는 본성'이 바로 '법신'(진리의 몸)임을 깨달으면(참나각성의 해오解悟), 본래 생겨난 적이 없으니 어찌 의지할 바가 있겠는가? 신령하게 어둡지 않아서 늘 또랑또랑 알아차리는 자리는 온 곳도 없고 갈 곳도 없다.
然身中覺性 未曾生死 如夢被驅役 而身本安閑 如水作氷 而濕性不易 若能悟此性 卽是法身 本自無生 何有依託 靈靈不昧 了了常知 無所從來 亦無所去

그러나 수많은 생의 망령된 집착이 습성이 되어, 희로애락의 미세한 번뇌의 흐름이 남아 있으니, 진리를 인연 따라 단박에 깨달아 통하더라도, 이 망령된 감정은 졸지에 제거하기가 어렵다. 마땅히 오래도록 깨닫고 성찰하여 덜어 내고 또 덜어 내어야 한다. 마치 바람은 단박에 멈추더라도, 물결은 점차 멈추는 것과 같다. 어찌 한 생의 닦은 바가 부처들의 공력과 동등할 수 있겠는가?
然多生妄執 習以成性 喜怒哀樂 微細流注 眞理隨緣頓達 此情難以卒除 須長覺察 損之又損 如風頓止 波浪漸停 豈可一生所修 便同諸佛力用

다만 '텅 비어 고요함'(空寂)을 자신의 본체로 삼을지언정 '색신'(육신)을 자신의 본체로 삼지 말고, '신령한 알아차림'(靈知)을 자신의 마음으로 삼을지언정 '망념'(망령된 분별심)을 자신의 마음으로 삼지 말아야 한다. 만약 망령된 분별심이 일어나더라도 일체 따라가지 않으면(참나안주의 증오證悟), 임종할 때 자연히 업에서 자유롭게 될 것이다. 비록 '중음'(생과 생의 사이의 존재)으로 있더라도, 어디든 자유롭게 갈 수 있으니 천상세계이건 인간세계이건 자유로 의탁할 수 있다.

但可以空寂爲自體 勿認色身 以靈知爲自心 勿認妄念 妄念若起 都不隨之 卽臨命終時 自然業不能繫 雖有中陰 所向自由 天上人間 隨意寄託

만약 사랑하거나 미워하는 마음이 이미 소멸하면(아집의 심리적 장애를 극복한 7~8지 보살), '분단신分段身'(형체와 수명에 한계가 있는 예토穢土의 육신)을 받지 않으니, 능히 짧은 것도 길게 하고, 추한 것도 미묘하게 할 수 있게 된다(자유자재한 '변역신變易身'을 성취하여 정토에 태어남).

若愛惡之念已泯 卽不受分段之身 自能易短爲長 以麤爲妙

만약 여기서 '미세한 번뇌의 흐름'마저 일체 적멸해지면, 오로지 '원만한 깨달음의 위대한 지혜'(원각대지圓覺大智, 청정한 법신)만이 광명하게 홀로 존재하며, 상황에 따라 천백억의 '화신化身'을 나투어 '인연 있는 중생'을 구제하리니, '부처'라고 부른다(무지의 지적 장애마저 극복한 불지).

若微細流注 一切寂滅 唯圓覺大智 朗然獨存 卽隨機應現千百億身 度有緣衆生 命之爲佛 (『경덕전등록景德傳燈錄』「규봉정혜선사圭峰定慧禪師」)

제12장

선정과 지혜를
고르게 챙겨라

제12장
그 첫 번째 이야기

[질문 8] 깨친 뒤에 닦아 나가는 문 가운데 '선정·지혜'를 고르게 챙긴다는 뜻을 아직 분명히 알지 못하겠습니다. 다시 설명을 잘해 주셔서, 이치를 분명히 알아서 미혹을 없앨 수 있도록 해 주시고, 해탈의 문에 들어갈 수 있도록 인도해 주십시오.

問後修門中 定慧等持之義 實未明了 更爲宣說 委示開迷 引入解脫之門

앞에서 (11장 여덟 번째 이야기) 보조 스님께서는 깨친 뒤에 닦아 나가는 요령으로 '정혜등지定慧等持' 즉 '선정과 지혜를 고르게 챙김'을 강조하셨습니다. 정혜등지는 흔히 '정혜쌍수定慧雙修'라 고 하지요. 보조 스님께서 돈오한 뒤에 선정과 지혜를 균등하게 챙기라고 하셨는데, 질문자는 그 말이 잘 이해되지 않고 어떻게 닦으라는 소리인지 모르겠으니, 좀 더 구체적으로 설명해 달라 고 요청하고 있습니다. 무슨 말인지 거듭 이야기해서 나로 하여 금 의심을 풀게 하고 해탈의 문에 들어갈 수 있도록 해 달라고 질문한 것이지요.

제12장
그 두 번째 이야기

[답변 8] 만약 가르침의 참뜻을 풀어 본다면, '진리'에 들어가는 천 가지 문이 결국에는 '선정'과 '지혜'를 벗어나지 않는다. 그 대강을 들어 보면, 자신의 본성에는 '본체'(體)와 '작용'(用)의 2가지 뜻이 있다. 전에 말한 '텅 비되 고요한 신령스러운 알아차림'(공적영지空寂靈知)이라는 것이 이것이다. 선정은 본체요, 지혜는 작용이다.

答若說法義 入理千門 莫非定慧 取其綱要則但自性上 體用二義 前所謂空寂靈知是也 定是體慧是用也

앞에서 누누이 말했지만, 우리 마음의 본체가 되는 '참나 자리'는 텅 비어 고요하되 신령스러운 알아차림의 자리입니다. 일체의 현상계를 초월하여 고요하되, 일체의 현상계를 자명하게 알아차리는 자리입니다. 사실 현상계 전체는 '참나의 나툼'일 뿐이니, 일체를 초월하면서 일체를 알아차리는 자리가 바로 '참나'인 것이죠.

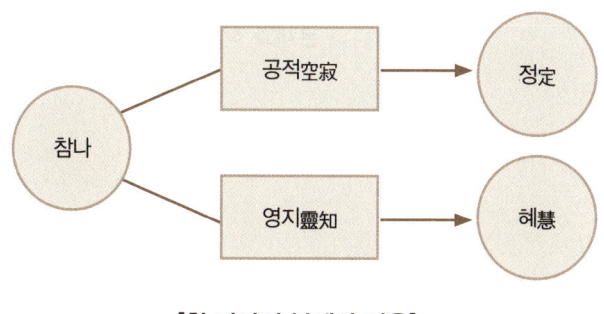

[참 자아의 본체와 작용]

이 참나 자리를 '본체·작용'으로 나누어 본다면, ① 텅 비어 고요함, 즉 '선정禪定'의 측면은 본체(體)에 해당할 것이며 ② 신령스러운 알아차림, 즉 '지혜智慧'의 측면은 작용(用)에 해당할 것입니다. 텅 비어 고요한 '본체'(공적, 순수한 존재감)에 바탕을 둔, 신령스럽게 알아차리는 '작용'(영지, 나라는 존재감)이 현상계의 중심이 되어 일체 변화를 주재합니다. 이것이 참나의 본래 모습입니다.

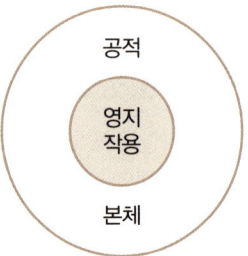

[참나의 본체와 작용]

제12장
그 세 번째 이야기

작용은 본체에 의존하는 바, 지혜는 선정을 떠나지 않는다. 또한 본체는 작용에 의존하는 바, 선정은 지혜를 떠나지 않는다. 선정에 들면 지혜로워지니 고요하면 항상 알며, 지혜로워지면 선정에 들게 되니 투철히 알면 항상 고요하다.

조계曹溪 스님[36]께서 "마음자리에 산란함이 없는 것이 '참나의 선정'이요, 마음자리가 어리석지 않은 것이 '참나의 지혜'이다."(『육조단경六祖壇經』)라고 하신 것이 바로 이것을 말한 것이다.

卽體之用故 慧不離定 卽用之體故 定不離慧 定則慧故 寂而常知 慧則定故 知而常寂 如曹溪云 心地無亂自性定 心地無癡自性慧

---

[36] 조계 스님(혜능慧能, 638~713)
달마 스님 이래 중국 선종禪宗의 제6조이며, 남종선南宗禪의 시조. 육조대사六祖大師라고도 한다. '조계'에 있는 보림사寶林寺에서 법을 폈다. 선종의 5가五家·7종七宗이 모두 육조 스님으로부터 나왔다. 『육조단경』이 전해 온다.

앞에서 '참나'(공적영지)의 2가지 모습에 대해 살펴봤는데요, ① 한 모습은 텅 비어 고요한 '본체'로서의 측면(선정)이며, ② 다른 한 모습은 신령스럽게 알아차리는 '작용'으로서의 측면(지혜)이었습니다. 그런데 본체와 작용은 본래 한 덩어리의 양 측면일 뿐이에요. 서로 다른 두 측면이 만나서 하나가 된 것이 아니라는 것입니다.

동전을 예로 들면, 동전의 앞면과 뒷면이 만나서 동전을 이룬 것이 아니죠. 앞면과 뒷면의 구별은 분명히 존재하지만, 그것은 본래 하나인 동전의 2가지 모습일 뿐입니다. 이것을 명확히 알아야 합니다. "선정이 참나의 본체이고, 지혜가 참나의 작용이다!"라는 말은 맞는 말이지만, 이 말에만 집착하다 보면 서로 다른 2가지 요소가 모여 참나를 이룬 것처럼 생각하기 쉽습니다.

그러니 보조 스님께서 혹시 이런 오해가 생길까봐 다시 설명을 하신 것입니다. 작용은 본체를 떠나서 존재하지 못하고, 본체는 작용을 떠나서 존재하지 못한다는 것이죠. 태양을 생각해 보세요. '태양'을 본체라고 보고 '태양빛'을 작용이라고 본다면, 태양과 태양빛은 별개일까요? 이와 마찬가지라는 것입니다.

우리가 '공적영지'를 깨달아서 '참나의 고요함'과 '참나의 자명함'만 투철히 알고 나면, ① 작용이 본체를 떠날 수 없기에 선정에 들기만 하면 항상 지혜로워지며 ② 본체가 작용을 떠날 수 없기에 지혜로워지기만 하면 항상 선정에 들게 되는 것입니다. 이것이 '참나의 선정·지혜'를 닦는 경지입니다.

하지만 '참나의 고요함·자명함'을 체험을 통해 알게 되기 전까지는 그렇지 못합니다. ① '선정'을 닦으면 고요해지기만 하지 사물의 실상을 투철히 꿰뚫어 아는 지혜가 늘지 않습니다. ② 또한 '지혜'를 닦으면 이것저것 따지고 분석하는 분별심이 치성해져서 고요함이 사라지고 맙니다. 이것은 '에고의 선정·지혜'를 닦기 때문입니다.

그러나 고요하되 신령스러운 참나 자리를 투철히 안 사람은, ① '선정'을 닦아 마음을 고요히 하는 중에 '참나의 자명함'이 드러나 사물의 실상을 투철히 꿰뚫어 아는 지혜가 늘고 ② '지혜'를 닦는 중에 사물의 실상을 자명하게 이해하게 되면 '참나의 고요함'이 드러나 고요해질 수 있습니다. 이것이 바로 진정한 '선정·지혜를 고르게 챙김'이라는 것이죠. 우리의 참나 자리는 본래 고요하고 본래 또랑또랑하니, 참나 자리만 투철히 알면 '정혜쌍수定慧雙修'(선정·지혜를 함께 닦음)가 애쓰지 않아도 자동으로 이루어집니다. 이것이 1주 보살의 경지입니다.

'참나의 고요함'이 '참나의 선정'(자성정自性定)이며, '참나의 자명함'이 '참나의 지혜'(자성혜自性慧)라고 하신 육조 스님의 말씀이 바로 이런 의미입니다. 우리 참나는 본래 고요하고 본래 자명하게 알아차리는 능력이 있으니, 무엇보다 먼저 '참나'를 회복하라는 것이죠.

우리가 수능시험을 보는 학생이나 고시를 준비하는 수험생들에게 흔히 집중해서 공부하라고 충고하는데요, 그래야 지혜로워지기 때문입니다. '지혜'는 '고요함'에서 나온다는 사실을 일반인도 이미 다 알고 있다는 것이죠. 또한 어리석은 사람은 깊은 선정에 들어가지 못합니다. 아무리 고요해지고 싶어도 어리석은 자는 무엇이 옳은지 그른지를 모르기 때문에 마음이 안정될 수가 없습니다. 그래서 이 둘은 서로 맞닿아 있으며 떨어질 수 없는 것입니다.

요컨대, '선정'은 곧 '지혜'가 됩니다. 수행을 제대로 한 사람은 고요히 있기만 해도 정신이 생생해지고 자꾸 머리가 자명해집니다. 아무것도 생각하지 않더라도 정신을 고요하게 하고 있으면 정신이 자꾸 자명해지는 것이죠. 직접 수행을 해 보면 바로 이런 맛을 알 수 있습니다. 그러니 만약 전혀 '자명한 지혜'가 나오지 않는 선정을 하고 있다면 지금 뭔가 잘못된 것입니다.

반대로 '지혜'는 곧 '선정'이니, 진정한 지혜를 얻어서 "이것이 진리다!" 하고 외칠 때에는 마음이 고요해집니다. 진정으로 자명한 진리를 얻었다면 마음이 고요하고 평안합니다. 반대로, 뭔가 불안하고 찜찜하면 아무리 그럴듯해도 진리를 붙잡은 것이 아니니 더 연구해야 합니다. 자신의 마음속을 살펴보면 잘 아실 수 있어요. 머리로 복잡하게 추리해서 알아낸 것은 "이게 결론이야!" 하고 선언해도 마음 한편으로는 뭔가 답답하지요. 왜냐하면 에고가 억지로 답을 쥐어짰기 때문입니다. 그 답이 자명하지 않다는 것을 자기의 속마음은 알고 있어요.

그런데 '진리'에서 곧장 나온 '자명한 지혜'에 대해서는 우리가 확신에 찬 선언을 할 수 있습니다. "이것이 정답이야!" 하고 선언을 해도 마음이 아주 고요하지요. '참나'가 자명하다고 인가한 지혜이기 때문에 그렇습니다. 그래서 선정·지혜는 항상 같이 가야 한다는 겁니다. 자신의 선정과 지혜가 '에고의 발현'인지 '참나의 발현'인지 스스로 점검해 보세요.

제12장
그 네 번째 이야기

만약 이와 같이 깨달아서 '참나의 고요함·알아차림'을 애씀 없이 고루 챙겨 '선정'(遮)과 '지혜'(照)를 둘로 보지 않는다면, 이것은 바로 '돈문'(단박 깨닫는 문)에 들어간 뛰어난 사람이 선정과 지혜를 함께 닦는 것이 된다.

若悟如是 任運寂知 遮照無二. 則是爲頓門箇者 雙修定慧也

"참나의 고요함·알아차림을 애씀 없이 고루 챙긴다."(임운적지 任運寂知)라는 것은 '참나'를 각성해야만 알 수 있는 경지입니다. 본래 생겨 먹기를 고요하고 알아차리는 자리가 아니고서는, 고요함과 알아차림이 쭉 흐르지 못합니다. 억지로 고요하게 만들고 억지로 알아차리게 만들었으니, 절로 흐르지 못하는 게 당연하지요.

① '선정'은 일체의 현상계를 초월함이니 '차단'(遮)이며, ② '반야'는 일체의 현상계를 자명하게 알아차림이니 '비춤'(照)입니다. 참나의 텅 비어 고요함은 '차단'이니 '선정'이며, 신령하게 알아차림은 '비춤'이니 '지혜'입니다.

'선정과 지혜'는 참나의 본체와 작용일 뿐이니, 참나를 깨달은 이만이 '애씀 없이' 선정과 지혜를 고루 챙길 수 있습니다. 이것이 '돈오'를 이룬 이의 '정혜쌍수'입니다. '고요함'(寂)과 '알아차림'(知)의 2가지를 고루 챙긴다고 하나, 사실은 '참나' 하나를 챙길 뿐입니다.

제12장
그 다섯 번째 이야기

그러나 만약 먼저 '고요함'으로써 일체 경계를 반영하는 생각들을 다스리고, 그 뒤에 '깨어있음'으로 흐리멍덩함을 다스려야 한다고 말하여, 선후를 구분하여 '흐리멍덩함'과 '산란함'을 두루 조절하고 다스려 고요한 경지에 들어간다고 말하는 자는 '점문'(漸門)의 열등한 근기들이 닦는 바이다.

비록 '깨어있음'과 '고요함'을 고르게 챙긴다고는 하나, '고요함'에 집착하는 수행을 면하지 못하니, 어찌 깨달아 일을 마친 사람의 '본래의 고요함·본래의 알아차림'에서 떠나지 않으면서, 애씀 없이 '고요함·알아차림'을 함께 닦는 법이라 할 수 있겠는가? 그러므로 조계 스님께서 이르시길 "스스로 깨닫고 닦아가는 것은 따지는 것에 있지 않으니, 만약 선후를 따질 것 같으면 아직 어리석은 사람일 뿐이다."라고 하신 것이다.

若言先以寂寂 治於緣慮 後以惺惺 治於昏住 先後對治 均調昏亂 以入於靜者 是爲漸門劣機所行也 雖云惺寂等持 未免取靜爲行 則豈爲了事人 不離本寂本知 任運雙修者也 故曹溪云 自悟修行 不在於諍 若諍先後 卽是迷人

앞 절(12장 그 세 번째, 네 번째 이야기)에서 다룬 것은 '돈문頓門' 즉 '돈오한 이가 닦는 문'이었는데요, 이 절에서 설명드릴 내용은 돈오를 하지 못한 이가 닦는 '점문漸門' 즉 '점진적으로 닦는 문'입니다. 참나를 찾지 못한 마음은 산란하거나 흐리멍덩하니, 선정과 지혜를 점진적으로 닦아서 참나의 고요함과 지혜를 다시 회복해야 합니다.

우리의 참나를 되찾고 나면 그 자리는 본래 고요하고 지혜로 워서 참나에 의지하여 선정과 지혜를 닦을 수 있지만, 아직 참나를 되찾지 못한 사람은 선정과 지혜의 각 단계들을 하나하나 밟아 올라가야 합니다. 그리고 사물을 있는 그대로 바라보는 '지혜'를 온전히 계발하기 위해서는 먼저 자신의 에고를 고요하게 만드는 '선정'이 필수적인 바, 먼저 선정을 닦아야 합니다.

이제 소개해 드릴 것은 선정과 지혜를 단계별로 익히는 구체적인 방법입니다. ① 선정은 '몰입의 4단계'로 설명하고, ② 지혜는 '지혜의 4단계'로 설명하겠습니다. 각각 4단계로 구분하였으니 잘 숙지하셨다가 틈틈이 닦아가시기 바랍니다. 먼저 몰입의 4단계를 닦으면서 선정을 익혀 가는 중에, 사물을 있는 그대로 바라볼 수 있는 평정심을 계발해야 합니다. 그리고 이를 바탕으로 지혜의 4단계를 하나하나 닦아가다 보면 현상계의 실상과 절대계의 실상이 명확히 알아차려집니다. 이상이 바로 '점진적으로 닦아가는 길'입니다.

먼저 '선정과 지혜'에 대한 정확한 개념을 정리하고, 그러한 선정·지혜를 이루기 위한 단계별 접근법을 차근차근 설명해 보겠습니다. ① '선정'이란 한 가지 주제에 일념一念으로 집중集中해서 모든 에고의 작용(생각·감정·오감)을 고요하고 잠잠하게 만드는 것입니다. 그 대상이 '생각·감정·오감' 중의 하나가 될 수도 있고, '호흡'이 될 수도 있으며, '참나' 자체가 될 수도 있어요. 보통 처음에는 '호흡·생각·감정·오감' 중에서 하나에 집중하는 것이 좋으나, '최상승선'처럼 곧장 '참나' 자체에 집중할 수도 있습니다(직지인심直指人心).

② '지혜'란 '궁극적 차원'에서는 사물의 시공간을 초월한 '근본원리'를 명확히 아는 것을 말하며, '역사적 차원'에서는 시간·공간의 제약 속에 구현되는 '보편법칙'(인과법칙)을 두루 꿰뚫어 아는 것을 말합니다. 모든 사물에는 영원히 불변하는 측면인 궁극적 차원이 존재하며, 시간과 공간의 제약 속에서 매 순간 변하는 측면인 역사적 차원이 존재합니다. 한 사물 속에 존재하는 이러한 2가지 모습을 두루 꿰뚫어 보아서, 매사에 지혜롭고 올바른 답을 내리고, 선善·악惡을 정확히 구분할 수 있어

야 합니다. 이것이 '지혜'입니다.

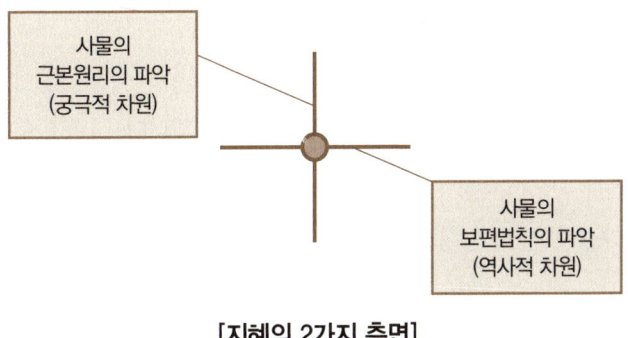

[지혜의 2가지 측면]

몰입의 4단계로 선정을 계발하라!

먼저 '선정'(定)에 대해 다뤄 보겠습니다. 불교에서는 선정하면 주로 '4선정四禪定'을 말합니다. 부처님께서 주로 4선정으로 선정의 단계를 설명하셨지요. ① **1선정**은 한 가지 대상이나 주제에 정신이 완전히 몰입하여, 대상에 대한 집중이 자연스럽게 유지되는 단계입니다. 정신이 아주 하나로 모아져 있는 상태이긴 하지만, 대상을 단단히 붙잡아야 하니 대상에 대한 '미세한 생각'은 존재하는 단계입니다. 또한 이때는 마음에 '참나'가 확연히 드러난 단계라, '거친 희열감'과 '은은한 즐거움'이 존재합니다. 이 단계만 해도 대단하죠. 참나가 그 실체를 확연히 드러낸 단계니까요.

② 이 단계를 거쳐 '2선정'에 도달하게 되면, 이때는 대상이 없습니다. 대상으로 향하던 마음이 이미 드러난 참나로 향하는 경지이기 때문에, 집중의 대상이 바로 '참나'입니다. 그런데 아직 미세한 감정의 요동이 남아 있어서, 대상을 붙잡아 두던 '생각'은 사라졌지만 '거친 희열감'과 '은은한 즐거움'이 존재합니다.

③ '3선정'의 경지에 이르면 정신이 한 차례 더욱 비상하여, '거친 희열감'조차 존재하지 않게 됩니다. 정신이 더욱 고양된 것이지요. 그래서 '은은한 즐거움' 외에 어떤 느낌도 존재하지 않으며, 참나는 더욱 현현하게 됩니다. 그래도 아직 완전히 참나와 합일된 단계는 아닙니다.

④ 마지막 '4선정'의 경지에 가서야 비로소 어떠한 에고의 장애 없이 '참나'를 투철히 인식할 수 있습니다. 내가 나만을 보는 '나-나'의 상태, '100% 나'인 경지로, 가장 명확한 '참나각성'의 상태입니다. 다른 선정이 여러 가지 잡음 속에서 참나를 인식한 격이라면, 이 경지는 어떠한 잡음 없이 참나를 인식하는 격입니다. 다른 선정이 구름에 가린 태양의 일부를 보는 꼴이라면, 4선정은 구름 한 점 없는 하늘의 태양을 보는 꼴이죠.

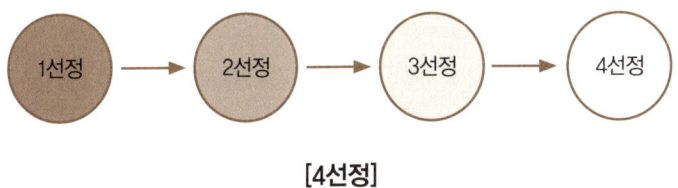

[4선정]

    이상 4단계의 선정 중에서 '1선정'에만 잘 들어갈 수 있어도, '참나의 존재'를 확연히 느낄 수 있습니다. 구름 사이를 뚫고 비추는 따사로운 햇살을 확실히 맛볼 수 있어요. 그래서 몸이 아주 평안해지고, 마음도 평온해집니다. 세상 걱정이 사라지고 몸·마음이 아주 쇄락해지죠. 현대의학의 설명에 따르면 명상 시 뇌파가 진정되고 엔도르핀 등 몸에 좋은 호르몬이 분비된다고 하는데요, 그래서인지 몸이 아주 편안해지고 아프던 곳도 덜 아파집니다. 그리고 마음도 번뇌·고통에서 잠시나마 자유로워집니다.

    그렇다면 일단 '1선정'에라도 들어갈 수 있어야 할 것인데, 그 전에 도달해야 할 단계가 4단계가 있습니다. 앞에서 살펴본 '몰입의 4단계'가 바로 그것입니다. 이 4단계만 잘 통과해도 몰입이 자리를 잡게 되며, 내 마음속에 참나가 확연히 드러나게 됩니다. 그러나 아직 거친 생각이 존재하기에, 온전한 1선정은 아닙니다.

그래서 '1선 근분정近分定'이라고 합니다. 1선정의 거의 근처라는 말이죠. 1선정처럼 '거친 희열감'과 '은은한 즐거움' '몰입'이 이루어지나, 동시에 생각·감정·오감이 여전히 작동하는 경지가 1선 근분정입니다. 이 자리를 찰나 찰나 이어지는 삼매라는 의미로 '찰나삼매'라고도 부릅니다.

1선 근분정에서 이미 '참나의 현존'이 드러나기 때문에, 이 선정만으로도 '열반안주'를 얻어 아라한이 될 수도 있습니다. 여기에서 참나를 더욱 확연하게 드러나도록 하기 위해서는 1~4선정의 단계를 거치면 됩니다. 4단계의 선정을 정확히 알고 각 단계를 자유자재로 넘나들 수 있는 실력을 길러야 합니다.

앞에서(9장 그 두 번째 이야기) '참나' 자체에 곧장 몰입하는 "나는 누구인가?" 하는 '화두'를 가지고 '몰입의 4단계'를 설명했으니, 이번에는 보다 쉽고 보편적인 주제인 '호흡'을 가지고 '몰입의 4단계'를 설명해 보겠습니다. 사실 집중의 원리는 동일한 것이며 집중의 대상만 다른 것이기 때문에, 하나가 성공하면 다른 하나도 쉽게 성공할 수 있습니다.

그러니 본인에게 더 쉽게 느껴지는 것을 가지고 꾸준히 잘 익혀 보세요. 그렇다 하더라도 부처님께서 가장 강조하신 것이

'호흡에 대한 집중'인 만큼, 무엇보다 자신의 생명의 핵심인 '호흡'에 집중해서 선정을 이루는 법을 잘 알아 두시기 바랍니다.

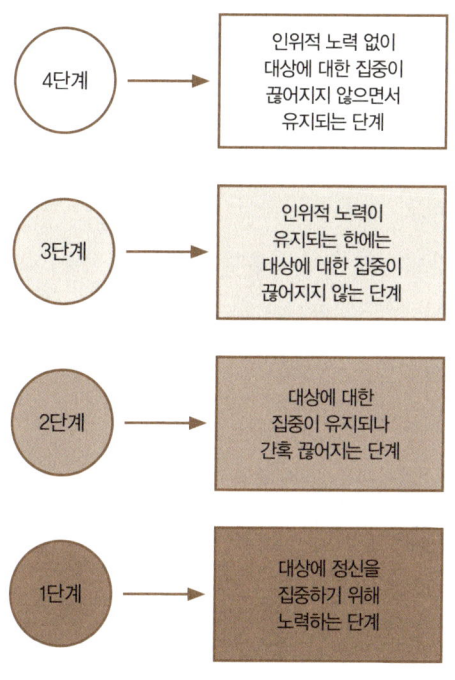

[몰입의 4단계]

① '몰입의 1단계'는 자신의 호흡에 정신을 모으기 위해 애를 쓰는 단계입니다. 시작할 때에는 고요한 장소를 선택하는 것이

좋겠죠. 호흡은 입을 다물고 코로만 하십시오. 처음에는 호흡에 집중하는 데 장애가 많을 수 있습니다. 마음이 잠깐이나마 호흡을 향하다가도, 문득 딴 생각을 하고 있을 거예요. 그래도 포기하지 마시고 밖으로 향한 마음을 다시 호흡으로 돌리십시오. 짜증내지 마시고 그냥 다시 되돌리기만 하세요.

이 과정에서 '잡념 → 호흡 → 잡념 → 호흡'이 반복될지도 모릅니다. 그래도 자꾸 노력하다 보면 차차 익숙해지며, 잡념을 향하는 시간보다 호흡에 집중하는 시간이 더욱 길어지는 때가 옵니다. 호흡으로 향해야 할 마음이 다른 곳을 향하지 못하도록, 마음속으로 "들이쉰다." "나간다."를 읊조리거나 외치는 것도 좋습니다. 마음속으로 말하거나 외치면서 하면 잡념이 줄어들 것입니다. 졸리면 더욱 크게 외치면 됩니다. 물론 마음속으로요. 입으로 소리를 내어 외치면 호흡이 흐트러집니다.

호흡의 숫자를 세는 방법도 아주 좋은데요, 그 방법은 간단합니다. 먼저 들어오고 나가는 호흡의 초수를 셉니다. '하나-둘'(들숨) '하나-둘'(날숨) 이런 식으로 수를 세면 됩니다. 이번에도 마찬가지로 입을 열지 않고 마음속으로 세야 합니다. 호흡이 더 길어야 편하다면, 자신에게 편한 호흡의 길이에 맞추세요. '하나-둘-셋'이 될 수도 있고, '하나-둘-셋-넷'이 될 수도 있겠지요.

이때 들숨과 날숨의 길이는 똑같이 하는 것이 좋습니다. 들숨과 날숨은 우리 몸의 '음양陰陽'을 대표합니다. 들숨과 날숨의 길이가 다르다는 것은 우리 몸이 음양의 균형을 잃었다는 것이죠. 이것을 다시 회복하기 위해서는 들숨·날숨의 길이를 맞춰 주시면 됩니다. 처음에는 좀 불편할 수 있어도 점차 균형을 회복할 것입니다.

이런 식으로 연습하면서 호흡의 전체 길이를 조금씩 늘려 나가시면 됩니다. 호흡이 길어질수록 인체에는 '생명 에너지'가 더욱 넘치게 됩니다. 생명 에너지가 넘치게 되면 몸과 마음에 건강을 줄 뿐만 아니라, 수행에도 많은 도움이 됩니다. 아무리 집중력이 좋아도 체력에 문제가 생기면 공부에 지장이 오듯이, 생명 에너지가 넘치게 되면 몰입이 탄력을 받게 됩니다. 생명 에너지가 넘치면 정신이 더욱 생생해지고 또랑또랑해지죠. 그러니 참나를 각성하는 데에 호흡의 효능을 잘 활용하시기 바랍니다.

② '몰입의 2단계'는 호흡에 대한 집중이 조금 용이해진 단계입니다. 호흡에 대한 집중이 쉬워져서 간간이 잡념에 빠지기는 하지만, 호흡에 집중하는 힘이 더욱 크기 때문에 흔들리지 않

습니다. 호흡에 대한 집중이 이 단계에 이르면 수련이 조금 쉬워집니다. 1단계의 악전고투가 조금 평정되면서 한숨 돌리는 단계라고 할 수 있어요. 그래서 마음에 여유가 생기기 시작합니다. 그러나 방심하다가는 다시 추락할 수 있으니, 더욱 공부에 박차를 가해야 합니다.

③ '몰입의 3단계'는 호흡에 대한 집중이 아주 잘 되어 일체 잡념이 일어나지 않는 단계입니다. 이제 딴 생각이 잘 안 나게 되고 아주 편안해지죠. 공부를 하는 동안에는 아주 잘 됩니다. 호흡에 대한 몰입에 장애가 되는 마찰들이 거의 사라지고 없어요. 그런데 아직 불완전한 것이, 마음을 내지 않으면 공부가 바로 멈춥니다. 의지를 내면 잘 되는데 마음을 내지 않으면 곧 멈추는 것이지요. 이것이 3단계의 특징입니다.

④ '몰입의 4단계'는 몰입이 극치에 이르게 됩니다. 희열과 안락 속에서 몸과 마음이 쇄락해집니다. 호흡에 대한 집중 상태가 애쓰지 않아도 그냥 쭉 흘러서, 아무런 힘이 들지 않습니다. 어떠한 불안감도 없이 호흡이 관찰되며, 나아가 고요한 상태에서 호흡이 들어오고 나가는 것을 투명하게 바라보는 존재인 '참나' '순수한 나의 존재감' 또한 확연히 드러납니다.

그래서 몸과 마음이 고요해지고 편안해집니다. 몸과 마음에 기쁜 희열감과 은은한 즐거움이 가득하게 되지요. 이때 호흡으로 향하던 '일념'을 호흡을 바라보던 '순수한 나'로 향하게 할 수만 있다면, 그리고 그 상태를 생각·감정·오감의 방해 없이 유지할 수 있다면, '4선정'에 도달하게 되는 것입니다. 어떠한 장애 없이 '참나'를 명확히 인식하는 단계가 바로 4선정의 상태입니다.

그리고 이 4선정에서 한 걸음 더 나아가, '나라는 존재감'(영지靈知, 작용)마저 초월하여 '순수한 존재감'(공적空寂, 본체)에 안주할 수 있다면, 일체의 생각·감정·오감이 끊어진 선정인 '멸진정滅盡定'에 도달할 수 있게 됩니다. 멸진정은 현상계와의 고리를 완전히 끊은 선정으로 깊은 잠과 같은 선정이에요. 그래서 멸진정을 '상수멸정想受滅定' 즉 생각과 느낌이 소멸된 선정이라고 부릅니다.

'4선정'은 참나가 광명히 드러나되 생각·감정·오감을 자유자재로 쓸 수 있는 선정이기 때문에 두 선정은 차이가 있습니다. 일단 이 정도로 선정에 대한 설명은 마치기로 하겠습니다. 마지막으로 명심할 것이 하나 있습니다. '선정'에만 안주해서는 결코 '참나의 각성'은 물론 '보살도의 완성'도 불가능하다는 것입니다. 『대승기신론』은 다음과 같이 말합니다.

만약 사람이 오로지 '지止'(선정)만 닦는다면, (지혜가 부족하여) '마음'이 가라앉았거나 혹은 나태한 마음이 일어나서, 여러 '선행'을 즐기지 않을 것이며(자리自利를 닦지 않음), '큰 자비'를 멀리 떠나게 될 것이다(이타利他를 닦지 않음). 이런 사정 때문에 '관觀'(지혜)을 닦아야 한다.

復次若人唯修於止 則心沈沒 或起懈怠 不樂衆善 遠離大悲 是故修觀 (『대승기신론』)

지혜의 4단계로 지혜를 계발하라!

이제는 '지혜'(慧)에 대해 다뤄 보기로 하겠습니다. 선정이 단계별로 배양되듯이, 지혜도 단계별로 배양되어야 합니다. 우리가 '돈오'의 경지를 얻기 위해서는 무엇보다 ① 시간과 공간을 초월한 '절대계'의 실상(근본원리)과 ② 시간과 공간에 의해 제약된 '현상계'의 실상(보편법칙)을 정확히 알아야 합니다.

우리는 현상계에서 살고 있지만, 현상계의 실상에는 무심해서 진실을 보려하지 않습니다. 이렇게 현상계의 실상도 명확히 파악하지 못하는데, 절대계에 있어서는 오죽하겠습니까? 과연 그러한 세계가 존재는 하는 것인지, 그러한 세계는 어떤 특성을 지니고 있는지 알 길이 없죠.

'돈오'란 무엇보다 절대계를 직접적으로 체험하는 것을 말합니다. 시간과 공간을 초월하여 영원불멸하는 절대계는, 매 순간 변화하기를 멈추지 않는 현상계의 뿌리가 되는 자리입니다. 우리가 현상계에 대해 정확히 파악하지 못하는 것은, 그 뿌리가 되는 절대계를 정확히 알지 못하기 때문이에요. 절대계의 본질을 정확히 알고 나면, 현상계의 본질 또한 더욱 명확히 파악할 수 있게 됩니다.

우리가 사는 세계, 우리 인생살이의 본래 모습과 그 굴러가는 법칙·원리를 정확히 파악하는 것이 '지혜'입니다. 지혜란 한마디로 '자명한 앎'이에요. 자명한 앎은 이리저리 따지고 분석하는 '개념'의 전개만으로는 이루어지지 않습니다. 여러분이 책을 읽고 TV를 보고 남의 말을 들어서 아무리 많은 정보를 가지고 있다고 해도, 그것을 지혜라고 하지는 않습니다. 그것은 단순한 지식이자 정보일 뿐이죠.

그러한 지식이나 정보들 중에서, 명확한 '체험'을 통하여 진실과 부합한다는 것이 검증된 지식·정보만이 '지혜'를 이룰 수 있습니다. 우리는 얼마나 많은 지식·정보를 가지고 있습니까? 지금은 실로 정보의 홍수 시대죠. 여러분은 그중에서 얼마나 진실이라고 생각하세요? 내 목에 칼이 들어와도 그것은 옳다고 당당히 말할 수 있는 정보가 얼마나 됩니까? "불은 뜨겁다." "물은 젖는다."처럼 목에 칼이 들어와도, 당당히 외칠 수 있는 지식·정보만이 '지혜' 즉 '자명한 앎'을 이룹니다.

따라서 자명한 앎의 조건은 '개념+체험'입니다. 둘 중에서 하나만 빠져도 불완전해요. '돈오·점수'가 부처가 되기 위한 양 날개이듯이, '개념·체험'은 '지혜'를 이루기 위한 양 날개입니다. 칸트Immanuel Kant(1724~1804)의 유명한 명제로 다음과 같은 것이 있죠.

> 개념 없는 직관直觀(체험)은 맹목이요,
> 직관 없는 개념은 공허하다.

이 명제가 바로 '개념·체험의 상호보완성'에 관한 것입니다. 여기에서 말하는 '직관'은 체험을 의미합니다. 개념이 필요 없이 오감처럼 직접적으로 알 수 있는 것 말입니다. 위 명제는, 개념이 정립되지 않은 채 체험에만 의존하는 것은 너무나 맹목적인 짓이며, 체험은 전혀 없이 개념으로만 추리하는 것도 공허한 짓이라는 것을 잘 보여 주고 있습니다. '지혜'를 설명하기에 더없이 좋은 말이죠. 지혜를 이루기 위해서는 투철하고 '명확한 체험'과 '올바른 개념의 정립'이 잘 결합되어야 합니다.

그렇다면 이 2가지의 기준을 가지고서 우리의 '지혜의 수준'을 점검해 봅시다. ① 먼저 '현상계의 지혜'를 살펴보죠. 우리가 현상계의 실상을 정확히 이해하지 못하는 것은, '체험'은 차고 넘치는데 여러 체험들을 막힘없이 설명해 주는 명확한 '개념'을 정립하지 못해서예요. 우리의 오감은 날마다 생생한 체험들을 우리에게 제공하는데, 우리가 그러한 체험들을 진실에 기반을 두지 않은 부정확한 개념을 가지고 정리하고 있기 때문에 우리가 현상계의 실상에 어두운 것입니다. '개념 없는 체험'은 맹목일 뿐이죠.

② 다음으로 '절대계의 지혜'를 살펴보겠습니다. 우리가 절대계의 실상을 정확히 이해하지 못하는 것은, 무수한 '개념'으로 추측은 하지만 정확한 '체험'이 부재하기 때문입니다. 절대계에 대한 체험이 너무 부족한데, 체험하지 못한 것을 개념으로 정립하려다 보니 혼란만 더욱 가중되는 것입니다. '체험이 없는 개념'은 그냥 상상의 소산일 뿐이고, 공허할 뿐입니다.

우리가 '일체의 지혜'를 체득하기 위해서는, ① 현상계에 대해서는 정확한 개념을 정립하는 것이 중요하고, ② 절대계에 대해서는 정확한 체험을 하는 것이 중요합니다.

불교에서는 현상계에 대한 지혜를, '현상계'를 대상으로 하며 '생각'으로 연구하고 분석하는 지혜라고 하여 '세속적인 지혜·분별지分別智'라고 말합니다. 그리고 절대계에 대한 지혜를, '절대계'를 대상으로 하며 생각을 초월한 '직관'에 의존하는 지혜라고 하여 '진리에 대한 지혜·무분별지無分別智'라고 합니다.

또한 절대계에 대한 직관(무분별지)에 바탕을 둔 현상계에 대한 분석은 '무분별지' 뒤에 이루어지는 '분별지'라고 하여, '후득지後得智'라고도 부릅니다. 이렇게 직관과 분석의 양 방면에 있어서 충분한 답을 얻어야, 기존의 잘못된 고정관념과 무지를 단박에 날려 버릴 진정한 '돈오—단박 깨달음'이라고 할 수 있는 것입니다.

몰입의 4단계를 통해 몰입사고를 하라!

그렇다면 이제 이 2가지 절대계에 대한 지혜(궁극적 차원)와 현상계에 대한 지혜(역사적 차원)를 얻는 구체적인 방법론을 4단계를 통하여 살펴보겠습니다. 그 전에 한 가지 명심해야 할 것이 있는데, 그것은 '선정'은 '지혜의 토대'라는 사실입니다. '몰입'에 기반을 둔 '몰입사고'라야, 진리를 자명하게 밝혀낼 수 있다는 것이죠. 이에 대해서는 크게 2가지 이유를 들 수 있습니다.

① 지혜를 이루는 2가지 요소 중 '개념의 정립'이라는 측면에서 살펴보겠습니다. 올바른 개념이 정립되지 않는 가장 큰 이유는 체험의 왜곡 때문입니다. 체험 자체는 순수하지만 그러한 체험을 개념으로 정립하는 과정에서는 많은 왜곡이 일어날 가능성이 높습니다. 우리는 뿌리 깊은 '고정관념'을 가지고 있어요. 이제까지 우리가 우리의 무의식에 저장해 왔던 지식·정보들과 과거에 내려왔던 선택·결정들로부터 자유로울 수 없습니다.

또한 현재 우리의 눈을 가리고 욕망을 충동질하는 '이해득실'로부터도 자유로울 수 없습니다. 고정관념과 이해득실로부터 자유를 얻지 못하고는 정확한 개념의 정립은 이루어질 수 없어요. 그런데 이들로부터 단박에 벗어나는 비법이 하나 있습니다. 바로 '선정'이에요. 마음을 고요하게 하고 에고의 작용을 멈춰야 합니다. 그래야 진리가 보입니다.

② 다음으로 '투철한 체험'이라는 측면에서 살펴보겠습니다.

우리가 절대계에 대해서 정확한 개념을 정립하지 못하는 이유는 체험이 부족하기 때문입니다. 우리는 현상계를 살아가기에 절대계를 체험하기 위해서는 비상한 수단이 필요해요. 현상계를 단박에 초월하여 절대계에 진입할 수 있는 수단이 필요한 것이죠.

절대계는 '시간·공간' '나·남' '태어남·죽음'이 없는 세계입니다. 시간과 공간, 나와 남, 생사에 매인 이 몸과 마음을 가지고서는 절대계를 체험할 수 없습니다. 그런데 그런 조건을 넘어선 '영적 체험'의 방법이 딱 하나 있습니다. 그것은 '선정'입니다. 선정만이 '에고의 작용'을 없앨 수 있어요. 육신에 집착하는 이기적 자아인 에고가 사라지면 그대로 절대계이니까요.

그러니 앞에서 설명한 '선정'을 잘 연습해야만 '지혜'로 가는 길이 열립니다. 또 선정과 지혜는 반드시 함께 닦아야 합니다. 『대승기신론』에서는 이런 사정을 다음과 같이 전합니다.

> 만약 오로지 '관觀'(지혜)만 닦는다면, (선정이 부족하여) 마음이 멈추지 못하고, 의혹이 많이 생겨나며, '최고의 진리'(第一義諦)에 순응하여 따르지 못하며, '무분별지'(참나의 직관)를 낳을 수 없다. 그러므로 응당 '지止·관觀'을 함께 행해야 한다.

復次若唯修觀 則心不止息 多生疑惑 不隨順第一義諦 不出生無
分別智 是故止觀應並修行 (『대승기신론』)

최소한 '몰입의 4단계'는 투철히 연습하여 '참나가 확연히 드러난 상태'를 이루어야만, 앞으로 제시할 '지혜의 4단계'가 명확하게 다가올 것입니다. 그래야 진정한 '견성'을 할 수 있어요. 그러니 다음 '지혜의 4단계'는 필히 '몰입의 4단계'에서 활용하시기 바랍니다.

①'지혜의 1단계'는 마음이 일념으로 집중하는 주제, '현상계의 주제'(생각·감정·오감)나 '절대계의 주제'(참나)에 대해 두루 치밀하게 생각하여 '개념화'하는 단계입니다. 개별적인 체험들을 보편적인 개념으로 정리하는 것이죠. "호흡이 들어온다!" "호흡이 나간다!"처럼, 그냥 체험을 개념으로 정립하는 것입니다. 이것을 '주변심사周徧尋思'(두루 치밀하게 생각함)라고 합니다.

②'지혜의 2단계'는 마음의 2가지 주제들에 대해 두루 치밀하게 고찰하여, '개념적 분석'을 통해 개별적인 체험들을 하나로 관통하는 '보편법칙'을 탐구하는 단계입니다. "들이쉬고 내쉬는 개별적 현상을 관통하는 보편적 법칙은 무엇인가?"처럼, 체험을 법칙으로 설명해 보는 것입니다. 이것을 '주변사찰周徧伺

察'(두루 치밀하게 고찰함)이라고 합니다.

③ '지혜의 3단계'는 '현상계의 진리' 즉 '보편법칙'(인과법칙)에 대해 자명하게 인가하는 단계입니다. "모든 행위는 무상하다!" "만법은 불변하는 독자적 실체가 없다!"처럼, 몰입을 통한 '참나의 직관'(무분별지)에 기반을 둔 '분별지'(후득지)를 통해, 현상계의 진리인 보편법칙을 자명하게 인가하는 것이죠. '영적 체험'이 없이는 '개념 분석'도 자명해질 수 없습니다. 이때 '현상계의 진리'에 대한 직관에 기반을 둔 분석을 '정사택正思擇'(올바른 사고로 현상계의 진리를 결단하여 선택함)이라고 합니다.

④ '지혜의 4단계'는 '절대계의 진리' 즉 '근본원리'(근본실상)에 대해 자명하게 인가하는 단계입니다. 절대계의 진리는 그 자체로는 '근본원리'이니 언어를 초월한 진리이며, 불교에서는 '비안립제非安立諦'(언어 이전의 진리)라고 합니다. 언어 이전의 진리, 즉 '근본원리'는 애초에 '분석'의 대상이 아니고 '직관'의 대상입니다. 따라서 언어를 떠난 무분별지로 인가해야 합니다.

하지만 절대계의 진리도 '개념적 분석'을 통해 시공간 안에서 정립되어야 합니다. 그래야 모든 '현상계의 진리'가 토대를 갖추고 자명하게 정립될 수 있으며, 현상계·절대계의 통합적인 지혜인 '일체의 지혜'를 이룰 수 있습니다. "열반은 고요하다!" "진여는 만법의 근원이다!"처럼, 몰입을 통한 '참나의 직관'(무분별지)이 개념으로 정립되어야 합니다.

이때 절대적 진리도 시공간 안에서 개념적으로 정립되면 '보편법칙'으로 자리하게 됩니다. '안립제安立諦'(언어화 된 진리)가 되는 것이죠. 이렇게 선정에 기반을 둔 분석으로 절대계의 진리를 보편법칙으로 인가하는 것을 '최극사택最極思擇'(최고로 지극한 사고로 절대계의 진리를 결단하여 선택함)이라고 합니다.

자아의 진리
존재의 진리
양심의 진리

이상의 '지혜의 4단계'를 통해 '자아'와 '존재' 그리고 '양심'이라는 3가지 큰 주제를 탐구할 때, 우리는 '일체의 지혜'를 깨달을 수 있습니다. 불교적으로는 각각 ① '아공我空의 진리'(자아의 진리) ② '법공法空의 진리'(존재의 진리) ③ '구공俱空의 진리'(양심의 진리)라고 할 수 있습니다.

'지혜의 4단계'를 통해, ① '아공의 진리'를 자명하게 증득하고

'열반안주'를 이루면 '아라한'이 될 수 있습니다. 아라한은 소승 불교에서 최고로 치는 성자입니다. ② '법공의 진리'를 자명하게 증득하고 '참나안주'를 이루면 '증오證悟'를 얻은 1주 보살'이 될 수 있습니다. 선불교에서 '확철대오'를 이룬 경지에 해당하는데, 언제 어디서나 선정·지혜가 쭉 흐르면서 일체 만법을 '참나의 나툼'으로 보며 살아가는 자유인의 경지입니다.

여기에서 더 나아가 ③ '구공의 진리'를 자명하게 증득하고 '법신안주'(보리심안주, 6바라밀안주)를 이루면, 『화엄경』에서 말하는 1지 이상의 보살, 즉 '법신보살'이 될 수 있습니다. '참나의 선정·지혜'를 애쓰지 않고 고루 챙길 수 있는 '참나안주'를 얻은 1주 보살이, '선정바라밀'로 늘 '참나의 현존'을 자각하고 '반야바라밀'로 늘 '참나의 뜻'을 자명하게 분별하고 실천해 나가면, 참나가 지닌 '6바라밀의 본성' 즉 '법신'(6바라밀의 진리를 갖춘 참나)에 안주하는 경지에 이르게 되는 것입니다.

참나는 영원하나 에고는 무상하다!

먼저 '지혜의 4단계'를 통해, '아공我空의 진리'를 단계적으로 탐구하는 방법을 살펴보겠습니다.

① 구체적으로 체험하며 관찰하기

'몰입의 4단계'의 상태에서 '참나의 현존'을 자각하며, 참나의 속성과 에고의 작용이 지닌 무상·고·무아의 속성을, 각각의 '개별적 경험'을 통해 있는 그대로 체험하며 관찰해야 합니다. 두루 치밀하게 생각하여 '체험'을 '개념화'하는 단계입니다. "나는 생각한다!" "나는 슬프다!" "나는 감촉을 느낀다!" 이렇게 경험을 그대로 개념화하는 단계입니다(① 주변심사).

② 보편법칙(진리의 작용)을 자명하게 이해하기

'참나의 고요함'(定)에 바탕을 둔 '참나의 자명함'(慧)으로 각 개별 상황에서 경험한 '에고의 체험'을 분석하여, 각각의 경험들을 관통하는 '아공의 기초가 되는 보편법칙'을 하나씩 탐구해야 합니다(② 주변사찰).

그리고 이러한 탐구를 바탕으로,

"에고(자아)는 생각·감정·오감으로 작용한다!"
"생각(감정·오감)은 늘 새로워서 무상하다!"
"생각(감정·오감)은 만족이 없다!"
"생각(감정·오감)은 불변하는 독자적 실체가 없다!"
"생각(감정·오감)은 과거·현재·미래의 '시간성'이 있다!"

"생각(감정·오감)은 상하·사방의 '공간성'이 있다!"

"생각(감정·오감)은 나와 타자의 '이원성'이 있다!"

"생각(감정·오감)은 원인과 결과의 '인과성'이 있다!"

등의 '아공의 기초가 되는 각각의 보편법칙'들을 하나씩 개념으로 자명하게 정립하고 인가해야 합니다(③ 정사택). 우리는 '직관'(무분별지)에 바탕을 둔 '분석'(분별지)을 통해, '현실의 체험'들을 관통하는 보편법칙을 자명하게 인가할 수 있습니다.

또한

"생각(감정·오감)을 알아차리는 자가 참나이다!"

"참나는 무상하지 않다!"

"참나는 괴로움이 없다!"

"참나는 순수한 나이다!"

"참나는 '시간성'이 없다!"

"참나는 '공간성'이 없다!"

"참나는 '이원성'이 없다!"

"참나는 '인과성'이 없다!"

라는 '절대계의 진리'에 대해서도 하나씩 개념으로 자명하게 정립하고 인가해야 합니다(④ 최극사택). 우리는 '영적 체험'(직관)에 바탕을 둔 '분석'을 통해 '보편법칙'을 자명하게 인가할 수 있습니다. 일체의 진리는 반드시 '체험'에 바탕을 둔 '이해'라야 '자명함'을 확보할 수 있습니다.

③ 근본원리(진리의 본체)를 자명하게 이해하기

'참나의 고요함'(定)에 바탕을 둔 '참나의 자명함'(慧)으로, 앞에서 '하나씩' 자명하게 인가했던 각각의 보편법칙들을 하나로 회통하여 분석하는 중에,

> "참나는 상락아정하나,
> 에고의 작용은 무상·고·무아이다!"
> "에고(자아)는 불변하는 독자적 실체가 없다!"
> "참나는 시공과 주객을 초월하나,
> 에고의 작용에는 시간성·공간성·이원성·인과성이 존재한다!"

라고 더 이상 의심할 수 없는 '아공의 보편법칙'을 개념으로 자명하게 정립하고 인가해야 합니다(③ 정사택과 ④ 최극사택).

이것이 끝이 아닙니다. 아직은 '아공의 보편법칙'을 자명하게 인가한 것일 뿐입니다. 이제 '아공의 근본원리'를 자명하게 인가

하는 '내면의 직관적 느낌'에 몰입하여, 언어 이전의 '아공의 근본원리'를 선정 속에서 직관으로 인가할 수 있어야 합니다(무분별지). 그리고 이를 다시 개념으로 정립하고 찜찜한 부분은 없는지 철저히 점검해야 합니다(후득지). 이런 방식으로 우리는 아공의 근본원리를 직관적으로 인가할 수 있습니다.

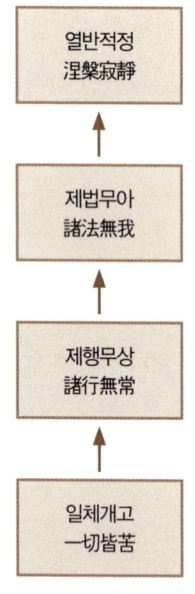

[소승불교의 4법인]

이상의 과정을 통해 '아공의 근본원리와 보편법칙'을 자명하게 인가할 수 있다면, 우리는 '소승불교의 4법인法印'(진리의 도장)

을 자명하게 인가할 수 있습니다.

① "일체의 현상계는 모두 고통스럽다."(一切皆苦)라는 진리를 자명하게 인가할 수 있습니다. ② "현상계의 모든 존재들은 무상하다."(諸行無常)라는 진리를 자명하게 인가할 수 있습니다. ③ "현상계의 존재들은 불변하는 독자적 실체가 없다."(諸法無我)라는 진리를 자명하게 인가할 수 있습니다. ④ "열반의 자리는 항상 고요하다."(涅槃寂靜)라는 진리를 자명하게 인가할 수 있습니다.

일체의 만법은 참나의 신비이다!

이제 '지혜의 4단계'를 통해, '법공法空의 진리'를 단계적으로 탐구하는 방법을 살펴보겠습니다.

① 구체적으로 체험하며 관찰하기

'몰입의 4단계' 상태에서 '참나의 현존'을 자각하며 생각·감정·오감의 마음을 통으로 알아차리면서, 각각의 '개별적 경험'을 통해 있는 그대로 체험하며 관찰해야 합니다. 두루 치밀하게 생각하여 '체험'을 '개념화'하는 단계입니다(① 주변심사).

② 보편법칙(진리의 작용)을 자명하게 이해하기

'참나의 고요함'(定)에 바탕을 둔 '참나의 자명함'(慧)으로 각 개별 상황에서 경험한 '에고의 체험'을 분석하여, 각각의 경험들을 관통하는 '법공의 기초가 되는 보편법칙'을 하나씩 탐구해야 합니다(② 주변사찰).

그리고 이러한 탐구를 바탕으로,

"우리가 체험하는 '현상'은
생각·감정·오감으로 이루어진다!"
"생각은 '알아차리는 참나'가 없이 존재할 수 없다!"
"감정은 '알아차리는 참나'가 없이 존재할 수 없다!"
"오감은 '알아차리는 참나'가 없이 존재할 수 없다!"
"시간성은 '알아차리는 참나'가 없이 존재할 수 없다!"
"공간성은 '알아차리는 참나'가 없이 존재할 수 없다!"
"이원성은 '알아차리는 참나'가 없이 존재할 수 없다!"
"인과성은 '알아차리는 참나'가 없이 존재할 수 없다!"

등의 '법공의 기초가 되는 각각의 보편법칙'들을 하나씩 개념으로 자명하게 정립하고 인가해야 합니다(③ 정사택과 ④ 최극사택).

③ 근본원리(진리의 본체)를 자명하게 이해하기

'참나의 고요함'(定)에 바탕을 둔 '참나의 자명함'(慧)으로, 앞에서 '하나씩' 자명하게 인가했던 각각의 보편법칙들을 하나로 회통하여 분석하는 중에,

"생각·감정·오감의 만법은 참나의 작용이다!"
"만법은 참나의 작용으로 불변하는 독자적 실체가 없다!"
"에고와 만법은 참나의 작용으로
불변하는 독자적 실체가 없다!"
"지금·여기·나로부터
시간성·공간성·이원성이 생겨난다!"
"만법은 불생·불멸이니 본래 청정한 열반이다!"

라고 더 이상 의심할 수 없는 '법공의 보편법칙'을 개념으로 자명하게 정립하고 인가해야 합니다(③ 정사택과 ④ 최극사택).

여기까지는 '법공의 보편법칙'을 자명하게 인가한 것입니다. 이제 '법공의 근본원리'를 자명하게 인가하는 '내면의 직관적 느낌'에 몰입하여, 언어 이전의 '법공의 근본원리'를 선정 속에서 직관으로 인가할 수 있어야 합니다(직관). 그리고 이를 다시 개념으로 정립하고 찜찜한 부분은 없는지 철저히 점검해야 합

니다(분석). 이런 방식으로 우리는 법공의 근본원리를 직관적으로 인가할 수 있습니다.

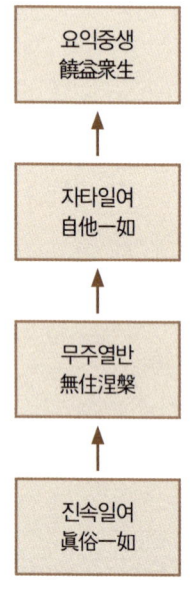

[대승불교의 4법인]

이상의 과정을 통해 '법공의 근본원리와 보편법칙'을 자명하게 인가할 수 있다면, 우리는 '대승불교의 4법인法印'(진리의 도장) 중 2가지 진리를 자명하게 인가할 수 있습니다.

① '참나'(절대계)와 '생각·감정·오감'으로 이루어진 '세속'(현상

계)이 본래 둘이 아닌 줄을 알 수 있습니다. 일체가 '참나의 신비'임을 깨달으니, 이를 '진속일여眞俗一如'라고 합니다.

② '열반'(참나)과 '세속'이 둘이 아니니, 세속에 머물면서도 늘 열반을 떠나지 않는 '머무름 없는 열반' 즉 '무주열반無住涅槃'의 진리를 알 수 있습니다. 한편으로는 늘 윤회를 하면서도, 한편으로는 늘 열반에 들어 있다는 진리를 깨닫는 것입니다.

참나에는 6바라밀의 본성이 두루 갖추어져 있다!

마지막으로 '지혜의 4단계'를 통해, '구공具空의 진리'를 단계적으로 탐구하는 방법을 살펴보겠습니다. '구공具空'은 본래 '구공俱空'이라고 하는데, 제가 '具空'이라고 한자를 바꿔서 이름을 붙여 보았습니다. 본래 1지가 참 견성을 할 때 증득하는 '공성'인 '구공'은, '아공'과 '법공'을 모두 겸한 공성이라고 해서 '俱'(함께 구)자를 씁니다만, 저는 '具'(갖출 구)자를 더 좋아합니다.

1지 보살이 증득하는 '아공·법공'을 두루 갖춘 '공성'은 '6바라밀의 종자를 두루 갖춘 공성, 즉 '6가지 본성을 갖춘 공성'이기 때문입니다. 그러니 '6바라밀의 근본원리를 갖춘 공성'이라는 의미에서 '구공'이라고 부른 것입니다. 본래 대승불교에서는 1지가 증득하는 공성을 '구일체묘상공具一切妙相空'이라고 합니다. '구공'이 바로 그것입니다.

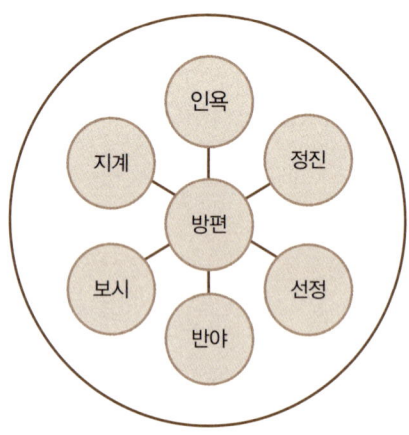

[구일체묘상공具一切妙相空]

'사랑의 마음'(慈愛)의 갑옷을 입고 '연민의 마음'(大悲)에 머무르면서, '일체의 신묘한 형상을 모두 갖춘 공성'(구일체묘상공具一切妙相空)을 증득하는 선정을 닦아야 한다. 일체의 신묘한 형상을 모두 갖춘 공성이란, ① '보시'를 떠나지 않으며 ② '지계'를 떠나지 않으며 ③ '인욕'(수용)을 떠나지 않으며 ④ '정진'을 떠나지 않으며 ⑤ '선정'을 떠나지 않으며 ⑥ '반야'를 떠나지 않으며 ⑦ '방편'(6바라밀의 자유자재한 적용)을 떠나지 않는다. (『보계경寶筈經』)

① 구체적으로 체험하며 관찰하기

먼저 '몰입의 4단계'의 상태에서 '참나의 현존'을 자각하며, 지금 이 순간 현존하는 자신의 마음(생각·감정·오감)을 '참나의 나툼'으로 바라볼 수 있어야 합니다. 그리고 현존하는 마음에서 울리는 6바라밀(양심)의 자명함·찜찜함의 신호를, 각각의 '개별적 경험'을 통해 있는 그대로 체험하며 관찰해야 합니다. 두루 치밀하게 생각하여 '체험'을 '개념화'하는 단계입니다(① 주변심사).

② 보편법칙(진리의 작용)을 자명하게 이해하기

'참나의 고요함'(定)에 바탕을 둔 '참나의 자명함'(慧)으로 각 개별 상황에서 경험한 '에고의 체험'을 분석하여, 각각의 경험들을 관통하는 '구공의 기초가 되는 보편법칙'을 하나씩 탐구해야 합니다(② 주변사찰).

그리고 이러한 탐구를 바탕으로,

"참나각성 상태에서는 남의 이익까지 배려하게 된다!"
"참나각성 상태에서는 양심을 어기면 찜찜하게 된다!"
"참나각성 상태에서는 진리와 진실을 수용하게 된다!"

"참나각성 상태에서는 양심에 최선을 다하게 된다!"
"참나각성 상태에서는 초연하게 깨어있게 된다!"
"참나각성 상태에서는 선악을 자명하게 분별하게 된다!"

등의 '구공의 기초가 되는 각각의 보편법칙'들을 하나씩 개념으로 자명하게 정립하고 인가해야 합니다(③ 정사택).

또한

"참나에는 보시(무욕)의 근본원리가 갖추어져 있다!"
"참나에는 지계(청정함)의 근본원리가 갖추어져 있다!"
"참나에는 인욕(조화로움)의 근본원리가 갖추어져 있다!"
"참나에는 정진(성실함)의 근본원리가 갖추어져 있다!"
"참나에는 선정(고요함)의 근본원리가 갖추어져 있다!"
"참나에는 반야(자명함)의 근본원리가 갖추어져 있다!"

라고 보다 더 자명하게 정립하고 인가할 수 있습니다(④ 최극사택).

③ 근본원리(진리의 본체)를 자명하게 이해하기

'참나의 고요함'(定)에 바탕을 둔 '참나의 자명함'(慧)으로, 앞

에서 '하나씩' 자명하게 인가했던 각각의 보편법칙들을 하나로 회통하여 분석하는 중에,

> "에고에는 탐진치의 근본원리가 갖추어져 있다면,
> 참나에는 6바라밀의 근본원리가
> 원만하게 갖추어져 있다!"
> "6바라밀은 온 우주의 최고 진리이며, 선악의 기준이다!"

라고 더 이상 의심할 수 없는 '구공의 보편법칙'을 개념으로 자명하게 정립하고 인가해야 합니다(④ 최극사택).

아직은 '구공의 보편법칙'을 자명하게 인가한 것입니다. 이제 '구공의 근본원리'를 자명하게 인가하는 '내면의 직관적 느낌'에 몰입하여, 언어 이전의 '구공의 근본원리'를 선정 속에서 직관으로 인가할 수 있어야 합니다(직관). 그리고 이를 다시 개념으로 정립하고 찜찜한 부분은 없는지 철저히 점검해야 합니다(분석). 이런 방식으로 우리는 구공의 근본원리를 직관적으로 인가할 수 있습니다.

이상의 과정을 통해 '구공의 근본원리와 보편법칙'을 자명하게 인가할 수 있다면, 우리는 '대승불교의 4법인法印'(진리의 도장)

중 2가지 진리를 자명하게 인가할 수 있게 됩니다.

① 나와 남이 둘이 아닌 줄을 알 수 있습니다. 이것은 '자타일여自他一如'의 진리입니다. 참나 자리에 나와 남의 구별이 없고 참나와 현상계가 둘이 아닌데, 어떻게 나와 남이 둘이겠습니까? '6바라밀의 인도'(참나의 서원)에 따라 언제 어디서나 남을 나처럼 사랑하여, 내가 당하기 싫은 것을 남에게 가하지 말고, 내가 받고 싶은 것을 남에게 베풀어야 합니다.

② 자타일여이니 중생의 깨달음이 바로 나의 깨달음이 됩니다. 따라서 '참나의 작용'인 '6바라밀'을 통해 영원토록 중생을 넉넉하게 돕는 것이, 우리의 우주적 사명이라는 '요익중생饒益衆生'의 진리를 알 수 있습니다.

우리는 언제 어디서나, ① '몰입의 4단계'를 통해 '선정'을 닦아서 '참나의 현존'을 자각하고, 우리를 유혹하는 '마음의 대상'에 휘둘리지 않고 초연할 수 있어야 할 것입니다. 또한 ② 몰입에 바탕을 둔 '지혜의 4단계'를 통해, '지혜'를 닦아서 '아공·법공·구공의 진리'를 체험을 통해 자명하게 이해하고자 노력해야 합니다. 그중 '아공·법공의 진리'를 자명하게 인가할 때, '참나의 선정과 지혜'를 애쓰지 않아도 고루 챙길 수 있는 '정혜쌍운

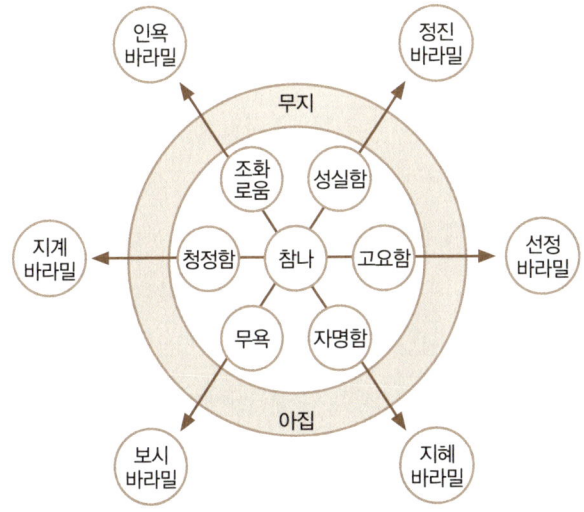

[참나의 6가지 본성과 작용]

의 경지'(참나안주의 1주의 경지)에 도달할 수 있습니다.

그리고 '참나의 선정과 지혜'를 떠나지 않으면서, ① 언제 어디서나 '선정바라밀'로 '참나의 현존'을 자각하고 ② '반야바라밀'로 '구공의 원리'를 자명하게 인가하여(돈오, 반야) '6바라밀'을 애쓰지 않아도 고루 챙길 수 있는(점수, 방편) '반야방편쌍운의 경지'(법신안주의 1지의 경지)에 도달할 수 있습니다.

① '법성法性'(진여법의 본성)은 탐욕이 없음을 본체로 삼음을 이해

하였기에, 법성에 순응하고 따라서 '보시바라밀'을 닦으며,

② '법성'은 오염되지 않아 5욕의 허물에서 벗어나 있다는 것을 이해하였기에, 법성에 순응하고 따라서 '지계바라밀'을 닦으며,

③ '법성'에 고뇌가 없어서 성냄과 번뇌를 벗어나 있음을 이해하였기에, 법성에 순응하고 따라서 '인욕바라밀'을 닦는다.

④ '법성'에 몸과 마음의 형상이 없어서 나태함을 벗어나 있음을 이해하였기에, 법성에 순응하고 따라서 '정진바라밀'을 닦으며,

⑤ '법성'이 항상 안정되어 있어서 어지럽지 않음을 본체로 삼음을 이해하였기에, 법성에 순응하고 따라서 '선정바라밀'을 닦으며,

⑥ '법성'이 광명함을 본체로 삼아 어두움을 벗어나 있음을 이해하였기에, 법성에 순응하고 따라서 '반야바라밀'을 수행하는 것이다.

以知法性體無慳貪故 隨順修行檀波羅蜜 以知法性無染 離五欲過故 隨順修行尸波羅蜜 以知法性無苦 離瞋惱故 隨順修行羼提波羅蜜 以知法性無身心相 離懈怠故 隨順修行毘黎耶波羅蜜 以知法性常定 體無亂故 隨順修行禪波羅蜜 以知法性體明 離無明故 隨順修行般若波羅蜜 (『대승기신론』)

이러한 6바라밀의 닦음을 통해 '1지 보살'의 경지에 이를 때, 우리는 진정으로 우리 '참나의 6가지 본성'(덕목)을 자명하게 깨달아 '참된 견성'에 도달하게 됩니다. 그래서 『대승기신론』에서는

1지부터 '법신法身보살'이라고 하는 것입니다. '법신'이란 '6가지 본성을 지닌 진리의 몸'을 의미하니, '6가지 본성을 지닌 참나'를 말하는 것입니다.

제12장
그 여섯 번째 이야기

그러므로 '통달한 사람'의 경지에서 보면 '선정·지혜'를 고르게 챙긴다는 것의 의미는 힘을 써서 노력한다는 것이 아니다. 애초에 그 자리에는 어떠한 인위적 조작도 발붙일 수 없으니, 인위적인 조작이 필요한 특별한 경우라는 것이 아예 없는 것이다.

즉, 색깔을 보고 소리를 들을 때에도 단지 이러할 뿐이며, 옷을 입고 밥을 먹을 때에도 단지 이러할 뿐이며, 똥을 누고 오줌을 눌 때에도 단지 이러할 뿐이며, 사람을 상대하고 대화를 나눌 때도 단지 이러할 뿐이며, 걷고·서고·앉고·누울 때나, 혹은 말하고·침묵할 때나, 혹은 기뻐하고·성낼 때나, 언제 어디서나 '항상 이러할 뿐'이다.

마치 '빈 배'가 파도를 타고서 올라갔다 내려갔다 하듯이, 흐르는 물이 산을 싸고 돌 때 굽이쳐 흐르기도 하고 곧장 흐르기도 하듯이, 마음 마음에 이리저리 따지는 알음알이가 없다. 그리하여 오늘도 아주 자유로우며 내일도 아주 자유로워서, 온갖 인연에 무심히 따르되 어떠한 장애도 없어서, 좋은 것이건 나쁜 것이건 버리려고 하지도 않고 받으려고 하지도 않는다.

또한 질박하고 정직하여 어떠한 거짓도 없으며, 보고 들음에 마음이 항상 그러할 뿐이다. 따라서 단 하나의 티끌경계도 마음에 집착을 가져다주는 대상이 되지 않으니 어찌 털어 없애는 수고로움이 필요하겠으며(선정바라밀), 단 하나의 생각도 헛된 알음알이를 일으키지 않으니 마음에 경계가 반영되는 것을 잊으려는 노력도 필요 없다(반야바라밀).

則達人分上 定慧等持之義 不落功用 元自無爲 更無特地時節 見色聞聲時 但伊麽 着衣喫飯時 但伊麽 屙屎送尿時 但伊麽 對人接話時 但伊麽 乃至行住坐臥 或語或默 或喜或怒 一切時中 一一如是 似虛舟駕浪 隨高隨下 如流水轉山 遇曲遇直 而心心無知 今日騰騰任運 明日任運騰騰 隨順衆緣 無障無碍 於善於惡 不斷不修 質直無僞 視聽尋常 則絶一塵而作對 何勞遣蕩之功 無一念而生情 不假忘緣之力

앞의 12장 세 번째, 네 번째 이야기에서는 '돈오의 길'을 설명했고, 다섯 번째에서는 점진적으로 닦아가는 '점수의 길'을 설명했습니다. 이제 여섯 번째에서는 단박에 깨달아 마치는 '돈오돈수의 길'을 설명할 것이며, 일곱 번째와 여덟 번째에서는 돈오 이후 점수를 닦는 '돈오점수의 길'을 설명하겠습니다.

여기에서 말하는 '돈오돈수의 길'이라는 것은 단박에 부처의 경지에 들어갔다는 의미의 '돈오돈수'가 아니라, '참나의 각성'(돈오)이 그대로 '참나의 안주'(돈수)로 이어지는 길을 말합니다. '에고의 선정·지혜'를 빌릴 필요가 없이, '참나의 선정·지혜'가 자동으로 늘 흘러 참나 그대로 살아가는 '정혜쌍운'의 경지를 말하는 것이죠. 보조 스님은 이런 경지도 '돈오돈수'라고 하십니다.

현상계는 '마음·대상'으로 이루어져 있어요. 이 둘의 만남에서 발생하는 각종 분별·망상이 우리를 윤회의 수레바퀴 속으로 몰아넣는 것입니다. 따라서 이 2가지에서 자유로울 수만 있다면, 우리는 '대자유'를 얻을 수 있습니다.

우리의 '마음'은 '대상'을 대함에 각종 욕심과 집착을 가집니다. 따라서 '점진적인 수행'(漸修)을 닦는 이는, ① 늘 고요함으로 '참나의 현존'과 함께하면서 '마음의 대상'을 털어버리고 ② 늘 자명함으로 '마음의 대상'을 '참나의 나툼'으로 보며 '헛된 알음알이'를 일으키지 않도록 노력해야 합니다.

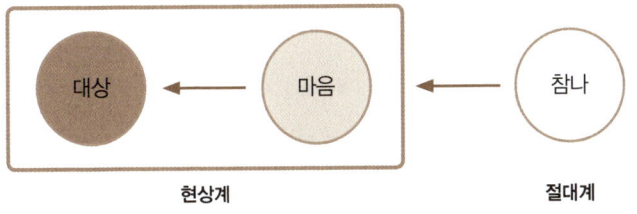

[절대계와 현상계]

그런데 '통달한 사람'은 애씀 없이 '참나의 고요함·자명함'에 안주한 사람입니다. ① '참나의 고요함'이 늘 흘러서, 대상을 대하더라도 상황을 있는 그대로 정확히 알아차릴 뿐 거기에 집착하지 않으며 ② '참나의 자명함'이 늘 흘러서, 대상을 대함에 허망한 분별·망상의 각종 알음알이를 일으키지 않습니다. 그래서 항상 그러할 뿐인 '여여如如한 삶'을 살아갈 수 있어요. 날마다 좋은 날인 '불성에 안주하는 삶'을 살아가는 것입니다.

'참나의 고요함·자명함'에 안주한 통달한 사람에게는 ① 보고 듣고, 옷을 입고 밥을 먹고, 대소변을 누고, 말하고 침묵하고, 걷고 서고 앉고 눕는 모든 '행위'가 그대로 '참나의 나툼'일 뿐입니다. ② 웃고 울고, 성내고 기뻐하는 모든 '감정' 역시 그대로 '참나의 나툼'일 뿐이에요. ③ 또한 이리저리 따지고 옳다 그르다 다투는 모든 '생각'이 그대로 '참나의 나툼'일 뿐입니다.

통달한 사람은 마치 '빈 배'와 같은 삶을 살아갑니다. 사람이 타지 않은 '빈 배'는 파도를 타고 올라갔다 내려갔다 하는 것에 성내지 않습니다. 올라가면 올라간 것에 만족하고 내려가면 내려간 것에 만족해요. 언제 어느 순간에나 그 처한 자리에 만족합니다. '안분지족安分知足'(자신의 분수에 만족해 함)의 극치이죠.

그러나 사람이 탄 배는 그렇지 못합니다. 올라가면 내려가지 않고자 몸부림치며, 내려가면 올라가지 못한 것에 성을 내고 화를 품습니다. '빈 배'가 되어야 합니다. 이는 '무념無念'(참나의 고요함·자명함)을 종지로 삼고 살라는 것과 같은 말입니다. 생각이 하나도 없는 것이 무념이 아니며, 사람이 아주 없어야만 빈 배가 되는 것이 아니에요.

사람이 배를 타고 몰더라도 파도에 순응하여 배를 몰면 빈 배와 같아지며, 울고 웃더라도 '에고의 뜻'대로 하지 않고 '참나의 뜻'대로 울고 웃으면 '무념'인 것입니다. 이것을 깨달아 자신이 처한 매 상황마다 '에고의 뜻'이 재잘대는 것으로부터 자유로워서, 어떤 인연에 처하더라도 자유자재하여 걸림이 없으면, 그는 통달한 사람이에요.

우리의 삶이 힘든 이유는 나·나의 것에 집착하는 '에고'에 의해 우리 삶이 좌지우지되기 때문입니다. '빈 배'가 되지 못하고, '무념'을 이루지 못하기 때문인 것이죠. 에고의 잡음에 좌우되지 않는 '참나' 그대로의 삶을 사는 사람! 이런 경지가 바로 선불교에서 말하는 '확철대오'를 이룬 '일을 마친 도인'의 경지입니다. '참나안주'를 증득한 1주 보살의 경지인 것입니다.

제12장
그 일곱 번째 이야기

그러나 '업의 장애'는 두텁고 습기는 무거우며, '관조하는 힘'은 약하고 마음은 들떠 있으며, '무명無明의 힘'은 크고 '지혜의 힘'은 작으며, 선악善惡의 경계에 동요되어 마음이 고요하며 담담할 수 없는 사람은, 마음에 떠오른 대상을 잊어버리고 털어 없애는 공부를 하지 않을 수 없다.

그러므로 이르길 "① 6근六根[37]이 경계를 대하더라도 마음이 대상을 따르지 않는 것을 '선정'이라 하며 ② 마음과 경계가 모두 텅 비어 있음(참나의 나툼)을 알아서 비추어 보고 관찰함에 어리석음이 없는 것을 '지혜'라고 한다."라고 한 것이다.

이것이 비록 '증상에 따라 처방하는 문'(隨相門)[38]의 '선정·지혜'이며 '점문漸門'의 열등한 근기의 닦는 것이기는 하나, '증상에 따라 다스리는 문'(對治門) 가운데에서는 그러한 공부를 하지 않을 수가 없다.

然障濃習重 觀劣心浮 無明之力大 般若之力小 於善惡境界 未免被動靜互換 心不恬淡者 不無忘緣遣蕩功夫矣 如云六根攝境 心不隨緣 謂之定 心境俱空 照鑑無惑 謂之慧 此雖隨相門定慧漸門劣機所行也 對治門中 不可無也

---

37) 6근
6가지 인식기관인 ① 눈(眼) ② 귀(耳) ③ 코(鼻) ④ 혀(舌) ⑤ 몸(身) ⑥ 생각(意)을 말한다.
38) 증상에 따라 처방하는 문(隨相門) '혼침·산란'의 증상에 따라 처방을 하는 문

앞 절(12장 그 여섯 번째 이야기)에서 살핀 '통달한 사람'이 애씀 없이 '참나의 선정·지혜'에 안주하여 살아가는 경지라면, 이 절에서 살필 '돈오점수의 수행자'는 참나는 각성했으나(해오解悟) 업장이 여전히 두터운 사람을 말합니다. 돈오를 통해 '참나의 선정·지혜'를 확고히 깨달았더라도, 업장이 두터우면 '에고의 산란·혼침'이 '참나의 빛'을 가리게 됩니다.

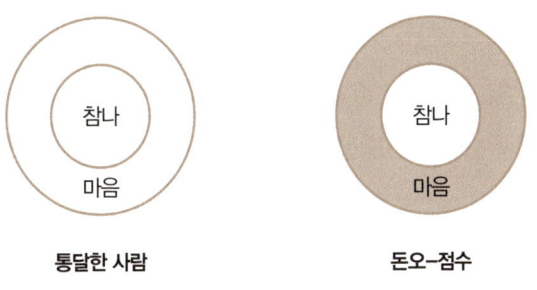

[업장의 정화에 따른 구분]

① 마음이 대상을 대하되 항상 고요하여 일체의 번뇌가 일어나지 않으면 그것이 '선정'입니다. ② 그리고 마음과 대상경계가 본래 '참나의 나툼'일 뿐이라는 사실을 있는 그대로 파악하고 있으면 '지혜'죠. 돈오를 통해 참나를 깨친 이는 이 2가지를 체험적으로 이해하게 됩니다.

그러나 참나를 가리는 장애는 아직 완전히 벗어나지 못한 바, '선정'과 '지혜'의 양 방면으로 더욱 공을 들여야 합니다. ① 마음이 '참나의 고요함'을 놓치고 사물에 빠져 치달리는 것은 '산란'이며 ② 마음이 '참나의 자명함'을 놓치고 사물을 '참나의 나툼'으로 보지 못하는 것은 '혼침'입니다. '참나의 선정·지혜'를 놓치고 '에고의 산란·혼침'을 따른다면, 돈오의 체험도 아무런 보람이 없을 것입니다.

그럴 때는 일단 후천적인 '에고의 선정·지혜'의 도움을 받아야 합니다. ① '에고의 선정'은 '몰입의 4단계'를 닦는 것이며 ② '에고의 지혜'는 '지혜의 4단계'를 닦는 것입니다. 사실 이 수행은 '돈오의 체험' 이전에 닦았던 수행이죠. 하지만 병이 있으면 약이 필요합니다. 아무리 돈오를 체험했더라도 다시 참나를 놓쳤다면, 이 2가지 수행을 통해 '에고의 산란·혼침'을 다스려야 합니다.

제12장
그 여덟 번째 이야기

① 만약 마음의 산란함이 들끓거든, 먼저 '선정의 문'을 활용하여 순리대로 이리저리 흩어진 마음을 거두어들여야 한다. 그리하여 마음이 의식에 떠오른 이런저런 대상들을 따라가지 않으면, '참나의 고요함'에 계합하게 될 것이다.

② 그리고 만약 마음이 흐리멍덩해지거든, 이번에는 '지혜의 문'을 활용하여 '진리'를 자명하게 선택하고 현상계가 모두 텅 비어 있음(참나의 나툼)을 관조해 보아야 한다. 그리하여 비추어 보고 관찰함에 의혹이 없어지면 '참나의 알아차림'에 계합하게 될 것이다.

'선정'으로써 어지러운 생각들을 다스리고, '지혜'로써 흐리멍덩한 상태를 다스린다. 움직임과 고요함이 서로 사라지고, '증상(산란·혼침)에 따라 다스리는 공부'가 끝나면, 바깥 경계를 대하여도 생각 생각이 모두 '근본'으로 돌아가고, 인연을 만나도 마음 마음이 '진리'에 합하게 되어, '고요함·알아차림'을 애씀 없이 고르게 닦는 경지에 이르게 될 것이다.

이때 비로소 할 일을 다 마친 사람이 될 것이다(확철대오의 경지). 만약 이렇게 할 수 있다면 참으로 '선정·지혜'를 고르게 챙겨서, '불성'을 밝게 본 사람이라고 말할 수 있을 것이다.

若掉擧熾盛 則先以定門 稱理攝散 心不隨緣 契乎本寂 若昏沈尤多 則次以慧門 擇法觀空 照鑑無惑 契乎本知 以定治乎亂想 以慧治乎無記 動靜相亡 對治功終 則對境而念念歸宗 遇緣而心心契道 任運雙修 方爲無事人 若如是則眞可謂定慧等持 明見佛性者也

'에고의 산란'은 '참나의 고요한 선정'으로 다스리고, '에고의 혼침'은 '참나의 자명한 지혜'로 다스리는 것이 가장 적절한 처방입니다. 하지만 비록 '돈오의 체험'을 했더라도 이것이 쉽지 않은 경우에는, ① '에고의 선정'(몰입의 4단계)과 ② '에고의 지혜'(지혜의 4단계)를 닦아서 마음을 다스려야 합니다.

① 마음이 산란함에도 곧장 '참나의 고요함'으로 바로잡지 못한다면, 일단 '호흡'이나 '화두' 혹은 '나의 존재감'에 대한 '몰입의 4단계'를 단계적으로 닦아서, 마음에 나타난 번뇌를 털어 버리고 오롯이 '참나의 현존'에 몰입할 수 있어야 합니다. 이것이 '참나의 선정'과 다시 합일하는 방편입니다.

② 마찬가지로 마음이 흐리멍덩함에도 곧장 '참나의 알아차림'으로 바로잡지 못한다면 '지혜의 4단계'를 단계적으로 닦아서, 일체 사물이 모두 '참나의 작용'이어서 본래 텅 비어 있음을 자명하게 인가할 수 있어야 합니다. '이것이 '참나의 지혜'와 다시 합일하는 방편입니다.

이것이 돈오 이후 점수하는 이가 걸어야 하는 길입니다. 돈오 이전의 점수 과정에서 닦았던, 각 상황에 맞게 처방하는 '수상문隨相門'을 다시 활용해야 합니다. ① 정신이 혼침할 때는 '지혜'

를 쓰고 ② 정신이 산란할 때는 '선정'을 쓴다는 것이 바로 '수상문'입니다. 증상(相)에 따라(隨) 치료를 하는 법이죠.

 상황에 맞게 '혼침'과 '산란'을 '수상문'(증상에 따라 처방하는 문)으로 다스리다 보면, '에고의 산란·혼침'이 사라지고 '참나의 고요함과 알아차림'이 애쓰지 않아도 자동으로 흐르게 됩니다. 그러면 더 이상 ① '혼침'으로 '참나의 알아차림'이 끊어지고 ② '산란'으로 '참나의 고요함'이 끊어지는 일이 없어지니, 움직이건 고요하건 늘 '참나안주'가 이어지며, 돈오 이전에 닦던 '증상에 따라 다스리고 처방하는 방편'을 쓸 필요가 없어집니다.

 그러면 ① 바깥 경계를 대하더라도 늘 '참나의 현존'을 놓치지 않게 되고 ② 온갖 인연을 만나더라도 모두 '참나의 작용'으로 관조할 수 있게 됩니다. 이렇게 언제 어디서나 '근본'(참나의 현존)으로 돌아가고 '진리'(만법이 텅 비어 있음)에 합하게 되면, '선정바라밀'과 '반야바라밀'을 자유롭게 펼칠 수 있는 경지에 도달하게 됩니다. '참나의 체험'이 자리를 잘 잡아서 '참나의 안주'가 이루어지는 것입니다.

 이 경지가 바로 '확철대오'를 이룬 '1주 보살'의 자리입니다. 애쓰지 않아도 '참나의 고요함'과 '참나의 알아차림'이 고루 챙겨

지니(정혜등지定慧等持), '텅 비어 고요하되 신령스러운 알아차림'인 '불성'(참나)을 투철히 보게 됩니다. 이것이 '1주의 견성'입니다. 돈오 이후 두터운 업장으로 고생은 했지만, 결국 견성이 확고해져 일을 마친 '통달한 사람'이 되는 것이죠.

제13장

깨달은 뒤에
참다운 수행이
시작된다

제13장
그 첫 번째 이야기

[질문 9] 스님께서 판단하신 대로라면, 깨달은 뒤에 닦는 문 가운데 선정·지혜를 고르게 챙긴다는 것에는 2가지 의미가 있습니다. 그것은 ① '참나의 선정·지혜'(自性定慧)와 ② '증상에 따라 처방하는 선정·지혜'(隨相定慧)입니다.

問據汝所判 悟後修門中 定慧等持之義 有二種 一自性定慧 二隨相定慧

보조 스님의 말대로라면 '선정'과 '지혜'를 고르게 챙긴다는 말에는 2가지 의미가 있게 된다는 말입니다. ① 참나가 본래 고요하고 본래 지혜롭기 때문에 '참나의 선정·지혜'를 애씀 없이 고르게 챙기는 측면과 ② 산란할 때는 '에고의 선정'을 닦고 흐리멍덩할 때는 '에고의 지혜'를 닦아서, '선정·지혜'를 고르게 지니는 측면의 2가지가 있다는 것이죠.

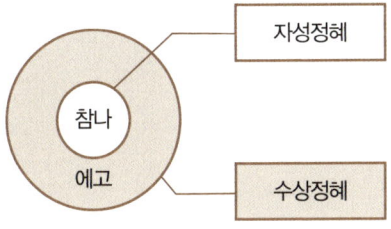

[2가지 선정과 지혜]

이 중 '자성정혜自性定慧'는 참나 자리가 지니는 선정·지혜로서 '선천적인 선정·지혜' '절대계의 선정·지혜'를 말하며, '수상정혜隨相定慧'는 에고가 지니는 선정과 지혜로서 '후천적인 선정·지혜' '현상계의 선정·지혜'를 말하는 것입니다.

제13장
그 두 번째 이야기

① '참나의 문'(自性門)은 '고요함·알아차림'을 애씀 없이 고르게 고루 챙겨서, 인위적인 조작이 필요 없다고 하셨습니다. ㉠ 그래서 단 하나의 티끌경계도 마음에 집착을 가져다주는 대상이 되지 않으니 털어 없애는 수고로움이 필요 없으며, ㉡ 단 하나의 생각도 헛된 알음알이를 일으키지 않으니 마음에 반영된 경계를 잊으려는 노력도 필요 없다고 하셨습니다. 그리고 결론 맺기를 "이것은 '단박에 깨닫는 문'(頓門)에 들어간 사람이 '참나'(자성自性)에서 떠나지 않으며 '선정·지혜'를 고르게 챙기는 것이다."라고 하셨습니다.

② '증상에 따라 처방하는 문'(隨相門)은 순리대로 이리저리 흩어진 마음을 거두어들이며, 진리를 자명하게 선택하고 현상계가 모두 텅 비어 있음(참나의 나툼)을 관조하여, '흐리멍덩함·산란함'을 고르게 다스려서 '에고를 초월한 경지'(無爲)에 들어간다고 하셨습니다. 그리고 결론 맺기를 "이것은 '점진적으로 닦아가는 문'(漸門)의 열등한 근기가 닦는 것이다."라고 하셨습니다.

自性門則曰 任運寂知 元自無爲 絶一塵而作對 何勞遣蕩之功 無一念而生情 不假忘緣之力 判云此是頓門箇者 不離自性 定慧等持也 隨相門則曰 稱理攝散 擇法觀空 均調昏亂 以入無爲 判云此是漸門劣機所行也

질문자가 계속 물어봅니다. 보조 스님의 말씀대로라면 ① 애씀 없이 '참나의 선정·지혜'(自性定慧)를 따르는 '자성문'과 ② '증상에 따라 처방하는 선정·지혜'(隨相定慧)를 따르는 '수상문'으로 구분할 수 있다는 것입니다. 이 가운데 전자는 '돈문' 즉 '돈오한 이가 걷는 길'이며, 후자는 '점문' 즉 '점진적으로 닦아가는 이가 걷는 길'이죠.

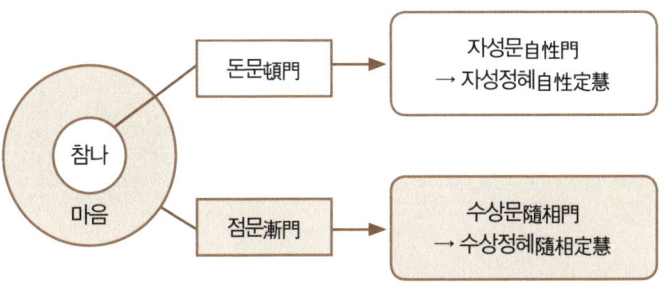

[돈문과 점문의 구별]

제13장
그 세 번째 이야기

그런데 이 2가지 문의 '선정·지혜'에 대해 의심이 없지 않습니다. 만약 한 사람이 이것을 닦는다고 할 때, 먼저 '참나의 문'(自性門)에 의지해서 선정·지혜를 함께 닦은 뒤에, 다시 '증상에 따라 처방하는 문'(隨相門)에 따라 다스리는 공부를 해야 하는 것입니까? 아니면 먼저 '증상에 따라 처방하는 문'에 의지하여 '흐리멍덩함·산란함'을 고르게 조절한 뒤에, '참나의 문'에 들어가야 하는 것입니까?

만약 먼저 '참나의 선정·지혜'에 의지해서 애씀 없이 '고요함·알아차림'을 고루 챙길 수 있다면, '증상에 따라 다스리는 공부'가 필요 없을 것인데, 어찌하여 다시 '증상에 따라 처방하는 문의 선정·지혜'에 의지하는 것입니까? 이것은 마치 하얀 옥에 조잡한 무늬를 새겨서 본래의 덕을 잃어버리는 것과 같습니다.

그리고 만약 먼저 '증상에 따라 처방하는 문의 선정·지혜'를 얻어서 증상에 따라 다스리는 공부를 완성한 뒤에 '참나의 문'으로 나아간다면, 그것은 분명히 '점진적으로 닦아 나가는 문'(점문)의 열등한 근기가, '깨달음'(돈오) 이전에 점진적으로 익혀 가는 공부입니다. 이것을 어찌 '단박에 깨닫는 문'(돈문)의 사람이 먼저 깨닫고 뒤에 닦아 나가는 '닦음이 없는 닦음'이라고 할 수 있겠습니까?

만약 이 2가지 방법을 선후가 없이 동시에 닦는다면, '자성문·수상문'의 2가지 문의 선정·지혜는 하나(자성문)는 '단박'이며, 하나(수상문)는 '점진적'이라 서로 성격이 다른데, 어떻게 동시에 병행할 수 있겠습니까?

就此兩門定慧 不無疑焉 若言一人所行也 爲復先依自性門 定慧雙修然後 更用隨相門對治之功耶 爲復先依隨相門 均調昏亂然後 以入自性門耶 若先依自性定慧 則任運寂知 更無對治之功 何須更取隨相門定慧耶 如將皓玉 彫文喪德 若先以隨相門定慧 對治功成然後 趣於自性門 則宛是漸門中劣機 悟前漸熏也 豈云頓門箇者 先悟後修 用無功之功也 若一時無前後 則二門定慧頓漸有異 如何一時並行也

질문자는 보조 스님께서 '돈문'과 '점문'을 구분한 것에 대해서, 대략 3가지 관점에서 의문을 제기하고 있습니다. ① '돈문 → 점문'의 관점에 대한 의문입니다. 보조 스님께서는 돈오한 이라도 업의 장애가 심한 이는 '점문'의 선정·지혜 배양법을 빌려가며 닦아야 한다고 했습니다. 즉, 절대계의 선정·지혜인 '참나의 선정·지혜'가 드러난 이라 하더라도 현상계의 차원에서 그것이 가려지면, 현상계의 선정·지혜인 '증상에 따르는 선정·지혜'를 빌려다가 증상별로 치료해야 한다고 본 것이죠.

그런데 질문자는 이러한 견해에 대해 의문이 생긴다는 것입니다. 이미 참나가 확연히 드러났는데, 왜 다시 점문의 열등한 근기가 닦는 수행법(돈오를 아직 못한 이들이 닦는 수행법이라는 말임)을 빌려야 하느냐는 것이죠. 병이 있으면 치료해야 합니다. 병이 이미 발생했는데 병이 없는 척하는 것은 위선이죠. 참나의 각성은 절대계 차원의 문제이며, 업장의 정화는 현상계 차원의 문제입니다. 그래서 돈오를 한 이도 점수가 필요한 것이죠. 그런데 질문자는 이러한 시각을 잘 이해하지 못하고 있습니다.

② '점문 → 돈문'의 관점에 대한 의문입니다. 그렇다면 이미 돈오를 한 이라도 점문을 빌려서 닦아야만 참된 돈오에 도달한다는 것인데, 이것은 점문을 통해 돈문에 이르는 것이 되어 돈

문의 수행인 '닦음 없는 닦음'은 아니지 않는가 하는 의문입니다. 즉, 돈오 이후의 수행자가 닦아야 하는 수행은 돈오 이전의 수행자가 닦는 수행과는 좀 달라야 하지 않느냐는 것이죠. 다시 말하면, 닦음 없는 닦음이 되어야지 어떻게 돈오를 아직 못한 이가 닦는 점문의 수행법을 가져다 닦느냐는 것입니다.

③ '돈문=점문'의 관점에 대한 비판입니다. 만약 돈문을 걷는 이가 점문까지 빌려다 닦는다면 이것은 돈문과 점문을 같이 닦는다는 의미인데, 이게 말이 되냐는 의문입니다. 돈문은 '단박에' 깨달음에 이르는 법이요, 점문은 '점진적으로' 깨달음에 이르는 법인데, 어떻게 이것들을 섞어서 닦을 수 있느냐는 것이죠. 모두 절대계와 현상계를 명확히 구분하지 못하여 생긴 의문입니다.

제13장
그 네 번째 이야기

즉, ① '돈문頓門'의 사람은 애씀 없이 '참나의 문'(自性門)에 의지하여 닦을 것이 없으며 ② '점문漸門'의 열등한 근기는 '증상에 따라 처방하는 문'(隨相門)에 나아가 증상에 따라 다스리는 노력과 닦음이 있어야 합니다. 이렇게 '돈문·점문'의 두 문은 서로 근기가 같지 않아서 우열이 확연한데, 먼저 깨닫고 뒤에 닦는 문 가운데에서 어떻게 이 2가지를 함께 가르치십니까? 청컨대 투철히 이해할 수 있게 해 주시어 의심을 모두 끊어 주십시오.

則頓門箇者 依自性門 任運亡功 漸門劣機 趣隨相門 對治勞功 二門之機 頓漸不同 優劣皎然 云何先悟後修門中 竝釋二種耶 請爲通會 令絶疑情

질문자가 질문을 다시 정리합니다. ① '돈문'을 걷는 이는 이미 '참나의 선정·지혜'에 애씀 없이 안주하는 뛰어난 근기요 ② '점문'을 걷는 이는 '참나'를 깨닫지 못하고 '혼침·산란'에 따라 '지혜·선정'을 적절히 닦아가는 열등한 근기이므로, 이 두 근기가 닦는 수행법을 혼동해서는 안 된다는 것입니다. 이것으로 질문자는 돈문·점문에 관련된 의문을 명확히 정리하였습니다. 그러면 이제부터 보조 스님의 답변을 들어 보겠습니다.

제13장
그 다섯 번째 이야기

[답변 9] 해석이 분명한데 그대 스스로 의심을 내고 있다. '말'만 가지고 이해를 하려고 들면 다시 의심이 생기는 법이다. 내가 말하고자 하는 '뜻'을 얻었으면 '말'은 잊어버려서, 말을 가지고 이리저리 트집 잡고 따지는 데에 힘을 소모하지 말길 바란다.

만약 '자성문·수상문'의 2가지 문에서 각각 닦는 바를 판단해 본다면, ① '참나의 선정·지혜'(自性定慧)를 닦는 자는 '단박에 깨닫는 문'이니, 닦음이 없는 닦음을 써서 '2개의 고요함'을 함께 활용하여 스스로 '참나'(자성自性)를 닦아 부처님의 가르침을 완성하는 사람이다.

② 그리고 '증상에 따라 처방하는 문의 선정·지혜'(隨相門定慧)를 닦는 자는 깨닫기 전의 '점진적으로 닦는 문'의 열등한 근기이니, 증상에 따라 다스리는 공부를 활용하여, 마음 마음마다 '의심'을 끊고 '고요함'을 취하여 닦는 자이다. 그러므로 이 두 문의 수행은 '단박'과 '점진'이 다르니 서로 혼동해서는 안 된다.

答所釋皎然 汝自生疑 隨言生解 轉生疑惑 得意忘言 不勞致詰 若就兩門 各判所行 則修自性定慧者 此是頓門 用無功之功 並運雙寂 自修自性 自成佛道者也 修隨相門定慧者 此是未悟前漸門劣機 用對治之功 心心斷惑 取靜爲行者 而此二門所行 頓漸各異 不可參亂也

보조 스님의 말씀은, 내가 앞에서 다 이야기했는데 말에만 집착해서 자꾸 꼬투리를 잡고 물고 늘어지면 어떻게 하느냐는 것이죠. 엉뚱한 곳에 힘을 쓰지 말라는 겁니다. 보조 스님의 답변은 간단해요.

① '참나의 선정·지혜'를 닦는 사람은 자신의 마음속에 존재하는 '절대계'를 확연히 깨친 사람으로서, '절대계의 선정·지혜'를 자유로이 쓸 줄 아는 사람입니다. 그런데 그러한 사람도 '현상계'에 존재하는 한 현상계의 업장에서 자유로울 수가 없기 때문에, '절대계의 선정·지혜'와 '현상계의 선정·지혜'를 쌍으로 사용한다는 것입니다. "2개의 고요함을 함께 활용한다."라는 것은 바로 이런 의미입니다.

이렇게 '닦음 없는 닦음'(바라밀의 실천)을 닦아가는 이야말로 진정한 '돈문의 길'을 걷는 수행자라는 것이죠. 여기에서 '닦음 없는 닦음'이라고 하는 것은, 그냥 하는 소리가 아니라 분명한 이유가 있습니다. '닦음'이라고 하는 자체가 '절대계'에는 가져다 붙일 수 없는 소리죠. 절대계는 모든 이원성과 인과성을 초월한 자리이기 때문에 '닦을 것'도, '닦음'도 발붙이지 못해요. 그런데 현상계는 그와 달라서 닦을 것이 있습니다.

그러므로 '돈오한 사람'은 ① '현상계 차원'에서는 '에고의 산란·혼침'(증상)을 '에고의 선정·지혜'(증상에 따른 처방)로 닦아가되 ② '절대계 차원'에서는 그런 닦음을 통해 본래 닦을 것이 없는 '참나의 선정·지혜'를 온전히 드러낼 뿐입니다. 그러니 '닦음이 없는(절대계) 닦음(현상계)'이죠. 돈오를 하지 못한 사람은 이 소리가 무슨 소리인지 이해하기가 힘듭니다. 절대계도 알고 현상계도 알아야만 이 말을 체험적으로 알 수 있어요.

② '증상에 따르는 선정·지혜'를 걷는 사람은 '참나'를 아직 몰라서, '절대계의 선정·지혜'를 깨닫지 못한 사람입니다. 그래서 현상계에 존재하는 '에고의 마음'만을 붙잡고 닦아간다는 것입니다. 마음이 산란해지면 '선정'으로 고요하게 만들고, 마음이 흐리멍덩해지면 '지혜'로 의심을 끊어 가는 수행자라는 것이죠. 그런데 돈오한 사람이 절대계와 현상계의 선정·지혜를 겸용하는 것에 비하면 한계가 많습니다.

① 돈오한 사람은 '참나의 선정과 지혜'도 쓰고 '증상에 따라 처방하는 선정과 지혜'도 상황에 맞게 쓰는데, ② 점진적으로 닦는 사람은 '참나의 선정과 지혜'를 구경하지 못했으니, 현상계의 '마음'을 조절하는 '에고의 선정과 지혜'만 쓴다는 것입니다. 이렇게 '돈오'와 '점수'의 길은 근본적으로 차이가 난다는 의미입니다.

제13장
그 여섯 번째 이야기

그러나 '깨달은 뒤에 닦는 문'(悟後修門)에서 '증상에 따라 처방하는 문'(隨相門)의 '증상에 따라 다스리는 법'을 겸하여 말하는 것은, '점진적으로 닦는 문'(漸門)을 닦아야 하는 열등한 근기가 닦는 바를 완전히 취한 것이 아니다. 그 '방편'을 취하여 길을 빌리고 잠자리를 부탁한 것뿐이다.

왜냐하면 이 '단박에 깨닫는 문'(돈문)에도 또한 '근기가 뛰어난 사람'과 '근기가 열등한 사람'이 있어서, 그 꾸려야 할 행장을 한 가지 예로 판단할 수 없기 때문이다.

만약 번뇌가 엷고, 몸·마음이 가볍고 편안하며, 선善을 대하되 선을 떠나며 악惡을 대하되 악을 떠나며, 8가지 번뇌의 바람(八風)[39]에도 동요하지 않으며, 3가지 느낌(三受)[40]에도 마음이 고요한 이는 '참나의 선정·지혜'에 의지하여 애씀 없이 '선정·지혜'를 고루 닦아가니, 타고난 본성 그대로여서 어떠한 인위적인 조작도 필요 없다.

---

[39] 8가지 번뇌의 바람(八風)
① 이익(利) ② 쇠퇴(衰) ③ 훼손(毀) ④ 명예(譽) ⑤ 칭찬(稱) ⑥ 비난(譏) ⑦ 고통(苦) ⑧ 즐거움(樂)
[40] 3가지 느낌(三受) ① 즐거운 느낌 ② 불쾌한 느낌 ③ 좋지도 불쾌하지도 않은 느낌

그래서 움직이거나 고요하거나 항상 '선(禪)'에 안주하여 '자연 그대로의 진리'(自然之理)를 성취하니, 어찌 '증상에 따라 처방하는 문'의 '증상에 따라 다스리는 방법'을 빌리겠는가? 병이 없으면 약을 구할 필요가 없는 법이다.

然悟後修門中 兼論隨相門中對治者 非全取漸機所行也 取其方便 假道托宿而已 何故 於此頓門 亦有機勝者 亦有機劣者 不可一例 判其行李也 若煩惱淡薄 身心輕安 於善離善 於惡離惡 不動八風 寂然三受者 依自性定慧 任運雙修 天眞無作 動靜常禪 成就自然之理 何假隨相門對治之義也 無病不求藥

'돈오의 길'을 걷는 수행자는 '절대계의 선정·지혜'를 끌어다 쓰는 사람이요, '점수의 길'을 걷는 수행자는 '현상계의 선정·지혜'를 닦는 사람입니다. 이렇게 근본적인 차이가 있어요. 그렇다면 '돈오 이후 점수를 하는 길'을 걷는 수행자는 과연 어떻게 닦는 것일까요? 보조 스님께서 이것에 대해 설명하십니다.

사실 돈오를 했건 안 했건 '점수'의 방법에 차이가 날 수는 없습니다. 누누이 이야기했듯이 점수라는 것은 본질적으로 현상계의 여러 업장들을 제거하는 작업이기 때문에, 돈오를 하기 전이건 돈오를 한 뒤건 다를 수가 없습니다. 그러니 돈오 이후의 점수를 닦는 자는 '점문의 열등한 근기'(돈오를 하지 못한 근기)의 수행을 빌려다 닦는다는 말이 나온 것입니다.

그런데 점문의 수행자들이 닦는 열등한 수행법을 빌려 왔다고 하더라도, 돈오를 하지 못한 이들의 수행과는 차이가 납니다. 왜냐하면, 이미 '참나각성'(돈오)을 이루었기 때문입니다. 아무리 돈오를 했더라도 현상계의 문제는 현상계 내의 처방을 써야 합니다. 그러니 업장을 정화하기 위해 일시적으로 점문의 처방전을 가져다 쓰는 것뿐이지, 완전히 점문의 수행을 하는 것은 아니라는 의미입니다.

이는 이미 돈오(참나각성의 해오)를 해서 '참나'의 세계에는 어떠한 '업장'도 침범할 수 없으며, 일체의 업장이 본래 텅 비었다는 것(참나의 나툼)을 잘 알기 때문입니다. 참나는 참나대로 알면서 업장은 업장대로 닦는 것이 '돈오 이후 점수를 닦는 수행자'입니다. 그러니 인과법칙을 초월하여 존재하는 참나는 체득하지 못하고 인과법칙에 의거하여 '업장'과 전투를 벌일 뿐인, '점수만을 닦는 수행자'와는 근본적으로 차이가 나지요.

[점문의 수행자]

이렇게 '돈오를 이룬 자'와 '점수를 닦는 자'의 차이는 큰 법입니다. 그런데 돈오를 이룬 자들 사이에도 구별이 있습니다. ① 업장이 두터운 사람과 ② 업장이 엷은 사람의 차이가 있는 것이지요. 전자는 '돈오점수'의 근기이며, 후자는 '돈오돈수'의 근기입니다.

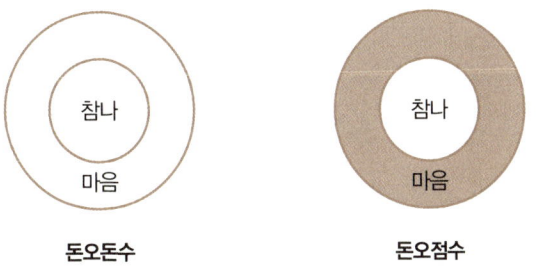

[돈문의 수행자]

만약 전생에 닦은 바가 많아서 이번 생에 업장이 옅다면, '참나'를 각성한 뒤에 '혼침·산란'의 업장을 곧장 극복하고 '참나의 선정·지혜'에 애씀 없이 안주할 수 있습니다. ① '단박 깨달음'을 통해 '고요하되 알아차리는 참나'를 깨닫고 ② '단박 닦음'을 통해 '참나의 고요함·자명함'에 인위적인 노력이 없이 안주할 수 있습니다. 그러니 '돈오돈수의 근기'라고 하는 것입니다.

물론 이 단계가 모든 업장이 정화된 '부처의 경지'는 아닙니다. 하지만 노력 없이 '참나'에 안주할 수 있기에 '돈오돈수'라고 하고, 일을 마쳤다고 하며, 더 이상 증상에 따른 처방이 필요 없다고 하는 것입니다. 그러나 여기에서 말하는 증상은 '산란·혼침'의 업장이 발현되는 것을 말합니다. 사실 뿌리 깊은 '무지·아집'의 업장은 이제야 본격적으로 벗겨 낼 수 있습니다.

'참나안주'에 의지하되, '에고의 무지·아집'(증상)에 따라 적절하게 '6바라밀'을 실천하여(처방), '참나의 지혜·자비'에 합해질 수 있도록 닦아가야 합니다. 그래야 1차적으로 1지의 '법신(6바라밀의 진리를 갖춘 참나)안주'가 이루어지고, 7~8지에서 심리적 장애인 '아집'이 벗겨지며, 12지 불지에서 지적 장애인 '무지'가 궁극적으로 벗겨지게 됩니다. 그러니 1주의 돈오돈수를 궁극의 돈오돈수로 오인하고서, 6바라밀을 닦는 노력을 하지 않아도 된다고 생각해서는 안 될 일입니다.

사람들은 '견성'을 공부의 끝으로 알아요. 물론 '궁극의 견성'(성불)은 공부의 극치이죠. 그러나 우리가 자신의 본성을 보는 것이 꼭 '부처의 경지'에 가야만 하는 것이 아닙니다. 지금 여기에서, 자신의 본래 자리만 잘 돌이켜 본다면 즉각 견성하여 돈오할 수 있습니다. 사실 견성은 공부의 끝이 아니라, 참다운 공부의 시작입니다!(견성≠성불) '견성'(돈오)을 해야만 '성불에 이르는 닦음' '닦음 없는 닦음'을 통해 끝없는 '향상일로向上一路'의 정진을 할 수 있는 것입니다.

중국 송나라의 고봉高峯 스님은 이러한 성불에 이르는 닦음을 '돈오'만 아는 사람은 절대로 알지 못하는, '법신을 향상하는 일'이라고 하였습니다.

목숨을 버리고 몸뚱이를 잊고, 오직 이렇게 갈 뿐이다. 그러다가 물이 다하고 구름이 다한 자리, 연기가 사라지고 불이 꺼지는 때에, 문득 '본래의 풍경'(참나)을 실지로 밟아서, 반드시 부처와 조사를 뛰어넘게 될 것이다(참나안주의 견성). 그러나 곧장 이렇게 넉넉히 깨달아 가더라도, 오히려 '법신 주변의 일'일 뿐이다. 만약 '법신을 향상하는 일'(성불에 이르는 닦음)에 대해 말하자면, 꿈에도 있음을 보지 못했다. 왜 그런가? 멀리 천리 밖을 보고자 한다면 다시 누각 한 층을 더 올라가야 하는 법이다.

捨命忘形 但恁麼去 纔到水窮雲盡處 烟消火滅時 驀然踏着本地風光 管取超佛越祖 直饒恁麼悟去 猶是法身邊事 若曰法身向上事 未夢見在 何故 欲窮千里目 更上一層樓 (『선요禪要』)

하지만 이렇게 위대한 '부처의 경지'도 결국 '고요하되 알아차리는 참나'를 현상계에 온전히 드러낸 것일 뿐입니다. 본래 온전한 '참나'에 노력 없이 안주할 수 있게 된 경지는, 절대계 차원에서 보면 부처와 동등한 경지입니다. 그러니 선불교에서 '견성성불見性成佛'(견성=성불)이라고 외치는 것입니다.

사실 ① '견성'(참나각성, 돈오)은 절대계 차원의 일이며 ② '성불'(업장정화, 점수)은 현상계 차원의 일입니다. 하지만 현상계 차원에서는 부처와 '지혜·자비'의 역량에서 차이가 나더라도, 절대계 차원에서는 이미 부처와 동등한 '참나안주'가 이루어졌다는 것이죠. 이런 의견은 보조 스님도 동일합니다.

> (1주 이후) 그 가운데 '습기'를 연마하고 다스려 '자비와 지혜'(6바라밀)가 점차 원만해져서 계급을 승진함이 없지 않으나, 처음의 발심(초발심의 1주)으로 이미 '시간성이 없는 지혜의 문'에 들어간 것이니, 비록 '구경위究竟位'(불지)에 이르더라도 애초에 움직여 바뀜이 없는 것이다.
>
> 於中鍊治習氣 悲智漸圓 昇進階級非無 然從初發心 以入無時智門故 雖至究竟位 初無移易也 (『원돈성불론』)

이렇게 '참나안주'를 이룬 '통달한 사람'은 늘 '참나의 고요함·자명함'과 함께하기에, 몸과 마음이 항상 가볍고 편안합니다. 그래서 정말 좋아하는 것, 혹은 아주 싫어하는 것을 대하더라도 몸과 마음이 흔들리지 않아요. 우리 중생들은 자신이 좋아하는 것을 만나면 몸과 마음에 충격을 받죠. 정말 좋아하는 것을 내 것으로 만들고 싶고, 영원히 내 곁에 두고 싶어서 흔들립니다. 반대로 아주 싫어하는 것을 봐도 충격이 옵니다. 너무나 보기 싫고 마주 대하기 싫어서 흔들리죠. 업장이 두터워서 그렇습니다.

'8가지 번뇌의 바람'(八風)이란 우리 몸과 마음을 이렇게 흔들어 놓는 주된 요소들만 모아 놓은 것입니다. 이게 우리에게 충격을 주고 번뇌를 주는 주범입니다. 먼저 '① 이익(利) ② 쇠퇴(衰)'가 한 쌍의 바람입니다. 로또가 되었든 복권이 되었든 갑자기 횡재하면 우리 마음이 흔들리죠. 돈이 들어와도 흔들리고, 돈이 나가도 흔들립니다. 바람에 흔들리듯 말입니다. 재산이 '+'가 되어도 흔들리고, 재산이 '−'가 되어도 흔들려 마음에 번뇌가 일어납니다.

또 다른 번뇌의 바람으로는 '③ 훼손(毁) ④ 명예(譽)'가 있습니다. 사람들은 누구나 '명예'를 중시합니다. 명예는 에고가 사회에서 인정을 받았다는 증표거든요. 그런데 누군가가 우리의 명예를 훼손시키면 에고가 '치명적인 상처'를 받아서 큰 분노가 치밀어 오르고 마음이 흔들리게 됩니다. 반대로 사회에서 인정을 받아서 명예가 생기면 마음이 또 흔들립니다. 이럴 때 흔히 자만해서 실수를 하게 됩니다. 사람들은 좀 띄워 주면 그냥 비행기를 타지요.

다음으로 '⑤ 칭찬(稱) ⑥ 비난(譏) ⑦ 고통(苦) ⑧ 즐거움(樂)'의 번뇌의 바람들이 있는데, 칭찬과 비난은 훼손과 명예와 동일합니다. 남들이 우리를 비방하면 마음이 요동하여 이성을 잃어버리죠. 그 반대의 경우도 마찬가지고요. 칭찬을 좀 받으면 자신을 과대평가하여 남의 위에 서려고 덤빕니다. 여기저기 자랑하려고 하고요. 고통은 우리 마음을 괴롭게 하는 것들이니 당연히 마음이 요동하게 되죠. 또한 즐거움도 지나치면 흥분 상태가 되어 이성을 잃습니다.

이상의 '8가지 번뇌의 바람'은 나·나의 것에 목숨을 거는 우리의 '에고'를 흔들어 놓습니다. 바다에 파도가 쉴 틈이 없듯이, 이 '번뇌의 바람'도 쉬는 법이 없어요. 현상계에 살아가는 한, 우리는 몸과 마음에 불어오는 이 번뇌의 바람을 항상 맞으며 살아야 합니다. 그런데 통달한 사람은 '참나의 선정·지혜'가 현상계에도 그대로 투영되었기 때문에, 늘 고요하고 늘 자명하여 현상계에서도 요동하지 않습니다.

재산이 들어와도 담담하며, 재산이 나가도 담담합니다. 남들이 자신을 비방하고 헐뜯어도 담담하며, 남들이 자신을 칭찬하고 인정해도 담담합니다. 고통을 겪어도 담담하며, 즐거운 일을 당해도 담담합니다. 집착이 없기 때문에 담담할 수 있는 것입니다. 이것이 바로 에고와 업장이 정화되었다는 증표입니다.

'3가지 느낌'(三受)은 우리 마음이 지니는 기본적인 느낌입니다. ① 즐거운 느낌(樂受) ② 불쾌한 느낌(苦受) ③ 좋지도 불쾌하지도 않은 느낌(不苦不樂受)이 그것이죠. 우리는 현상계에서 이 3가지 느낌 중의 하나를 가지고 살아갑니다. 즐겁거나, 괴롭거나, 무덤덤하게 말입니다. 하지만 참나를 깨치고 업장을 정화한 사람은 이 3가지 느낌에 의해 좌지우지되지 않아요. 이 3가지 느낌들을 아예 못 느낀다는 의미가 아닙니다. 우리가 현상계를 살아가는 한 이 3가지 느낌을 피할 수 없죠. 단지 그러한 느낌들에 대해 집착하지 않는다는 뜻입니다.

참나를 깨치고 업장을 정화한 이는, 현상계에서 어떤 경우를 당하더라도 자동으로 늘 흐르는 '참나의 선정·지혜'에 의지하여 자유롭게 걸림 없이 살다 갑니다. 움직이건 고요하건 늘 '선禪'에서 떠나지 않습니다. 이처럼 움직임과 고요함에 한결같은 공부는 『대승기신론』에서도 강조해 온 것입니다.

> ① 앉아서 '지止'(선정을 통한 참나의 현존 체험)에 전념할 때(고요할 때의 참선)를 제외하고는 ② 일체의 때에 '응당 해야 하는 것'(선)과 '응당 해서는 안 되는 것'(악)을 마땅히 남김없이 관찰해야 한다(觀, 움직일 때의 참선). 가고 머무르며, 눕고 일어날 때 모두 응당 '지止·관觀'을 함께 행해야 한다.
> 唯除坐時專念於止 若餘一切 悉當觀察應作不應作 若行若住 若

臥若起 皆應止觀俱行 (『대승기신론』)

'원불교'에서 최고의 심법으로 강조하는, 움직이건 고요하건 한결같이 닦는 '참선법'인 '무시선無時禪'도 바로 이것입니다.

① 6근六根이 작용하지 않으면 잡념을 제거하고 일심을 양성하며(정시선靜時禪) ② 6근이 작용하면 불의를 제거하고 정의를 양성하라(동시선動時禪)! (『정전正典』「무시선법無時禪法」)

결국 ① '참나의 고요함'을 써서 고요함을 방해하는 잡념을 녹이고 일심을 기르는 것이 '고요할 때의 참선'이며, ② '참나의 자명함'을 써서 옳고 그름을 자명하게 분별하여 옳은 것을 실천하고 그른 것을 제거하는 것은 '움직일 때의 참선'이 되는 것입니다. 이는 보조 스님의 가르침과 그대로 통합니다. 실제로 원불교에서는 『수심결』을 보조 경전으로 삼아 중시합니다.

'통달한 사람'은 이렇게 움직이건 고요하건 '참나안주'에 의지하여, ① 매사에 '참나의 선정'을 써서 '산란의 업장'을 극복하고 ② '참나의 지혜'를 써서 '혼침의 업장'을 극복하여, 움직임과 고요함에 걸림이 없이 '타고난 본성의 진리' 즉 '참나의 고요함과 자명함'을 온전히 드러냅니다. 이렇게 '산란과 혼침'의 업장(병)

에서 자유로운 이가 왜 '약'을 필요로 하겠습니까?

왜 돈오한 이가 점문의 수행법을 빌려다 닦느냐는 질문에 대해 보조 스님께서는 "내가 억지로 그런 주장을 하는 것이 아니다. 병이 없으면 약이 필요 없다. 업장이 없으면 점문의 수행이 필요 없다. 그러나 병이 있으면 반드시 약을 먹고 치료를 해야 한다. 그래서 병이 있는 이, 즉 돈오 이후에도 업장이 남아 있는 이는 당연히 점문의 수행이 있어야 하는 것이다!" 하고 답하신 것입니다. 이제 돈오 이후 업장이 남아 있는 이의 닦음을 살펴보겠습니다.

제13장
그 일곱 번째 이야기

비록 먼저 단박에 깨닫기(돈오)는 했으나, 번뇌가 두텁고 습기가 견고하고 무거우면, 경계를 대함에 생각 생각마다 망령된 감정이 생겨나고, 인연을 만남에 마음 마음마다 욕망이 일어나서, '흐리멍덩함·산란함'에 의해 제압당하여 '고요함·알아차림'이 항상 흐른다는 것에 어두워지게 된다.

이런 자는 '증상에 따라 처방하는 문'의 선정·지혜를 빌려 와 증상에 따라 다스리는 공부를 잊지 말고 닦아서, '흐리멍덩함·산란함'을 고르게 조절하여, '에고를 초월한 경지'(無爲)에 들어가는 것이 마땅할 것이다.

雖先頓悟 煩惱濃厚 習氣堅重 對境而念念生情 遇緣而心心作對 被他昏亂 使殺昧却寂知常然者 卽借隨相門定慧 不忘對治 均調昏亂 以入無爲 卽其宜矣

'참나'를 깨쳤다고 하더라도, 업장이 두터운 사람은 '흐리멍덩함·산란함'에 마음이 요동합니다. 그래서 애써 밝혀낸 '참나의 현존'마저도 위협을 받게 됩니다. 마음에 어떤 대상이 떠오르면 마음이 그 대상에 심취하여 참나를 놓쳐요. 마음이 지루하고 무덤덤한 대상경계를 마주 대하면 '흐리멍덩함'에 빠져 버리고, 마음이 자극적인 대상경계를 마주 대하면 '산란함'에 빠져 버립니다.

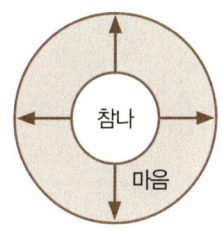

[업장을 정화하는 경지]

마음이 어떤 대상을 대하더라도 집착하거나 흔들려서는 안 되는데, '참나'를 깨친 사람도 이러한 방해를 받습니다. 이 모든 것이 다 '업장'의 소행이죠. 아무리 참나를 깨쳤다고 하더라도 업장이 남아 있으니 이런 일이 벌어지는 것입니다. 자신이 아무리 '돈오'를 했다고 하더라도 '흐리멍덩함과 산란함'이 참나를 위협한다면, 이것들을 어떻게든 닦아서 제거해야 합니다. 산란함을 제거하고 흐리멍덩함을 제거하는 법은 오직 '선정·지혜'뿐입니다. 점문의 수행법인 '몰입의 4단계'와 '지혜의 4단계'를 활용하여, 산란함과 흐리멍덩함을 제거하고 '참나의 선정·지혜'로 복귀해야 옳습니다. 참나의 선정·지혜를 다시 회복하고 나면 다시 건강한 사람이 되는 것입니다. 그리고 건강해진 이후에는 약이 필요 없게 되지요.

제13장
그 여덟 번째 이야기

비록 '증상에 따라 다스리는 공부'(對治功夫)를 빌려서 잠깐 '습기'(업의 잠재력)를 조절하였지만, 이미 마음의 본성이 본래 청정하고 번뇌가 본래 텅 비어 있음을 깨달았기 때문에, 점진적으로 닦아야 하는 열등한 근기의 오염된 수행에는 떨어지지 않는다.

왜 그러한가? '깨닫기 전의 수행'이란 비록 공부를 잊지 않고 생각 생각마다 익히고 닦지만, 이르는 곳마다 의심이 생겨서 장애가 없을 수 없으니, 마치 가슴에 한 물건이 걸려 있어서 답답한 것과 같다.

이렇게 하기를 오래하여 '증상에 따라 다스리는 공부'가 점차 익숙해지면, 몸·마음의 번뇌가 가볍고 편안한 듯해진다. 그러나 비록 가볍고 편안한 것 같아도 의심의 뿌리가 끊어지지 않았으니, 마치 돌로 풀을 눌러놓은 것과 같아서 오히려 '생사의 세계'에 자유로울 수가 없다. 그러므로 깨닫기 전에 닦는 것은 '참다운 닦음'(眞修)이 아니라고 하는 것이다.

雖借對治功夫 暫調習氣 以先頓悟心性本淨 煩惱本空故 即不落漸門劣機污染修也 何者修在悟前 則雖用功不忘 念念熏修 着着生疑 未能無碍 如有一物 碍在胸中 不安之相 常現在前 日久月深 對治功熟 則身心客塵 恰似輕安 雖復輕安 疑根未斷 如石壓草 猶於生死界 不得自在 故云 修在悟前 非眞修也

'돈오'를 한 사람은 번뇌가 본래 텅 빈 것이라는 것을 이미 투철히 알고 있습니다. 나·나의 것에 집착하는 '에고'가 존재하지 않는 절대계에는 본래 '번뇌'가 붙을 수 없거든요. 오직 에고가 존재하는 현상계에만 번뇌가 존재합니다. 번뇌는 '참나'에는 해당하지 않습니다. 참나는 이기적인 욕심을 부리는 자리가 아니고, 결핍감도 느끼지 못하는 자리입니다. 오직 '에고'만이 이기적인 욕심과 무지로 인해 번뇌하고 집착하고 고통스러워합니다.

그런데 이 '에고'란 놈은 참나의 일시적인 나툼일 뿐이에요. 에고는 영원불멸의 독자적인 실체가 아니라, 현상계에 존재하는 여러 조건에 의해 '제약된 자아'인 것이지요. 반면 우리의 본래적 자아인 '참나'는 순수하고 초월적이어서 어떠한 제약도 받지 않습니다. 시간·공간도 참나를 제약하지 못하는데, 어떻게 번뇌가 참나를 제약할 수 있겠습니까?

어떠한 제약도 받지 않는 '순수한 자아'를 깨달은 자는, 마음의 번뇌에 의해 '산란함과 흐리멍덩함'을 느끼고 또 '선정과 지혜'의 힘을 빌려서 그것을 닦더라도, 애초에 닦음도 닦을 것도 없었다는 사실을 명확히 알고 있습니다. 현상계 차원에서는 각종 업장을 부지런히 닦으면서도, 절대계 차원에서는 애초에 닦을 것도 닦는다는 행위도 필요 없다는 사실을 너무도 잘 이해하고 있어요. 그에게 있어서 '참된 닦음'이란, 본래 닦을 것이 없는 '절대계의 본성'을 '현상계의 닦음'을 통해 있는 그대로 드러내는 것일 뿐입니다.

반면에 돈오를 하기 전의 수행자는 '몰입의 4단계'와 '지혜의 4단계'를 닦더라도 마음 한편이 항시 답답합니다. '참나' 즉 '순수한 나'를 아직 보지 못했거든요. 아직 '견성見性'을 하지 못해서, 마음을 닦기는 하지만 참나를 잘 모릅니다. 마음이 흐리멍덩하면 '지혜'로 치료하고 마음이 산란하면 '선정'으로 치료하기는 하지만, '본래 고요하고 본래 자명한 참나 자리'를 명확히 보지 못했기 때문에 늘 답답합니다.

현상계 차원의 선정과 지혜가 잘 닦일 때는 뭔가 이룬 것도 같고 몸과 마음이 가벼워진 것도 같지만, '절대계의 참나'를 속 시원히 알지 못하니 항시 찜찜한 것입니다. 현상계의 인과성 안에서는 잘 닦고 있지만, 인과성을 벗어난 절대계의 차원에 대해서는 캄캄하다 보니 항시 의문이 가슴을 떠나지 않아요. "과연 내 안에 시간과 공간을 초월한 참나·불성이 존재하기는 하는 것일까?" 하고 말입니다.

선정과 지혜가 잘 닦일 때는 비록 몸과 마음이 편안한 것 같아도, 근본적인 의심의 뿌리가 끊어지지 않아서 꼭 돌로 풀을 눌러놓은 것 같아 자유로울 수 없습니다. 그러므로 깨치기 전에 닦는 것은 참다운 닦음이 아니라고 하는 것입니다. '돈오'를 하기 이전에도 분명히 '점수'를 했는데, 왜 '점수—돈오'라는 말은 잘 안 하고 '돈오—점수'라는 말만 하느냐 하는 의문이 있을 수 있어요. 그 답이 바로 이것입니다. '돈오 이후의 점수'만이 '참다운 닦음'(眞修)이기 때문입니다.

제13장
그 아홉 번째 이야기

깨달은 사람(돈오하여 견성한 사람)이 '증상 따라 다스리는 방편'을 쓴다고는 하지만, 생각 생각에 의심이 없어서 더럽혀지거나 오염되지 않으니, 날이 가고 달이 가면 자연히 타고난 그대로의 미묘한 본성에 계합할 것이다.

그리하여 애씀 없이 '고요함·알아차림'을 고루 챙기며, 생각마다 일체의 경계를 반영하면서도 마음 마음은 일체 번뇌를 영원히 끊어 버려서, '자신의 본성'(참나)을 떠나지 않고 '선정과 지혜'를 고루 챙겨서 '위없는 깨달음'을 이루게 되니, 앞에서 말한 수승한 근기를 가진 사람(통달한 사람)과 아무런 차별이 없게 될 것이다.

'증상에 따라 처방하는 문의 선정과 지혜'(隨相門定慧)는 비록 점진적으로 닦아야 하는 근기를 가진 자가 행하는 것이지만, '깨달은 사람'의 입장에서 보면 쇳덩이를 달구어 황금을 만드는 격(영적 연금술)이라고 할 수 있다. 만약 이와 같이 안다면 어찌 두 문(자성문自性門·수상문隨相門)의 선정·지혜에 선후의 차례가 있다는 의심이 생길 수 있겠는가?

悟人分上 雖有對治方便 念念無疑 不落汚染 日久月深 自然契合天眞妙性 任運寂知 念念攀緣一切境 心心永斷諸煩惱 不離自性 定慧等持 成就無上菩提 與前機勝者 更無差別 則隨相門定慧 雖是漸機所行 於悟人分上 可謂點鐵成金 若知如是 則豈以二門定慧 有先後次第二見之疑乎

'돈오점수'의 수행자는 사실 '돈오돈수'의 수행자와 '돈오'라는 측면에서는 동일합니다. 그러나 '참나'가 드러난 마음자리에 얼마나 많은 '업장'이 쌓여 있느냐에 따라, 향후 가야 할 길이 달라집니다. ① '업장이 엷은 자'는 돈오 이후 단박에 '혼침·산란의 업장'에서 벗어나 자유자재한 걸림이 없는 삶을 살 것이며 ② '업장이 두터운 자'는 돈오 이후 업장을 정화하는 노력을 동원해야만 자유자재한 경지에 도달할 수 있을 것입니다. 이상이 보조 스님의 결론입니다.

이 장이 시작할 때 질문자는 대략 3가지 관점에서 보조 스님의 주장에 의문을 표시했습니다. 이는 다음과 같이 요약할 수 있습니다. 이는 ① '돈문 → 점문'의 관점에서 "돈오한 이가 왜 점문의 수행을 해야 하느냐?" 하는 것과 ② '점문 → 돈문'의 관점에서 "돈오한 이가 점문의 수행을 빌려다 닦는다면 이는 '닦음 없는 닦음'이 되기에는 부족하지 않은가?" 하는 것과 ③ '돈문=점문'의 관점에서 "돈문과 점문은 그 성질이 전혀 다른데 이를 함께 닦으란 소리냐?" 하는 의문입니다.

이제 결론적으로 보조 스님의 입장에 근거하여 위의 3가지 의문에 대한 답변을 정리해 보도록 하겠습니다. ① '돈문 → 점문'의 관점에 입각한 의문에 대해서는, "아무리 절대계의 참나를 깨달아 돈오를 했더라도, 현상계 차원에서 업장이 두터우면 이를 닦아 내야 한다."라고 하였습니다.

먼저
참나를 되찾고
업장을 정화하라!

② '점문 → 돈문'의 관점에 입각한 의문에 대해서는, "돈오한 이가 '참나의 고요함·자명함'에 의지하여 닦는 '점진적 닦음'은 참나각성을 모르는 이가 닦는 '점진적 닦음'과는 질적으로 다른 닦음이니, 이것이야말로 '진정한 닦음'이며 '닦음 없는 닦음'이다."라고 하였습니다.

단순한 '현상계의 수행'만으로는 업장을 정화할 수 없습니다. 기독교에서도 '성령의 평안과 진리'의 도움이 없이는 '에고의 죄'를 극복할 수 없다고 말하고, 불교도 마찬가지로 '참나의 고요함과 알아차림'이 없이는 '에고의 업장'을 극복할 수 없다고 봅니다. 결국 '업장의 정화'는 '참나'가 하는 것이지, '에고'가 하는 것이 아니거든요.

'참나'는 탁한 물을 맑은 물로 정화한다는 신비의 구슬인 '마니주'와 같습니다. 그래서 온갖 '에고의 작용'을 청정하게 정화하는 신비의 힘을 가지고 있습니다. 이것은 마치 쇳덩이를 모아서 황금으로 바꾸는 '영적 연금술'과 같습니다. '번뇌·망상'(쇳덩이)을 '참나의 고요함·자명함'으로 변화시켜 '지혜롭고 자비로운 참나의 나툼'(황금)으로 만드는 영적 연금술이죠.

아무리 '에고의 업장'이 두텁다고 해도, '참나의 신비한 힘'이 미치면 서서히 '참나의 신성한 작품'으로 정화되어 갑니다. 참나에는 그런 힘이 있습니다. 그래서 참나를 깨친 뒤의 수행이야말로 진정한 수행이라고 하는 것입니다. '참나'는 본래 공정하고 자명하며 나와 남을 동등하게 배려하는 '지혜와 자비의 자리'입니다. 참나는 원래 완벽한 자리예요.

그래서 '참나'가 우리 마음에 확연히 드러나게 되면, '에고의 마음'도 그 빛을 받아 함께 공명하게 됩니다. 그래서 공정해지고, 남을 배려하게 됩니다. 욕심의 충족보다는 양심의 충족에 끌리게 됩니다. 참으로 신기한 일이지요. 그런데 참나가 가려지면 마음은 곧장 타락합니다. 그러니 부처·보살이 되려면 무엇보다, 자신의 마음속에 세세생생 존재하는 '참나 자리'부터 찾아야 합니다.

언제 어디서나 정신을 모아서 '참나의 빛'이 훤히 비추도록 해야 합니다. 참나를 찾지 못하고서는 답이 나오지 않습니다. '참나'를 모르고서 '업장'을 정화하겠다는 것은, 어떠한 장비도 가지지 않고 쇠나 다이아몬드를 절단하겠다는 것만큼 어리석은 발상입니다. 업장을 정화하려면 거기에 알맞은 도구가 있어야 하지요. 업장을 정화하는 최고의 도구가 바로 '참나의 고요함·자명함'이라는 것입니다.

③ '돈문=점문'의 관점에 입각한 의문에 대해서는, "돈문과 점문은 근본적으로 차원이 다르다. 그렇기에 함께 닦을 수 있다. 절대계 차원에서는 단박에 '참나의 각성'을 이루고, 현상계 차원에서는 점진적으로 '업장의 정화'를 이루어가면 된다. 이 둘은 본래 충돌하지 않고 서로 도우니, '에고의 선정·지혜'는 '참나의 선정·지혜'가 현상계에서 온전히 드러나도록 돕는 작용을 한다."라고 하였습니다.

'생각·감정·오감'의 현상계는 모두 '절대계 참나의 빛'에 의해서만 존재할 수 있습니다. 모든 '빛'(알아차림)의 근원은 오직 하나, '참나 자리'입니다. 다른 근원이 없어요. 그러니 일체는 '참나의 작용'이기에 '에고의 선정과 지혜'를 열심히 닦더라도 그 자체에서 답이 나오는 것이 아니라, 그런 노력을 통해 '산란·혼침의 업장'이 벗겨진 만큼 '참나의 선정·지혜'가 더 드러나게 될 뿐입니다.

 이것은 마치 '구름'이 걷히면 '태양빛'이 드러나는 것과 같습니다. 이 둘은 다른 차원이에요. 원래 태양빛이 없다면, 구름이 걷힌다고 해서 더 환해질 이유가 없지요. 그러니 '빛의 근원'이 구름에 있는 것은 아닙니다. 마찬가지로 '에고의 선정·지혜'의 역할은 본래 온전하고 늘 흐르는 '참나의 선정·지혜'를 더 드러나게 하는 것일 뿐입니다.

 따라서 아무리 닦아도 본래 닦을 것이 없는 것입니다. 현상계 차원에서는 열심히 '산란과 혼침의 업장'을 닦아 내야 하나, 결국은 본래 완전한 '절대계의 선정과 지혜'가 드러나는 것일 뿐이니까요. 말단만 보고서 '구름'이 걷히면 훤해진다고 말할 수 있으나, 단순히 구름이 걷힌다고 해서 빛이 생겨나지는 않습니다.

 실상은 '구름'(현상계의 업장)이 걷힘에 따라, 본래 광명한 '태양빛'(절대계의 빛)이 드러나는 것일 뿐입니다. 태양은 구름에 가려진 동안에도 본래 온전했거든요. 태양 자체가 어두워졌다가 다시 새롭게 광명해진 것이 아닙니다. 그런데 구름에 워낙 가려진 삶을 살다 보면, 태양이 없다가 생겨난 줄 알게 됩니다. 태양이 늘 광명했다는 사실을 모르는 것이지요.

그러니 '참나'를 모르고 닦는 '에고의 선정·지혜'는 그 자체로 답이 나올 수 없습니다. 공부의 말단만 붙잡고 있지, 공부의 본질로 파고들지 못한 것이니까요. 그래도 공부의 시작은 '에고의 선정·지혜'로 해야 합니다. 아무리 태양빛이 광명해도 구름에 가려진 이상, 구름을 걷어야만 빛이 나올 수 있으니까요.

그런데 '에고의 선정·지혜'밖에 모르는 이는, 구름이 걷히면 빛이 새로 생겨나는 것으로 착각합니다. 그래서 '돈오' 즉 '참나 각성'이 중요한 것입니다. '참나'를 한 번이라도 제대로 만나봐야, "아, 선정과 지혜는 모두 이 자리에서 나오는구나. 내가 닦는 수행은 이것을 거들 뿐이구나." 하는 사실을 정확히 알고 올바른 방식으로 닦아갈 수 있습니다.

그래서 돈오를 해야만 본격적인 '닦음'이 시작되는 것입니다. 닦되 닦음이 없는 '참된 닦음'이 시작됩니다. 돈오를 한 뒤에는 참나를 다시 놓치더라도 이미 참나의 존재와 속성을 확실히 알고 있거든요. 그래서 돈오 이후에도 방편이 필요하면 곧바로 '에고의 선정·지혜'를 빌려와서 닦는 것입니다. 하지만 이렇게 '점문의 수행법'을 가져다 닦더라도, 거기에 집착하지는 않습니다.

그냥 구름이 걷히면 태양빛이 자연히 드러나는 이치를 알기에, '에고의 선정·지혜'를 닦더라도 본래 온전한 '참나의 고요함·자명함'이 자연스럽게 드러나는 것을 도울 용도로만 쓰고 버립니다. 거기에 집착하지 않아요. 그러니 쓸데없는 힘을 쓰지 않고 수행이 자연스럽죠. 결국 '참나'가 하는 것이지, '에고'가 하는 것이 아님을 잘 알거든요. 이렇게 자연스럽게 닦아가는 것, 이것이 '닦음 없는 닦음'입니다.

제14장

지금 이 생에 깨달으라

제14장
그 첫 번째 이야기

바라건대 모든 진리를 닦는 사람들은 이 말을 잘 연구하여 다시는 의심으로 인해 스스로 포기하는 일이 없도록 하라. 장부의 뜻을 갖추고, 최상의 깨달음을 구하는 자는 이것을 버리고서 어찌 할 것인가?

절대로 문자에 집착하지 말고 곧장 그 의미를 꿰뚫어 이해하여, 하나하나 자신에서 돌이켜 보아 본래의 근본적 가르침에 자신을 합치시켜야 한다. 그렇게 하면 '스승 없는 지혜'(참나가 본래 지닌 여래의 지혜)가 자연히 눈앞에 훤히 나타날 것이며, 타고난 그대로의 진리가 명백하여 어둡지 않게 될 것이니, '지혜의 몸'(慧身)을 성취하게 될 것이다. 이는 결코 다른 사람으로 말미암아 깨닫게 된 것이 아니다.

願諸修道之人 硏味此語 更莫狐疑 自生退屈 若其丈夫之志 求無上菩提者 捨此奚以哉 切莫執文 直須了義 一一歸就自己 契合本宗 則無師之智 自然現前 天眞之理 了然不昧 成就慧身 不由他悟

① '참나의 각성'(돈오)과 ② '업장의 정화'(점수)의 2가지 수행법만 잘 닦는다면, 우리는 이번 생애에 부처의 경지에 도달할 수 있습니다. 그런데 공부를 하고 싶어도 공부하는 방법을 몰라서 공부를 못하는 사람도 많을 텐데, 공부법을 다 알면서도 하지 않는다면 그건 또 무슨 심보입니까? 이제 길을 알았으니, 죽는 그 순간까지 열심히 정진해야 합니다.

이 『수심결』이라는 책도 하나의 문자일 뿐입니다. 절대로 문자에 집착해서, 본 의미를 놓치는 어리석은 짓을 하면 안 됩니다. 『수심결』의 모든 가르침은 오직 여러분 안의 '참나'를 찾고, 여러분의 '업장'을 정화하라는 것뿐입니다. 그런데 책은 열심히 보면서 돈오·점수의 수행은 하지 않는다면 얼마나 어리석은 일입니까?

진정한 답은 책에 있는 것이 아니라, 우리 마음속에 내재해 있는 '고요하되 지혜로운 참나 자리'에 있습니다. 참나에 모든 답이 있습니다! 이 자리는 본래 완벽하게 우리 마음속에 갖추어져 있기 때문에, 남에게 의존할 필요가 없어요. 여러분이 스승에게 의존하는 것은 그것을 찾기 위한 방편일 뿐입니다. 참나가 지니고 있는 존재도, 또한 그것을 찾는 주체도 바로 '여러분'입니다.

제14장
그 두 번째 이야기

이러한 미묘한 가르침이 비록 모든 사람들에게 해당하기는 하지만 일찍이 '지혜의 종자'를 심은 대승大乘[41]의 근기가 아니라면, 능히 한 생각에 바른 믿음을 내지 못할 것이다. 믿지 않을 뿐만 아니라, 도리어 비방하여 무간지옥에 떨어지는 자가 허다하다. 비록 믿고 받아들이지는 않아서, 한 번 귓가를 스쳐 지나가는 잠깐의 인연을 맺었을지라도 그 공덕은 헤아릴 수 없이 많을 것이다.

그러므로 『유심결唯心訣』[42]에서 이르길 "듣고서 믿지 않더라도 부처 집안에 태어날 씨앗을 맺으며, 배우고 이루지 못하더라도 오히려 사람·하늘사람의 복을 뒤덮어서, 부처가 될 바른 씨앗을 잃어버리지 않는다."라고 하였다. 하물며 (이 가르침을) 들어서 믿고, 배워서 이루고, 이를 잘 지켜서 잊어버리지 않는 이의 공덕이야 어찌 헤아릴 길이 있겠는가?

---

41) 대승
6바라밀로 자신의 참나를 온전히 밝혀, 자신과 둘이 아닌 모든 중생을 진리로 인도하는 위대한 가르침

42) 유심결
북송의 영명永明 연수延壽 스님이 지은 '일체유심一切唯心'의 핵심을 담은 글로, '선정'(아버지)과 '지혜'(어머니)를 쌍으로 닦아 확철대오에 이르는 요결을 담고 있음

而此妙旨 雖是諸人分上 若非夙植般若種智 大乘根器者 不能一念而生正
信 豈徒不信 亦乃謗讟 返招無間者 比比有之 雖不信受 一經於耳 暫時結
緣 其功厥德 不可稱量 如唯心訣云 聞而不信 尚結佛種之因 學而不成 猶蓋
人天之福 不失成佛之正因 況聞而信 學而成 守護不忘者 其功德 豈能度量

'참나'야 누구나 가지고 있는 것이지만, 씨앗을 뿌려 놓지 않으면 수확할 수 없듯이, 부처가 될 수 있는 인연을 지은 사람만이 참나를 온전히 회복할 수 있다는 내용입니다. 부처가 되고자 한다면, 부처가 될 만한 씨앗을 많이 뿌려 놓아야 한다는 것이죠. 부처님께서 설법할 때 잘 들어 놓거나, '6바라밀'을 꾸준히 실천하고 닦아 온 사람이 좋은 인연을 뿌린 사람들입니다. 이런 사람들은 몸을 받아도 부처가 될 인연이 있는 몸을 받아서 나옵니다.

그래서 전생에 좋은 업을 많이 지은 사람은 '대승大乘의 근기' 즉 '6바라밀'로 자신의 참나를 온전히 밝혀, 자신과 둘이 아닌 모든 중생을 진리로 인도하는 위대한 가르침을 닦을 근기로 옵니다. 전생에 '지혜·자비의 복'을 많이 지은 사람은, 이렇게 나도 살리고 남도 살리는 최상의 근기로 태어난다는 것이죠. "그대들이 지금은 공부를 제대로 못하더라도, 이『수심결』의 이치를 잘 알아 두면 다음 생애에서라도 반드시 대승의 길을 걷게 될 것이다." 하는 의미입니다. 물론 이번 생애에 바로 공부하면 더 바랄 것이 없겠죠.

제14장
그 세 번째 이야기

과거에 윤회하던 업보를 돌아보니, 캄캄한 지옥에 떨어지고 무간지옥에 들어가서 온갖 고통을 받았던 시절이 몇 천 겁이었으며, '부처님의 길'을 찾고 싶어도 착한 벗을 만나지 못하여 오랜 겁을 윤회의 세계에 침몰하여 어두운 정신으로 깨닫지 못한 채 온갖 악업을 지으며 살았던 시절이 그 얼마였던가? 때때로 문득 생각해 보면 긴 한숨이 절로 나오니, 게으름을 피워 지난날의 재앙을 다시 받을 수 있겠는가?

또한 누가 나로 하여금 이번 생에 '사람'으로 태어나 만물의 영장이 되게 하였으며, 진리를 닦는 길을 훤히 깨닫도록 했는가? 참으로 눈먼 거북이가 바다에서 나무판자를 만나고, 수미산에서 떨어뜨린 바늘이 작디작은 겨자씨에 꽂히는 것과 같으니, 그 경사스럽고 다행스러움이야 어찌 말로 다 할 수 있겠는가?

追念過去輪廻之業 不知其幾千劫 墮黑暗入無間 受種種苦 又不知其幾何 而欲求佛道 不逢善友 長劫沈淪 冥冥無覺 造諸惡業 時或一思 不覺長吁 其可放緩 再受前殃 又不知誰復使我 今値人生 爲萬物之靈 不昧修眞之路 實謂盲龜遇木 纖芥投針 其爲慶幸 曷勝道哉

우리가 잘 몰라서 그렇지, 나중에 깨쳐서 우리의 과거 전생을 쭉 돌아보면 기가 찰 일들이 참 많을 겁니다. 죄를 지은 자가 교도소를 드나들듯이 얼마나 지옥을 많이 드나들었을 것이며, 얼마나 많은 생을 아귀·축생으로 살았을 것이며, 또 얼마나 많은 악행을 저질렀을까요? 물론 좋은 일도 많이 했을 것이며, 남을 위해 희생한 일도 있었겠지요. 그러나 여전히 '참나'에 캄캄하고 매 순간 각종 업장에 요동하는 우리 자신을 보면, 그리 좋게만 지내 오지는 않았을 것이 명확하지요.

다행히 마음만 먹으면 '돈오·점수'를 닦을 수 있는 '사람'으로 왔으니, 다행도 이런 다행이 없을 것입니다. 지옥에 있을 때, 아귀·축생으로 있을 때에는 '수행'을 하고자 해도 할 수가 없잖아요. 보조 스님께서는, 이런 운 좋은 일은 100년에 한 번씩 바다 위로 머리를 내미는 눈먼 거북이가 마침 바다 위를 떠다니는 구멍 뚫린 나무판자에 정확히 머리를 내밀만한 기적이며, 그 높다는 수미산 꼭대기에서 떨어뜨린 바늘 한 개가 구르고 굴러서 산 밑에 놓여 있던 겨자씨 한 알에 꽂힐 만큼 기적적인 일이라고 하십니다. 사람의 몸을 받기가 이렇게 어려운 일이니, 사람 몸을 지니고 있을 때 정신을 바짝 차리고 공부하자는 것이죠.

제14장
그 네 번째 이야기

내가 이제 만약 스스로 나약한 마음을 먹거나 혹 게으름을 부려 항상 다음으로 미루기만 하면, 졸지에 목숨을 잃고 악도惡道[43]에 떨어질 것이다. (악도에 떨어져) 온갖 고통을 받는 그때를 당하여, 비록 '부처님의 가르침'을 한 구절이라도 듣기를 원하며, 믿고 이해하고 받들어 챙겨서 그 괴로움을 면하고 싶다 하더라도 어찌 다시 그럴 수 있겠는가? 위태로운 지경에 처해서는 후회해 봐야 아무런 이익이 없을 것이다.

바라건대 모든 진리를 닦는 사람들이여, 마음을 잘 챙기고, 탐욕·음욕에 집착하지 말고, 머리에 붙은 불을 급히 끄듯이 알아차리고 돌아보는 것을 잊어서는 안 된다. 무상한 세월은 신속하기만 하고, 이 육신은 아침 이슬과 같이 순식간이며, 목숨은 석양과 같이 곧 저물 것이니, 비록 오늘은 내가 살아 있지만 내일은 보장하기 어렵다. 참으로 명심하고 또 명심해야 할 것이다.

我今若自生退屈 或生懈怠 而恒常望後 須臾失命 退墮惡趣 受諸苦痛之時 雖欲願聞一句佛法 信解受持 欲免辛酸 豈可復得乎 及到臨危 悔無所益 願諸修道之人 莫生放逸 莫着貪淫 如救頭然 不忘照顧 無常迅速 身如朝露 命若西光 今日雖存 明亦難保 切須在意 切須在意

---

43) 악취惡趣
악도惡道. 악한 일을 많이 저지른 악인이 태어나는 괴로운 곳. 흔히 3악도三惡道를 말하는데, ① 지옥 ② 아귀 ③ 축생이다.

엄청난 행운으로 '사람'으로 태어났는데, 게으름을 부리다가 졸지에 죽게 되면 어디로 갈지 모르잖아요? 사람으로 다시 오면 다행이겠지만, 지옥에 떨어질지 짐승으로 태어날지는 아무도 모르는 일입니다. 지옥에서는 고통이 너무 심해서 공부할 발심이 안 된다고 합니다. 또한 짐승으로 태어나서 어떻게 온전한 도를 닦겠습니까? 사람으로 온 이 소중한 시간을 함부로 허비하지 말아야겠습니다.

지금 이 순간 살아 있다고 해서 안심할 일이 아니죠. 자신이 언제 죽을지는 아무도 모르니까요. 오늘 살아 있다고 내일 살아 있으란 법이 없어요. 사정이 이런데 자꾸 이 공부를 미루기만 할 거냐는 것이죠. 머리에 불이 붙었는데, 그 불을 끄는 것을 내일로 미룰 사람은 없겠죠. 누구나 바로 그 자리에서 불을 끄고자 덤빌 것입니다. 머리에 붙은 불을 끄듯이 정신을 바짝 차리고 열심히 정진해야 합니다. 사람의 목숨은 언제 끝날지 모르니, 지금 이 순간부터 열심히 공부하라는 말씀입니다.

제14장
그 다섯 번째 이야기

또한 '유위有爲의 선행'(에고의 선행)만 닦더라도 3악도三惡道[44]의 고통을 면할 수 있고, 천상계·인간계에서 뛰어난 과보를 얻어서 갖가지 쾌락을 받게 될 것인데, 하물며 이 최상승의 깊고 오묘한 법문은 오죽하겠는가? 잠깐을 믿더라도 그 공덕이 그 어떤 것에도 비교할 수 없을 정도에 이를 것이다.

경전에 이르기를 "만약 어떤 사람이 삼천대천세계三千大天世界[45]를 가득 채울 7가지 보물을 가지고 세상의 일체 중생에게 보시하고 공양하여 모두 다 만족시키고, 또한 세상의 일체 중생을 교화하여 '4가지 소승小乘 성자의 결과'[46]를 얻게 해서, 그 공덕이 헤아릴 수 없고 끝이 없다고 하더라도, 밥 한 끼 먹는 잠깐 동안이라도 이 '진리의 가르침'을 바르게 생각함으로써 얻는 공덕만은 못하다."라고 하였다. 그러므로 우리의 이 법문이 최고로 존귀하니, 어떠한 공덕도 여기에 미치지 못함을 알 수 있다.

---

44) 3악도 ① 지옥 ② 아귀 ③ 축생

45) 삼천대천세계
삼천三千세계·대천大天세계로 부르기도 한다. 수미산須彌山을 중심으로 한 '1세계'가 1,000개 모인 것을 '소천小天세계', 소천세계가 1,000개 모인 것을 '중천中天세계', 중천세계가 1,000개 모인 것을 '대천大天세계'로 본다. 이러한 대천세계를 삼천세계라고도 하니, 3,000개의 세계가 아니고 1,000³이란 뜻이다. 따라서 삼천대천세계는 대략 10억 개의 세계에 해당한다.

46) 4과四果
소승불교(개인의 해탈만을 추구하는 불교의 가르침)에서 추구하는 4가지 성인의 과보. ① 수다원과 ② 사다함과 ③ 아나함과 ④ 아라한과

且憑世間有爲之善 亦可免三途苦輪 於天上人間 得殊勝果報 受諸快樂 況此最上乘甚深法門 暫時生信 所成功德 不可以比喻 說其少分 如經云 若人以三千大千世界 七寶布施供養 爾所世界眾生 皆得充滿 又教化爾所世界一切眾生 令得四果 其功德 無量無邊 不如一食頃 正思此法 所獲功德 是知我此法門 最尊最貴 於諸功德 比況不及

'유위有爲의 선행'이라는 것은 에고의 욕심으로 짓는 선행을 말합니다. 반대로 '무위無爲의 선행'은 6바라밀을 두루 갖춘 '참나'를 온전히 드러내는 '닦음 없는 닦음'(바라밀의 실천)을 말합니다. 결국 무위의 선행은 에고가 양심 그대로 짓는 선행이며, 유위의 선행은 에고가 욕심으로 짓는 선행을 말합니다.

무위의 선행은 참나가 본래 갖추고 있던 '6바라밀의 공덕'을 온전히 드러낼 뿐, 결과에 대한 집착이 없습니다. 그래서 '무량한 공덕' '무위의 공덕'을 짓습니다. 그러나 유위의 선행은 좋은 결과를 바라고 짓는 공덕이기에, 늘 욕심의 흔적이 남아 있습니다. 그래서 공덕이 짧아 '유한한 공덕' '유위의 공덕'을 지을 수밖에 없습니다.

그러나 한량이 있는, 욕심이 묻어 있는 '유위의 공덕'으로도 사람으로 다시 태어날 수 있고, 저 천국에 가는 아주 큰 복도 누릴 수 있습니다. 그러니 '참나'가 시키는 그대로 실천하여 지은 '무량한 공덕'은 얼마나 큰 복덕을 누리게 할까요?

'참나'는 ① 모든 '선함'(善)의 뿌리이며 ② 모든 '진리'(眞)의 뿌리이며 ③ 모든 '아름다움'(美)의 뿌리가 되는 자리입니다. 이 자리야말로 '진眞·선善·미美'의 본체 자리라고 할 수 있습니다. 모든 학문이 추구하는 '진리', 모든 도덕이 추구하는 '선함' 그리고 모든 예술이 추구하는 '아름다움'이 모두 이 자리에서 나옵니다.

① 어떤 것을 자명하게 인정하는 것도(眞) ② 옳다고 실천하는 것도(善) ③ 아름답다고 느끼는 것도(美) 참나만이 할 수 있기 때문입니다. 밖에서 찾지 마십시오! '진선미'는 우리 내면에 존재합니다. '반야바라밀'로 진리를 자명하게 하고(眞), '보시·지계·인욕·정진·선정바라밀'로 올바른 선을 구현하며(善), '6바라밀'을 조화롭게 써서 삶 전체를 아름다운 꽃으로 승화시키는 것(美), 이것이야말로 진정한 '대승의 길'이라 할 것입니다.

'에고의 욕심'이 아닌, '참나의 진선미'를 온전히 드러내는 '무위의 선행'이야말로, 진정한 보살의 길이자 대승의 길입니다. 이것이 '대승'입니다. 소승은 에고의 욕심을 초월하여 3계를 벗어나는 '열반'에 드는 것을 목표로 하지, 3계의 중생을 위해 '진선미' '6바라밀'을 드러내는 것을 목표로 하지 않습니다.

그런데 '참나의 명령'을 따라 중생을 위해 6바라밀을 드러내는 것을 서원하지 않고, 중생을 버리고 3계를 초월하여 '열반'에 들어갈 것만을 서원하는 것, 그것이 이미 '에고의 욕심'입니다.

대승불교의 입장에서는 이것도 사리사욕일 뿐입니다. 소승불교적 관점에서는 이것을 이해하기 힘들지요.

그래서 보조 스님께서는, ① 일체 중생에게 7가지 보물을 보시하고 공양한 위대한 공덕이나 ② 일체 중생을 가르쳐서 소승 성자를 만드는 위대한 공덕도, 잠깐 동안 '대승의 가르침'을 바르게 생각하는 공덕만 못하다고 한 것입니다. 위의 2가지는 아직도 '유위의 선행'일 뿐, 진정한 '무위의 선행'이 아니기 때문입니다.

'참나'에 본래 갖추어져 있는 '6바라밀의 공덕'을 드러내는 '무위의 선행'이야말로 최고로 뛰어난 대승의 가르침이니, 이는 ① 참나의 각성(돈오)과 ② 닦음 없는 닦음(점수)을 그 내용으로 합니다. 6바라밀의 실천은 '참나의 작용'이며, '참나의 각성'은 6바라밀의 뿌리입니다. 이러한 본체와 작용을 두루 갖추고서 온 우주의 중생을 널리 교화하고 돕는 것, 이것이야말로 인간이 걸을 수 있는 최고의 길인 '대승의 길'입니다.

제14장
그 여섯 번째 이야기

그러므로 경전에서 말하기를 "'한 생각 청정한 마음'이 바로 도량道場[47]이니, 갠지스 강의 모래알 수와 같은 엄청난 수의 '7가지 보물로 만든 탑'을 훌륭히 만들지라도, 그 7가지 보물로 만든 탑은 마침내 부서져 먼지가 되겠지만, 한 생각 깨끗한 마음은 '바른 깨달음'(正覺)을 이룬다."라고 하였다.

바라건대 모든 진리를 닦는 사람들이여, 이 말을 깊이 연구하여 명심할지어다. 이 몸을 이번 생에 구제하지 못한다면, 다시 어느 생을 기다려 이 몸을 구제할 것인가?

故經云 一念淨心是道場 勝造恒沙七寶塔 寶塔畢竟碎爲塵 一念淨心成正覺 願諸修道之人 硏味此語 切須在意 此身不向今生度 更待何生度此身

---

47) 도량 진리를 닦고 완성하는 자리

우리가 우리 마음 밖에 갠지스 강의 모래알 수와 같은 엄청난 수의 7가지 보물로 만든 탑을 만들어서 부처님께 바친다고 하더라도, 부처가 되기에는 요원합니다. 현상계의 법칙은 냉정하거든요. 부처가 될 원인을 지어야만 부처님의 공덕을 갖출 수가 있습니다. 부처가 되기 위해서는 한 생각을 돌이켜 '참나'를 깨쳐야 하고, 한 생각을 바르게 내어 '참나의 지혜와 자비'를 현상계에서 펼쳐 냄으로써 온갖 선업을 지어야 합니다.

> 도를 닦을 시간은
> '지금'이며
> 도를 닦을 장소는
> '자신의 마음'이다!

도를 닦는 도량은 '자신의 마음'이지 바깥에 있는 것이 아닙니다. 절을 호화롭게 꾸민다고 부처가 되는 것이 아니에요. 콩을 수확하려면 콩의 종자를 심어야 하고, 팥을 거두려면 팥의 종자를 심어야 하듯이, 부처가 되기 위해서는 부처가 될 수 있는 종자를 심어야 합니다. 7가지 보물로 된 탑을 짓는 것은 결코 부처가 될 수 있는 씨앗이 아니에요. 이것을 명확히 해야 부처가 되는 길이 보일 것입니다.

제14장
그 일곱 번째 이야기

지금 만약 닦지 않는다면 10,000겁이 모두 어긋나게 될 것이며, 지금 만약 수행을 하기가 힘들더라도 억지로라도 자꾸 닦아가다 보면 점점 쉬워져서, 공부의 진도가 자연히 나아가게 될 것이다.

참으로 슬프도다! 요즘 사람들은 배가 고프면서도 맛난 음식을 눈앞에 두고서 맛볼 줄을 모르며, 병이 났으면서도 의사를 눈앞에 두고서 약을 복용할 줄을 모른다. "어떻게 해야 하는가?" "어떻게 해야 하는가?"라고 절실히 묻지 않는 이는 나도 어떻게 할 수가 없다.

今若不修 萬劫差違 今若强修 難修之行 漸得不難 功行自進 嗟夫 今時人 飢逢王饍 不知下口 病遇醫王 不知服藥 不曰如之何 如之何者 吾末如之何也已矣

『수심결』에서 제시한 '참나의 각성'(돈오), '업장의 정화'(점수)의 길만 잘 걷는다면 우리는 반드시 '부처'의 경지에 도달할 수 있을 것입니다. 당장 힘들다고 자포자기해 버리면 10,000겁이 모두 어긋나게 되는데, 이렇게 귀한 기회를 함부로 날려 버리시겠습니까? 사람으로 와서 진리를 듣는 다시없을 기회를 그냥 흘려보내면 안 될 것입니다. 부처에 이르는 그 길을 진지하게 찾아야 합니다.

> "어떻게 해야 하는가? 어떻게 해야 하는가?"라고 절실히 묻지 않는 이는 나도 또한 어떻게 할 수 없다.
> 子曰 不曰如之何 如之何者 吾未如之何也已矣 (『논어』)

유교의 성인이신 공자께서도 말씀하셨듯이, 문제가 발생했으면 그 답을 정확히 찾아야지 "큰일 났다!"라고만 외쳐서는 도와줄 수가 없습니다. 『수심결』에 답이 있으니, 이 답을 잘 활용하여 어서 빨리 번뇌에서 벗어나시기 바랍니다.

제14장
그 여덟 번째 이야기

또한 현상계의 인과관계에 의해 발생하는 일은 그 형상을 볼 수 있고 그 공덕도 직접 체험할 수 있으므로, 사람들이 한 가지 일만 얻어도 희귀한 일이라고 감탄한다. 그러나 우리 '심종心宗'[48]은 관찰할만한 형체도 없으며, 볼만한 형상도 없으며, 말로 표현할 수도 없고, 마음으로 헤아릴 수도 없다.

그러므로 (그 마음의 본래 자리는) 천마天魔[49]와 외도의 무리들이 훼방할 길이 없고, 제석천帝釋天[50]과 범천梵天[51] 등의 하늘의 신들이 칭찬할 방법이 없는데, 하물며 중생의 얄팍한 식견을 지닌 무리들이 어찌 능히 상상이나 할 수 있겠는가?

且世間有爲之事 其狀可見 其功可驗 人得一事 歎其希有 我此心宗 無形可觀 無狀可見 言語道斷 心行處滅 故天魔外道 毀謗無門 釋梵諸天 稱讚不及 況凡夫淺識之流 其能髣髴

---

48) **심종** 마음으로 전해지는 가르침
49) **천마** 수행을 방해하는 마왕
50) **제석천** 33천의 주재자인 인드라 신
51) **범천** 우주의 창조주인 브라마 신

'참나'는 시간과 공간을 초월한 절대계의 존재입니다. 그러니 그 자리를 깨쳤다고 해도 남에게 보여 줄 수 없는 노릇이에요. 만약 참나라는 물건이 시간과 공간에서 펼쳐지는 현상계의 존재라면, 눈으로 볼 수 있고 손으로 만져 볼 수 있으며 머리로 이해할 수 있을 텐데 말이죠. 참나는 생각·감정·오감으로는 파악할 수 없는 자리입니다.

> 예수님께서 말씀하시길 "나는 그대들에게 어떤 '눈'도 본 적이 없고, 어떤 '귀'도 들은 적이 없고, 어떤 '손'도 만진 적이 없으며, '인간의 마음'에 한 번도 나타난 적이 없던 것을 줄 것이다."라고 하셨다. (『도마복음』 17절)

이 자리는 우리의 이기적 자아인 '에고'가 침범할 수 없는 자리입니다. 이 자리는 마왕이나 이단의 무리들이 방해할 수도 없으며, 제석천과 범천이 칭찬할 수도 없습니다. 그 자리는 모든 '나·남'을 초월한 자리인데, 어떻게 마왕이니 제석천이니 하는 이름이 붙을 수 있겠습니까? 그 자리에는 '부처'도 존재할 수가 없어요. 부처라는 '이름·개념'도 붙을 수 없다는 말입니다. 이 점을 이해하시기 바랍니다. 이해만 해서는 안 되고, 직접 그 자리에 들어가 보셔야 합니다. 그래야 무슨 소리인지 알 수 있어요.

제14장
그 아홉 번째 이야기

슬프도다! 우물 안의 개구리가 바다의 넓디넓음을 어찌 알 것이며, 여우가 어찌 사자처럼 소리를 지를 수 있겠는가? 그러므로 말법 세상에 살면서도 이 법문을 듣고 기특한 생각을 내서 믿고 이해하며 받들어 챙기는 사람들은, 이미 헤아릴 수 없는 겁의 세월 동안 모든 성인을 받들어 섬겨서, '일체의 선한 근기'를 심고 '반야의 바른 원인'을 맺은 최상의 근기들임을 알 수 있다.

그러므로 『금강경』에서 이르길 "이 글귀에 대해 능히 믿음을 일으키는 자는 이미 헤아릴 수 없는 부처님의 자리에 일체의 선의 근기를 심은 것으로 알아야 한다."라고 하였으며, 또한 "대승의 마음을 낸 사람을 위해서 가르침을 펴며, 최상승의 근기를 지닌 사람을 위해 가르침을 편다."라고 하였다.

悲夫 井蛙焉知滄海之闊 野干何能師子之吼 故知末法世中 聞此法門 生希有想 信解受持者 已於無量劫中 承事諸聖 植諸善根 深結般若正因 最上根性也 故金鋼經云 於此章句 能生信心者 當知是人 已於無量佛所 種諸善根 又云爲發大乘者說 爲發最上乘者說

불교에서 말하는 '선한 근기'란, 무수한 윤회를 거듭해 오는 동안 나와 남 모두를 구제할 '6바라밀'을 두루 닦아서 그 결과로 얻게 된 '6바라밀의 역량'을 말합니다. 그러니 6바라밀을 통해 공덕을 두루 쌓는 것이 '선한 근기'를 심는 방법입니다. 그리고 그 결과로 발생한 '뛰어난 6바라밀의 역량'을 '최상근기'라고 하는 것입니다.

선한 근기, 선한 뿌리가 단단히 심어지면 '대승의 길'을 걷는 것이 훨씬 수월해집니다. 과거에 우리가 선한 근기를 잘 심어 왔다면, 당연히 『수심결』에서 말하는 '돈오·점수로 부처에 이르는 길'을 쉽게 이해하고 수용할 수 있을 것입니다.

> 공자께서 말씀하시길 "군자에게는 '3가지 두려움'이 있다. ① '하느님의 명령'을 두려워하며 ② 하느님의 명령을 따르는 '큰 사람'을 두려워하며 ③ 하느님의 명령에 합치하는 '성인의 말씀'을 두려워한다.
> 孔子曰 君子有三畏 畏天命 畏大人 畏聖人之言
>
> 소인들은 ① '하느님의 명령'을 알지 못하니 두려워하지 않고 ② '큰 사람'을 업신여기고 ③ '성인의 말씀'을 깔본다."라고 하셨다.
> 小人不知天命而不畏也 狎大人 侮聖人之言 (『논어』)

오랜 세월 자신의 이익만을 추구하며 살아온 소인배들은, 선한 근기를 심지 않았기에 인연이 없어 진리를 들어도 무시합니다. 그러나 오랜 세월 양심의 진리를 따르며 살아온 군자·보살들은, 선한 근기를 단단히 심어 왔기에 진리를 들으면 존중하여 따릅니다.

과거는 기억이 나지 않더라도 지금 여기에서 『수심결』의 가르침을 잘 이해하고 받들어 실천하십시오. 그렇다면 당신은 오래도록 준비해 왔던 최상근기인 것입니다! 더 이상 망설이지 말고, ① '선정의 계발'을 통해 '고요하되 자명한 참나의 현존'을 자각하십시오(참 마음의 각성). ② 그리고 '지혜의 계발'을 통해 양심에 자명한 것과 찜찜한 것을 자명하게 분별하여, '참나의 뜻'을 자명하게 인가하고 실천하십시오(참 마음의 실천).

제14장
그 열 번째 이야기

바라건대 진리를 구하는 사람은 겁먹고 나약한 마음을 내지 말고, 용맹스런 마음을 내야 한다. 혹시 전생에 선한 원인을 맺었는지도 모를 일 아닌가? 만약 자신이 뛰어난 근기임을 믿지 않고 스스로 하등하고 열등한 근기라고 자처하며, 어렵고 힘들다는 생각을 내어 이번 생에 닦지 않으면, 비록 전생에 선한 뿌리를 심었다고 하여도 지금 그것을 끊어 버린 것이 되니, 갈수록 어려워지고 점점 더 멀어질 것이다.

이미 보물이 있는 곳에 왔으니 빈손으로 돌아가는 일이 없도록 해야 한다. 한 번 사람의 몸을 잃어버리면 10,000겁에 다시 오기 어려우니 부탁컨대 제발 조심할지어다. 지혜로운 사람이라면 어찌 보물이 있는 곳을 알고도 그것을 찾지 않으면서, 외롭고 가난함을 두고두고 원망할 수 있겠는가? 만약 보물을 얻고 싶다면 이 가죽주머니(육신)를 놓아 버려라!

願諸求道之人 莫生怯弱 須發勇猛之心 宿劫善因 未可知也 若不信殊勝 甘爲下劣 生艱阻之想 今不修之 則縱有宿世善根 今斷之故 彌在其難 轉展遠矣 今旣到寶所 不可空手而還 一失人身 萬劫難復 請須愼之 豈有智者 知其寶所 反不求之 長怨孤貧 若欲獲寶 放下皮囊

전생에 이 세상에 와서 내가 무슨 좋은 원인을 지었는지는 모르잖아요? 그러니 자신이 전생에 악행만 저질렀을 것이라고 지레짐작하여 낙담하고 공부를 포기하지는 말라는 말입니다. 무슨 기특한 짓을 해 놓았는지 모르잖아요. 부처님께 해탈을 보장받았을지도 모르고요. 해 봐야 알 수 있는 것입니다. 지금 이 『수심결』의 가르침을 닦을 수 있다면, 이미 많은 선근을 심어 왔다는 증거이니까요. 목표에 거의 다 왔을지도 모르는데, 지레짐작으로 포기하지 말라는 것입니다.

보물이 우리 목전에 있으니, 허탕치고 빈손으로 돌아가는 일은 없어야 할 것입니다. 우리가 윤회계를 돌고 돌면서 그토록 간절히 찾아 헤매던 보물은 바로 우리의 '참나' 즉 '공적영지空寂靈知'입니다. 참나가 우리 마음속에 있어요. 지옥에서 헤맬 때나 아귀·축생으로 있을 때는, 보물을 수중에 가지고 있더라도 되찾을 길이 없었어요. 하지만 이제 사람으로 태어나 보물이 있는 곳도 알고 보물을 되찾을 방법도 수중에 넣었으니, 어찌 망설일 수 있겠습니까? 길어야 100년도 못 버티는 육신의 안락과 쾌락 때문에, 한 번 되찾기만 하면 억만 겁을 두고 우리를 부유하고 풍요롭게 할 이 보물, '참나'를 절대로 포기하지 마십시오!

부록

구주심九住心 : 몰입의 9단계

[구주심九住心]

불교에서는 '몰입' 즉 '일념집중'의 단계를 전통적으로 9단계로 논합니다. 이를 '구주심九住心'(9개의 집중하여 머무르는 마음)이라고 하죠. 구주심은 신라의 고승 원효元曉(617~686)도 강조했던 것이며, 14대 달라이 라마의 스승인 티장 린포체가 그린 탱화가 전해 오고 있습니다. 다음 그림은 티장 린포체의 그림을 바탕으로 몰입의 9단계를 설명한 것입니다. 이러한 구주심의 9단계는 '몰입의 4단계'의 확장판이라 할 수 있습니다. 먼저 그림에 새겨진 번호의 순서대로 몰입의 각 단계를 설명하겠습니다.

① 1단계

소년이 손에 든 '밧줄'은 몰입 대상에 대한 견고한 마음챙김을 상징하며, '도끼'는 마음이 산란과 혼침에 빠지지 않도록 깨어서 알아차리는 것을 상징합니다. 소년은 이 2가지 도구를 갖추고서 '코끼리'(마음)를 뒤쫓는데 코끼리가 어두운 색입니다. 이는 코끼리(마음)가 혼침에 빠져 흐리멍덩함을 말합니다. 마찬가지로 어두운 색의 '원숭이'는 산란한 마음의 작용을 상징합니다. 이 산란한 원숭이가 앞장을 서서 우리 마음을 시끄럽게 합니다. 이 상태는 대상에 몰입하고자 노력하나, 마음이 혼침하고 산란하여 몰입 시간이 짧은 단계를 말합니다. (몰입의 1단계)

② **2단계**

마음이 어두운 코끼리(혼침한 마음)와 원숭이(산란)에게 인도되어 소년에게서 벗어나 있으니, 마음챙김과 알아차림의 지배를 온전히 받지는 않고 있습니다. 또한 모든 동물들이 소년보다 앞에 있습니다. 그러나 조금씩 밝아지고 있는 것으로 보아, 대상에 대한 몰입이 조금씩 힘을 얻고 있는 단계입니다. (몰입의 1단계)

③ **3단계**

이제 어두운 코끼리(혼침한 마음)는 얼굴까지 밝아졌으며, 원숭이(산란)도 얼굴까지 밝아졌습니다. 아직 몸통이 어둡기에 혼침과 산란에 빠지게 되나, 몰입이 유지되어 혼침과 산란에 빠지더라도 곧장 빠져나올 수 있는 힘을 얻은 단계입니다. 코끼리는 마음챙김의 밧줄에 묶여 있으며, 혼침과 산란에 대한 알아차림의 도끼가 작동하고 있습니다. 또한 코끼리와 원숭이, 토끼가 모두 소년을 바라보고 있기에 통제가 되고 있습니다. 그러나 여전히 동물들이 소년보다 앞에 있습니다.

'어두운 코끼리'가 대상을 놓칠 정도로 혼침에 빠지는 '거친 혼침'을 상징한다면, 새로 등장한 '토끼'는 대상을 놓치지는 않으나 혼침에 빠져 매몰되는 '미세한 혼침'을 상징합니다. 이 단계부터는 미세한 혼침도 주의하라는 것입니다. 반면 원숭이는 대상을 놓칠 정도로 잡념에 빠지는 '거친 산란'과, 대상을 놓치지는 않으나 잡념에 빠지는 '미세한 산란'을 모두 상징합니다. (몰입의 2단계)

④ 4단계

 소년의 밧줄이 견고하여 코끼리를 놓치지 않고 통제하고 있고, 코끼리와 원숭이, 토끼가 모두 소년을 바라보고 있습니다. 그리고 각각의 동물들은 좀 더 밝아졌습니다. 통제가 더욱 강해지고 있어, 대상에 대한 몰입을 혼침과 산란이 크게 방해하지 못하는 단계입니다. 이 단계에서는 산란과 혼침 속에서도 몰입 대상을 놓치지 않을 수 있습니다. 그러나 아직도 동물들이 소년보다 앞에 있습니다. 확실히 통제되고 있지는 않다는 의미입니다. (몰입의 2단계)

⑤ 5단계

 이제는 마음챙김과 알아차림으로 무장한 소년이 모든 동물들을 앞서게 되었습니다. 이제 대상에 대한 몰입이 안심할 수 있는 단계에 들어선 것입니다. 몰입을 방해하는 요소들이 확실하게 다스려지고 있습니다. 어두운 코끼리(혼침한 마음)와 원숭이(산란), 토끼(미세한 혼침)의 몸이 많이 밝아졌으며, 늘 앞장서던 산란한 원숭이가 맨 뒤로 갔습니다. 이는 거친 산란과 거친 혼침이 사라졌다는 것을 상징합니다. 도끼로 코끼리의 머리를 제압하는 것은 알아차림의 힘으로 거친 혼침을 다스렸다는 의미입니다. 밧줄을 푼 것은 거친 산란·혼침을 다스려 대상을 놓치지 않는 단계가 되어, 마음챙김에서 여유를 얻은 것을 나타냅니다. (몰입의 2단계)

⑥ 6단계

알아차림의 힘이 더욱 강해져서, 코끼리와 원숭이는 더욱더 밝아졌으며, 토끼(미세한 혼침)가 사라졌습니다. 거친 산란·혼침은 물론, 미세한 산란·혼침도 극복한 것입니다. 몰입 대상이 선명하게 잘 유지되어 혼침과 산란에 빠지지 않게 되었으나 아직은 안심할 수 없는 단계이기에, 도끼와 밧줄을 여전히 들고 있습니다. (몰입의 2단계)

⑦ 7단계

원숭이는 완전히 밝아져서 소년을 따르고 있으며, 코끼리도 매우 밝아졌으니, 미세한 산란·혼침에서 벗어나 여유로운 단계입니다. 소년은 마음챙김과 알아차림에서도 자유를 얻어서 빈손입니다. 그런데 원숭이(산란)가 아직 존재하고, 코끼리(마음)에게 아직 어둠이 남아 있습니다. 이는 몰입을 방해하는 미세한 산란·혼침이 일어날 가능성이 아직 있다는 뜻입니다. 그러나

소년은 도끼와 밧줄 없이도 그러한 어둠을 곧장 몰아낼 수 있는 힘이 있습니다. (몰입의 2단계)

⑧ 8단계

이제 코끼리(마음)가 완전히 밝아졌으며, 원숭이(산란)가 사라졌습니다. 혼침과 산란에서 완전히 벗어난 것입니다. 소년은 코끼리를 자연스럽게 인도합니다. 이 단계는 혼침과 산란의 방해 없이, 대상에 대한 몰입이 끊어지지 않고 유지되는 단계입니다. 그러나 소년이 코끼리를 인도하는 모습은, 아직은 의도적인 노력이 필요하다는 것을 말합니다. (몰입의 3단계)

⑨ 9단계

코끼리와 소년이 편하게 쉬는 것은, 어떠한 의도적 노력이 없이도 대상에 대한 몰입이 끊어짐 없이 유지된다는 것을 말합니다. (몰입의 4단계)

⑩ 심신의 편안

구주심의 9단계에 도달했기에, 어떠한 의도가 없이도 소년은 코끼리를 자유자재로 인도합니다. 코끼리는 광명하니 마음이 밝게 깨어있음을 나타내며, 소년은 코끼리 위에서 편안하게 쉬고 있으니 '마음의 편안'을 상징하며, 하늘을 나는 소년은 '몸의 편안'을 상징합니다. 몰입이 잘 이루어져 무한한 행복과 영감을 지닌 참나가 각성되는 몰입의 4단계(구주심의 9단계)에 도달하니, 긍정적 호르몬이 샘솟고 신바람이 나서 몸과 마음이 모두 편안한 것을 나타냅니다.

⑪ **정혜쌍수**定慧雙修

몰입의 4단계(구주심의 9단계)에 도달하여 '참나의 현존'을 깨달은 상태에서, '참나의 자명함'을 활용하여 몰입사고로 '자명한 지혜'를 얻는 단계입니다. 이는 '선정'(定)과 '지혜'(慧)가 원만해진 깨달음의 경지를 나타냅니다. 언제 어디서나 '참나의 고요함'으로 마음을 리셋시킬 수 있고, 언제 어디서나 '참나의 자명함'으로 자명한 판단을 할 수 있는 '정혜쌍수定慧雙修'의 단계입니다. 소년이 코끼리 위에 편하게 앉아 있는 것은 참나의 본체인 '선정'을 나타내며, 손에 광명한 '불의 검'을 들고 있는 것은 참나의 작용인 '지혜'를 상징합니다.

이러한 구주심의 9단계는 '몰입의 4단계'의 확장판입니다. ① 구주심의 1·2단계는 대상에 정신을 집중하기 위해 노력하는 '몰입의 1단계'에 해당합니다. ② 구주심의 3~7단계는 대상에 대한 집중이 유지되나 간혹 끊어지는 '몰입의 2단계'에 해당합니다. ③ 구주심의 8단계는 인위적 노력으로 대상에 대한 집중이 끊어지지 않는 '몰입의 3단계'에 해당합니다. ④ 구주심의 9단계는 인위적 노력 없이도 대상에 대한 몰입이 끊어지지 않는 '몰입의 4단계'에 해당합니다.

유튜브(YouTube) | 윤홍식의 구주심 강의

화엄 10지 :
보살이 닦아가는 길

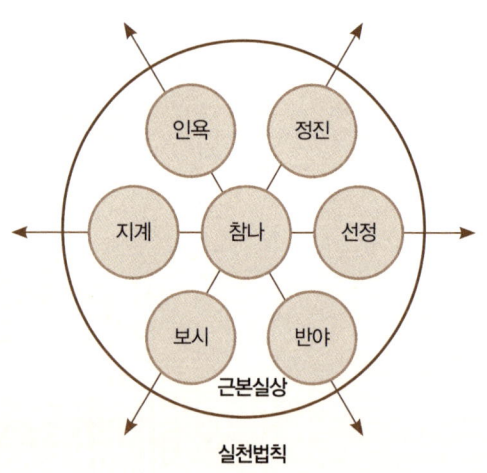

[6바라밀의 근본실상과 실천법칙]

6바라밀의 실천법칙을 체득하라

『화엄경』에서 보는 '1지 보살'은 어떤 자리일까요? 1지 보살은 무엇보다 '6바라밀의 보편법칙'을 체험적으로 이해한 자리입니다. '6바라밀의 보편법칙'은 『논어』에서 말하는 '하학下學'으로서, 학문을 통해 하나씩 배워 가야 할 '6바라밀의 실천법칙'을 의미합니다.

6바라밀의 보편법칙을 체험적으로 알게 되면, 6바라밀을 생각·말·행동으로 어떻게 실천해야 옳은 것인지의 기준을 알게 됩니다. 『논어』는 하학에서 '상달上達'로 나아가야 한다고 말합니다. 이는 학문을 통한 6바라밀의 계발이 극치에 이르면, 시공을 초월한 '천명天命'(양심의 명령)에 도달하게 된다는 의미입니다.

이러한 상달은 5지 보살부터 가능하며, 이때 보살은 내면의 '양심의 명령'을 온전히 듣게 됩니다. 양심의 명령은 '6바라밀의 근본원리'에 해당합니다. 6바라밀의 근본원리(근본실상)는 본체가 되며 보편법칙(실천법칙)은 작용이 됩니다.

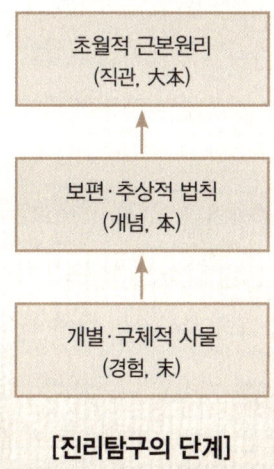

[진리탐구의 단계]

1지 보살은 여러 바라밀 중 '보시바라밀'을 제일 잘합니다. 현상계의 욕심을 내려놓고 '참나'를 제대로 만났기 때문에 내려놓는 것, 베푸는 것을 잘하는 것입니다. 1지 보살은 참나가 어떻게 생긴 물건이며, 참나가 무엇을 원하는지를 자명하게 알고 있습니다. 즉, 참나의 명령이 "6바라밀을 실현하라!"라는 것임을 아는 것이지요. 물론 아직은 6바라밀을 제대로 이해하고 실천하지는 못합니다.

하지만 1지 보살이 목에 칼이 들어와도 당당하게 말할 수 있는 것이 있습니다. 1지 보살은 양심을 밝히는 우주적인 학문에 뜻이 서는 경지이므로, 인간은 죽으나 사나 반드시 '6바라밀'을 닦아야 한다는 것을 자명하게 알고 있습니다. 우주가 근본적으로 우리에게 6바라밀을 요구하고 있다는 것을 이해하고 있는 것이죠. 1지 보살은 6바라밀을 해야만 진정한 '인간의 길' '보살의 길'을 걸을 수 있다는 것을 확신하는 단계인 것입니다.

이미 언급했듯이 6바라밀, 나아가 10바라밀(6바라밀의 확장판) 중에서, 1지 보살이 제일 잘하는 것은 '보시바라밀'입니다. 일체를 내려놓고 참나에 귀의하는 것을 잘해야 1지 보살이 될 수 있기 때문입니다. 참나에 귀의한 그 자리에서는 나와 남이 둘이 아니죠. 그러니 베푸는 힘이 비약적으로 커지게 됩니다.

『논어』의 '지우학志于學'(학문에 뜻을 확립함, 15세의 나이에 해당하는 경지)에 해당하는 것이 이 1지와 2지입니다. 유가의 『논어』는 인생의 나이와 양심의 진보를 연결하여 설명하고 있어서, '양심의 계발단계'를 이해하기가 편합니다. 불가의 『화엄경』에서도 1지 보살의 경지를 '발심주發心住'(최고의 깨달음을 얻고자 진정으로 발심하여 안주하는 경지)라고 했는데요, 신기하게도 유가와 불가가 서로 하나로 통하는 것을 알 수 있습니다.

'2지 보살'은 무엇을 잘할까요? 2지 보살은 '지계바라밀'에 능합니다. 2지는 1지에서 한 걸음 더 나아가 '6바라밀의 보편법칙'을 자신의 '계율'로 삼고 삶에서 습관화하는 경지입니다. 다시 말하면, '6바라밀의 보편법칙'의 체험적 이해가 1지보다 심화되는 경지인 것입니다.

'3지 보살'은 어떤 경지일까요? 3지는 『논어』에서 '이립而立'(학문이 확립됨, 30세)이라고 부르는 경지입니다. 3지 보살은 6바라밀의 학문이 확립되어, 6바라밀이 인도하는 전체적인 그림의 뼈대를 이해하게 된 경지입니다. 이제 1~2지의 '부분적 자명함'이 아니라, '6바라밀의 보편법칙'의 '뼈대' 즉 핵심을 자명하게 이해하고 인정하게 됩니다. 불가에서는 '인정'을 '인욕'이라고 표현합니다. 그러니 3지 보살은 여러 바라밀 중에서 '인욕바라밀'을 제일 잘하는 자리입니다.

'4지 보살'은 어떤 자리일까요? 4지는 『논어』의 '불혹不惑'(학문에 의혹이 없어짐, 40세)의 경지에 해당합니다. 4지 보살은 3지에서 얻은 '6바라밀의 보편법칙'의 뼈대에 대한 자명한 이해가 심화되는 경지입니다. 그래서 여러 바라밀 중에서 '정진바라밀'을 제일 잘합니다. 3지에서 이미 진리를 인욕하고 인가했는데, '인욕'이라는 것은 받아들이고 수용한다는 의미입니다. 그렇게 3지에서 인가하고 수용한 '6바라밀의 보편법칙의 뼈대'를 실천하고자 더욱 정진하는 경지가 4지인 것입니다.

6바라밀의 근본실상을 체득하라

'5지 보살'은 지금까지의 수행이 한번 정리되는 자리로서, 『논어』의 '지천명知天命'(천명을 알게 됨, 50세)의 경지에 해당합니다. 지금까지 공부의 결과물로서 '불성의 명령' '양심의 명령'을 그대로 알아차리게 됩니다. 이 자리에서는 '6바라밀의 보편법칙'(실천법칙)의 '방편'에 대한 자명한 이해가 가능해지며, 한편으로는 '6바라밀의 근본원리'(근본실상)에 대한 체험적 이해가 가능해집니다.

5지 보살은 그동안 익힌 6바라밀의 보편법칙에 대한 닦음을 '선정'을 통해 하나로 녹이게 됩니다. 그래서 5지는 여러 바라밀 중 '선정바라밀'을 제일 잘합니다. 선정으로 고요한 중에 내면의 불성이 6바라밀을 어떻게 하라고 요구하는지 그대로 알게 됩니다. 하지만 아직 실천까지 잘 되지는 않습니다.

이제 '6지 보살'을 살펴보죠. 6지는 『논어』의 '이순耳順'(천명을 잘 듣고 따름, 60세)의 경지에 해당합니다. 6지는 내면의 불성이 무엇을 요구하는지를 잘 듣고 잘 따릅니다. '6바라밀의 보편법칙' 의 '방편'에 대한 자명한 이해도 5지보다 심화되고, '6바라밀의 근본원리'에 대한 체험적 이해도 심화된 경지입니다. 5지에서 알아낸 근본실상을 늘 이해하고 따르게 되는 것이죠. 그래서 6지는 '반야바라밀'을 제일 잘합니다.

'7지 보살'은 어떤 경지일까요? 7지는 『논어』의 '종심從心'(마음이 가는 대로 해도 천명을 어기지 않음, 70세)의 경지로, 자유를 얻은 경지라고 할 수 있습니다. 7지 보살은 '6바라밀의 근본원리'의 '뼈대'를 자명하게 이해하고 있기 때문에, 상황에 따라, 중생의 근기에 따라, 6바라밀을 자유자재로 활용할 수 있습니다. 그래서 여러 바라밀 중 '방편바라밀'을 제일 잘합니다. 그런데 7지는 자유롭긴 하나 아직 미세한 노력이 필요합니다.

하지만 '8지 보살'이 되면, 노력하지 않아도 '6바라밀의 근본원리'의 '뼈대'에 안주할 수 있고, 아주 들어앉게 됩니다. 이때부터는 '부처의 본체'를 얻었다고 할 수 있습니다. 8지는 내면의 온전한 불성에 안착해서, 언제 어디서나 '6바라밀의 인도'에 끌려다니는 경지입니다. 7지부터 이미 번뇌를 일으키지 않게 유지할 수 있지만, 8지는 노력하지 않아도 그런 경지가 이루어집니다.

'9지 보살'이 되면 '6바라밀의 근본원리'에 대한 이해가 더욱 깊어져서, '방편'에 대해서도 자명하게 이해하게 됩니다. '양심의 신호'를 따르는 경지가 신령해져서 바둑 9단의 경지처럼 '입신入神'의 경지에 이르게 됩니다.

그러다가 '방편'에 대해서 자명한 이해가 심화되면 '10지 보살'의 경지에 도달하게 됩니다. 10지는 중생으로서 도달할 수 있는 궁극의 경지입니다. 『화엄경』에서 10지 보살은 '3계의 왕'이자, '부처의 직책을 수여받은 이'라고 말합니다. '중생의 모습을 한 부처'가 되는 것이죠. 이러한 '화엄 10지의 길'이 모든 인류가 걸어야 할 진정한 '보살의 길'입니다.

10지	보편법칙(세간)	근본원리(출세간)
1	체험적 이해가능(信忍)	
2	체험적 이해 심화(順忍)	
3	뼈대의 자명한 이해 가능(法忍)	
4	뼈대의 자명한 이해 심화	
5	방편의 자명한 이해 가능(法忍)	체험적 이해 가능(信忍)
6	방편의 자명한 이해 심화	체험적 이해 심화(順忍)
7		뼈대의 자명한 이해 가능(法忍)
8		뼈대의 자명한 이해 심화
9		방편의 자명한 이해 가능(法忍)
10		방편의 자명한 이해 심화

[양심계발의 10단계]

유튜브(YouTube) | 윤홍식의 화엄경 강의 - 10지의 계제

십우도十牛圖

1. 소를 찾아 나서다(尋牛)

'소'(참나)를 찾는 이가 바로 '참나'이니, 참나로부터 잠시도 떠날 수 없는데도, 나는 한 번도 잃어버린 적이 없는 참나를 찾아 헤맨다.

2. 소의 흔적을 보다(見跡)

'소'를 찾는 '나'의 생각·감정·오감의 나툼이 모두 소의 흔적일 뿐이니, 소를 찾는 그 마음을 돌이켜서 '참나'를 곧장 찾아야 하리라! 생각·감정·오감을 알아차리는 자리를 곧장 직시하라!

3. 소를 보다(見牛)

'소'는 바로 우리의 '참나 자리'를 가상한 것이니, 소를 보았다는 것은 결국 내가 '나 자신'을 본 것이다. '나'를 본 자는 누구인가? 결국 '나'일 뿐이다. '텅 비어 고요하되 신령스러운 알아차리는 나'로 존재할 때, 소는 자신의 존재를 드러낼 것이다. '견성見性'의 첫 체험을 하는 경지이다(참나각성의 해오解悟).

4. 소를 얻다(得牛)

 견성을 했더라도 확실히 얻지 못한다면, 그 공부는 무너지게 된다. 소를 찾은 것에 만족하지 말고, 그 소를 완전히 내 것으로 만들어야 한다. 견성 체험을 했으면 보임保任 공부를 통해, 언제 어디서나 고요하되 자명한 '참나'에 확실히 안주할 수 있어야 한다. '산란·혼침'의 업장을 선정·지혜로 극복할 때, 애씀 없이 '참나의 선정·지혜'를 고루 챙기는 '확철대오'가 이루어질 것이다(참나안주의 증오證悟)!

5. 소를 기르다 (牧牛)

'소'를 보고 얻었으면 잘 길러야 한다. 견성見性을 했으면, 양성養性도 해야 한다. 절대계에서 보자면 소는 항상 소일 뿐, 보고 얻고 기를 수 있는 자리가 아니다. 그러나 우리가 하는 공부는 현상계의 입장에서만 존재한다. 그러므로 우리는 '참나'를 보아야 하고, 얻어야 하고, 잘 길러야 한다. 이 중에 하나라도 빠져서는 모든 공부가 어그러지고 말 것이다.

절대계에는 선도 없고 악도 없다. 그러나 현상계는 선도 있고 악도 있다. 그러므로 선은 하고 악은 하지 말아야 한다. 과거 7불의 공통된 설법이 "선은 하고 악은 하지 말라!"에 불과함을 유념해야 할 것이다. 참나의 뜻에 따르는 '선'은 부지런히 행하고, 참나의 뜻에 위배되는 '악'은 끊고 또 끊을 때, 소는 잘 길러질 것이다. '참나의 선정·지혜'에 안주하여, 뿌리 깊은 '무지·아집'의 업장을 6바라밀의 실천으로 극복하고 '참나의 지혜·자비'를 온전히 드러내는, '닦음 없는 닦음'을 실천하라!

6. 소를 타고 집에 돌아가다(騎牛歸家)

이 경지는 '소'를 기르는 수행에 자유를 얻어 자신의 본래 모습을 회복하는 경지이다. 오직 '참나'에 의지하여 매사에 선을 택하고 악을 버리다 보면, 자신의 묵은 습기가 정화되어 '참나의 뜻'을 위배하지 않게 된다. 절대계·현상계에서 어느 정도 자유를 얻게 된다.

7. 소는 잊어버리고 사람만 남다(忘牛在人)

'소'란 무엇인가? 바로 '참나'이다. 참나가 늘 확연히 드러나서, 소를 찾던 자가 바로 찾던 소였음이 이미 확연하니, 따로 소를 세울 필요가 없다. 그러나 아직은 나·나의 것에 집착하는 '에고'가 완전히 정화되지 않았으니, 에고의 아집을 비우고 또 비워야 하리라!

8. 사람과 소를 모두 잊다(人牛俱忘)

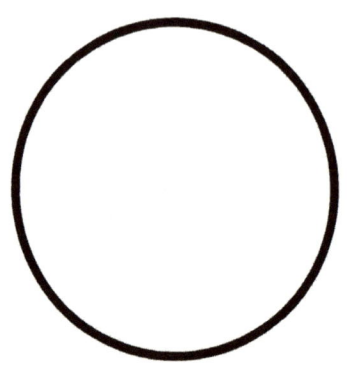

'소'도 없고 '나'도 없다. '참나'도 없고 '에고'도 없다. 모두 사라지고 없으며, '없음'도 또한 없다. 심리적 장애인 '아집'과 지적 장애인 '무지'를 극복하고, 타고난 그대로의 본래면목을 회복하라! 현상계의 온갖 변화에 걸림이 없으니, 절대계·현상계의 대자유·대광명을 얻는다.

9. 만물의 본래 모습을 되찾다(返本還源)

나의 본래 모습을 회복하고 일체 만물을 바라보니, 일체 만물의 본래 모습 또한 스스로 자명하다!

10. 저잣거리에 나아가 손을 쓰다(入廛垂手)

자리·이타의 '참나의 서원'에 따라 절대계에 안주하지 않고, 적극적으로 현상계, 즉 생각·감정·오감의 세계에 뛰어드니, '중생구제'라는 여래의 대사업에 참여하여 쉴 틈이 없도다!

유튜브(YouTube) | 윤홍식의 십우도 강의

양심경영의 6가지 원칙

① 선정바라밀(몰입)
지금 이 순간 깨어있는가?

② 보시바라밀(나눔)
자신의 이익만을 추구하지 않고 상대방의 이익도 배려하였는가?

③ 지계바라밀(절제)
내가 당하기 싫은 일을 상대방에게 가하지는 않았는가?

④ 인욕바라밀(수용)
상대방의 입장을 진심으로 인정하고 수용하였는가?

⑤ 정진바라밀(성실)
양심의 인도를 따르는 데 최선의 노력을 기울였는가?

⑥ 반야바라밀(통찰)
나의 선택과 판단은 찜찜함 없이 자명했는가?

6바라밀선禪의 구체적 실천법

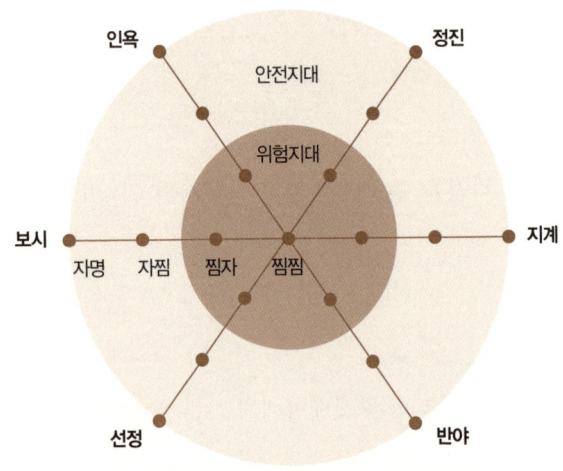

[6가지 원칙에 의거한 점검표]

『화엄경』에서 "7지 보살은 한 생각에 10바라밀이 다 갖춰져 있다!"라고 하였습니다. 여기에서 10바라밀은 6바라밀의 확장판일 뿐입니다. 따라서 무지와 아집의 업장을 정화하고 참나의 지혜와 자비를 증장시키는 수행을 닦기 위해서는, 언제 어디서나 자신의 생각과 언행을 '양심경영의 6가지 원칙'(6바라밀)으로 점검하며 살아가야 합니다.

 생각과 언행에 6바라밀이 온전히 발현될 때, 우리는 늘 청정한 업을 짓는 삶을 살 수 있습니다. 매사에 6가지 항목을 스스로에게 묻고 양심의 울림 그대로 답하여, 각각의 항목에 대해 ① 자명 ② 자찜(자명〉찜찜) ③ 찜자(찜찜〉자명) ④ 찜찜으로 구분해 보십시오.

 '통증'의 신호가 건강을 지켜 주듯이, '찜찜함'의 신호는 우리의 양심을 지켜 줍니다. 각각의 항목에 대해 양심에 찜찜한 부분이 얼마나 되는지를 잘 관찰하다 보면, 자연히 양심이 보내는 자명함과 찜찜함의 신호에 민감해지게 됩니다.

 그리고 각 항목에서 느낀 자명함과 찜찜함의 정도를 4단계로 표시한 다음, 이를 종합하여 검토해 보십시오. 모든 항목이 '자찜'(자명〉찜찜)의 범위 안에 존재하면 양심의 '안전지대'를 벗어나지 않는 선택이 되니, 이런 식으로 매사를 점검하면 늘 양심이 내면을 주도하는 선택을 할 수 있습니다. 나와 남 모두에게 이로운 선택을 할 수 있는 것입니다.

 그러나 만약 안전지대를 벗어나는 항목들이 있다면, 마음 씀에 있어 욕심이 양심을 위태롭게 하는 위험지대로 나갔다는 신호이므로, 이를 잘 분석하여 자명하게 바로잡으시기 바랍니다. 그대로 방치하면 나와 남 모두에게 해로운 선택을 하게 될 테니까요.

  생각과 언행이 언제 어디서나 '안전지대'를 벗어나지 않게 살아갈 수 있다면, 날로 업장이 정화되고 지혜와 자비가 배양되어 위대한 불보살의 경지로 나아갈 것입니다. 이것이 바로 '6바라밀선禪'이니, 참나를 각성하고 참나가 지닌 6바라밀의 공덕을 온전히 발현하는 것이 나와 남을 모두 이롭게 하는 위대한 '보살의 길'입니다.

보살의 길, 6바라밀의 실천법

한편으로는 참나의 각성을 통해
늘 세상을 초월한 고요함에 머물되,
다른 한편으로는 6바라밀의 실천을 통해
생사윤회 속에서 아주 작은 선행도
놓치지 않는 이가 '보살'입니다.

'참나의 각성' 없이는 고요함에 머물 수 없으며
'6바라밀의 실천' 없이는
공덕을 완수할 수 없습니다.
'참나의 각성'은 '마음의 중심점'을 찾는 것이며
'6바라밀의 실천'은 '마음의 균형'을 잡는 것입니다.

이 둘을 두루 갖추고 나와 남을 이롭게 하여
널리 중생을 돕는 이가 '보살'입니다.
'바라밀'이란 '궁극' '완성'이라는 의미가 있으니
보시바라밀은 보시의 궁극이자 완성입니다.

집착을 가진 '에고'로 하는 보시는

궁극의 보시가 아닙니다.
무집착의 '참나'로 하는 보시만이 궁극의 보시입니다.
그러니 6바라밀의 실천은
오직 '참나각성'으로 가능합니다.

① 에고가 어려운 처지의 사람을
그냥 무시하자고 할 때,
에고와 싸우지 말고
먼저 "모른다!"라고 하여
참나와 하나가 되십시오(선정바라밀).
이 점이 중요합니다!
에고와 싸우지 마십시오.
에고와 싸워서는 '에고 놀음'에 빠질 뿐입니다.

참나는 결코 나와 남을 가르지 않습니다(지혜바라밀).
나와 남을 가르지 않는 참나의 힘으로
자연스럽게 남을 도울 수 있게 될 것입니다.
이것이 '보시바라밀'입니다.

② 에고가 온갖 욕망에 흔들릴 때도
곧장 참나를 돌아보십시오(선정바라밀).

참나는 결코 욕망에 흔들리지 않습니다(지혜바라밀).

욕망에 흔들리지 않는 참나의 힘으로

유혹을 이겨 내십시오.

이것이 '지계바라밀'입니다.

③ 에고가 상황을 받아들이지 못하고

분노로 이글거릴 때도

곧장 참나를 돌아보십시오(선정바라밀).

참나는 결코 분노에 이글거리지 않습니다(지혜바라밀).

상황을 있는 그대로 수용하는 참나의 힘으로

분노를 녹여 내십시오.

이것이 '인욕바라밀'입니다.

④ 에고가 나태해지고 게을러질 때도

곧장 참나를 돌아보십시오(선정바라밀).

참나는 결코 게으름에 빠지지 않습니다(지혜바라밀).

게으름을 모르는 참나의 힘으로

게으름을 극복하십시오.

이것이 '정진바라밀'입니다.

⑤ 에고가 흔들리고 산란해질 때도

곧장 참나를 돌아보십시오(선정바라밀).

참나는 결코 요동하거나 산란하지 않습니다(지혜바라밀).

산란함을 모르는 참나의 힘으로

산란함을 다스리십시오.

이것이 '선정바라밀'입니다.

⑥ 에고가 어둡고 어리석어질 때도

곧장 참나를 돌아보십시오(선정바라밀).

참나는 결코 어둡고 어리석지 않습니다(지혜바라밀).

지혜롭고 광명한 참나의 힘으로

무지를 극복하십시오.

이것이 '지혜바라밀'입니다.

6바라밀의 실천은 '참나의 작용'이며

'참나의 각성'은 6바라밀의 뿌리입니다.

이러한 본체와 작용을 두루 갖추고서

온 우주의 중생을 널리 교화하고 돕는 것,

이것이야말로 인간이 걸을 수 있는

최고의 길인 '보살의 길'입니다.

유튜브(YouTube) | 보살의 길, 6바라밀실천법

선정·지혜·실천의 3가지 공부

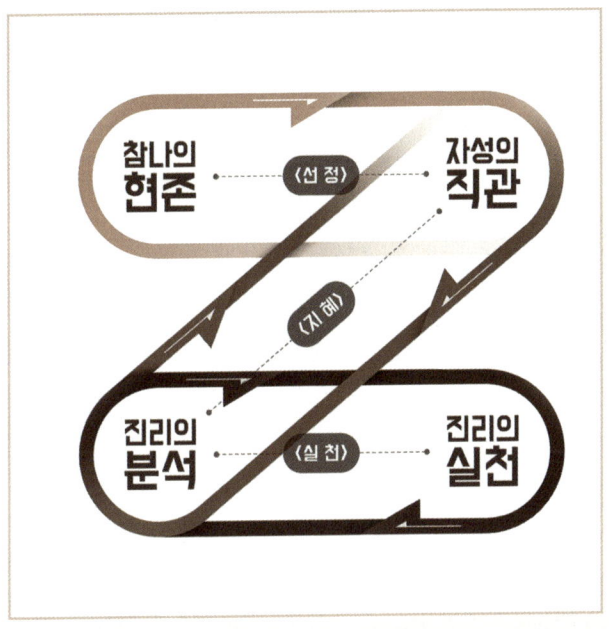

그림 · 허재원

유튜브(YouTube) |
선정·지혜·실천으로 즉각 번뇌를 제압하라!

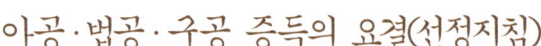

아공·법공·구공 증득의 요결(선정지침)

아공의 진리

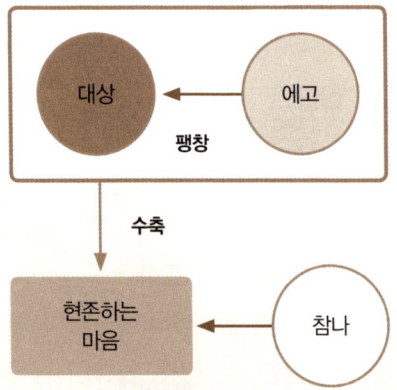

1. 나와 남을 나누는 에고를 초월하여 참나는 현존한다.
2. 참나는 지금 이 순간 현존하는 마음을 통으로 알아차린다.
3. 참나가 알아차리는 마음은 생멸하는 생각·감정·오감일 뿐이다.

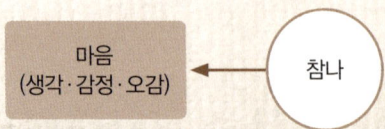

법공의 진리

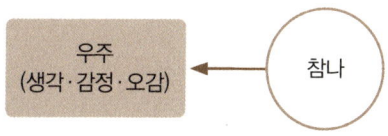

1. 생각·감정·오감은 참나의 작용이다.
2. 생각·감정·오감은 참나가 만들어 내는 내 우주의 전부이다.
3. 생각·감정·오감은 참나가 만들어 내는 온 우주의 전부이다.

구공의 진리

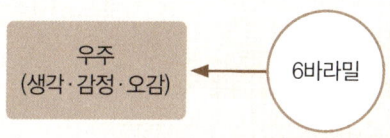

1. 6바라밀은 내 마음의 최고 진리이자 자명·찜찜의 기준이다.
2. 6바라밀은 내 우주의 최고 진리이자 선악의 기준이다.
3. 6바라밀은 온 우주의 최고 진리이자 선악의 기준이다.

유튜브(YouTube) | 아공법공구공 증득의 요결(1), (2)

아공·법공·구공의 진리(이론지침)

아공我空

참나는 상락아정하나, 에고의 작용은 무상·고·무아이다.
에고는 불변하는 독자적 실체가 없다.
참나는 시공과 주객을 초월하나, 에고의 작용에는 시간성·공간성·이원성·인과성이 존재한다.

법공法空

생각·감정·오감의 만법은 참나의 작용이다.
만법은 참나의 작용으로서, 불변하는 독자적 실체가 없다.
만법은 불생·불멸이니 본래 청정한 열반이다.
지금·여기·나로부터 시간성·공간성·이원성이 생겨난다.

구공具空

에고에는 탐진치의 근본원리가 갖추어져 있다면,
참나에는 6바라밀의 근본원리가 원만하게 갖추어져 있다.
6바라밀은 온 우주의 최고 진리이며, 선악의 기준이다.

대승보살 실천지침 14조(실천지침)

1. 과거에 집착하지 말라! (제행무상諸行無常)
2. 미래를 걱정하지 말라! (일체개고一切皆苦)
3. 에고를 내세우지 말라! (제법무아諸法無我)
4. 참나의 현존에 만족하라! (열반적정涅槃寂靜)[52]

5. 일체의 존재는 참나의 신비임을 알라! (진속불이眞俗不二)
6. 참나의 현존에 일체를 맡기며 살아가라! (무주열반無住涅槃)
7. 참나의 뜻에 따라 남을 나처럼 사랑하라! (자타일여自他一如)
8. 모두를 이롭게 하는 양심적 삶을 살라! (홍익중생弘益衆生)[53]

9. 내가 받고 싶은 것을 남에게 베풀어라! (보시바라밀)
10. 내가 당하기 싫은 것을 남에게 가하지 말라! (지계바라밀)
11. 진실을 수용하고 매사에 겸손하라! (인욕바라밀)
12. 양심의 구현에 최선을 다하라! (정진바라밀)

---

[52] 이상의 4개조는 '아공我空의 4가지 진리'(소승불교의 4법인, 자아의 진리)에 해당한다.
[53] 이상의 4개조는 '법공法空의 4가지 진리'(대승불교의 4법인, 존재의 진리)에 해당한다.

13. 늘 고요하되 자명한 참나와 접속하라! (선정바라밀)
14. 자명한 것만 옳다고 인가하라! (반야바라밀)[54]

유튜브(YouTube) | 홍익보살 실천지침 14조

---

54) 이상의 6개조는 '구공具空의 6가지 진리'(양심의 진리)에 해당한다.

6바라밀과 6도윤회

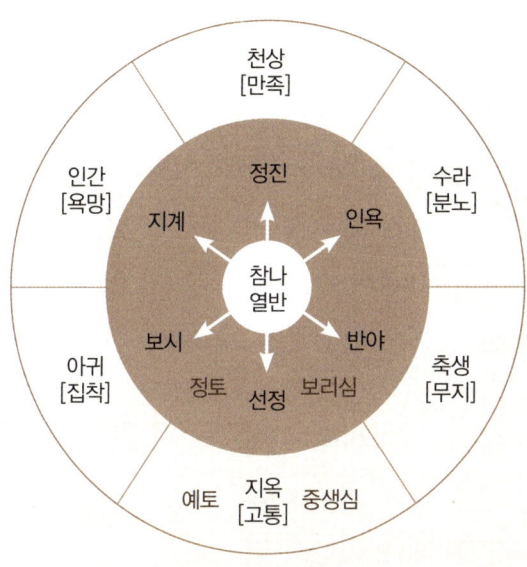

[보리심과 중생심][55]

55) 6도윤회는 '탐진치의 중생심'으로 이루어지니, 천상(만족)·인간(욕망)·수라(분노)의 '3선도善道'는 탐진치의 죄가 가벼운 자들의 세계이며, 축생(어리석음)·아귀(집착)·지옥 (고통)의 '3악도惡道'는 탐진치의 죄가 무거운 자들의 세계이다.
생각·감정·오감의 '중생심'은, ① 괴로울 때 '지옥의 법계', ② 집착에 빠져 허덕일 때 '아귀의 법계', ③ 무지할 때 '축생의 법계'와 하나로 통하게 된다. 또한 ④ 분노에 충만할 때 '수라의 법계' ⑤ 욕망을 추구할 때 '인간의 법계' ⑥ 만족에 빠져있을 때 '천상의 법계'와 하나로 통하게 된다. 마찬가지로 참나와 하나로 공명하는 '보리심'일 때 '정토의 법계'와 통하게 된다.
따라서 보살은 중생심을 버리고 열반에 안주하는 것이 아니라, '6바라밀의 보리심'으로 '6도윤회의 중생심'을 잘 경영하는 것을 목표로 한다. 마찬가지로 6도윤회를 초월하는 것을 목표로 하는 것이 아니고, 현상계 안에서 극락정토를 건설하는 것을 목표로 한다.

1. 지옥의 마음 : 우리의 마음이 쉼 없는 고통에 빠져 있다면, 곧장 고요하되 자명한 참나와 접속하는 '선정바라밀'을 닦아 '정토의 마음'을 강화시켜야 합니다. 보살은 선정바라밀로 지옥계의 중생들을 정토로 인도합니다.

2. 아귀의 마음 : 우리의 마음이 집착에 빠져 갈증에 허덕이고 있다면, 곧장 내 주변의 입장까지 이해하고 배려하는 '보시바라밀'을 닦아 '정토의 마음'을 강화시켜야 합니다. 보살은 보시바라밀로 아귀계의 중생들을 정토로 인도합니다.

3. 축생의 마음 : 우리의 마음이 무지에 빠져 혼미한 상태로 있다면, 곧장 근거가 있는 자명한 것만을 옳다고 인정하는 '반야바라밀'을 닦아 '정토의 마음'을 강화시켜야 합니다. 보살은 반야바라밀로 축생계의 중생들을 정토로 인도합니다.

4. 수라의 마음 : 우리의 마음이 질투와 분노에 빠져 있다면, 곧장 진실을 흔쾌히 수용하고 매사에 겸손한 '인욕바라밀'을 닦아 '정토의 마음'을 강화시켜야 합니다. 보살은 인욕바라밀로 수라계의 중생들을 정토로 인도합니다.

5. 인간의 마음 : 우리의 마음이 욕망의 추구에 빠져 있다면,

곧장 양심에 부끄러운 짓을 하지 않는 '지계바라밀'을 닦아 '정토의 마음'을 강화시켜야 합니다. 보살은 지계바라밀로 인간계의 중생들을 정토로 인도합니다.

6. 천상의 마음 : 우리의 마음이 만족에 빠져 교만해지고 있다면, 곧장 양심의 구현에 최선을 다하는 '정진바라밀'을 닦아 '정토의 마음'을 강화시켜야 합니다. 보살은 정진바라밀로 천상계의 중생들을 정토로 인도합니다.

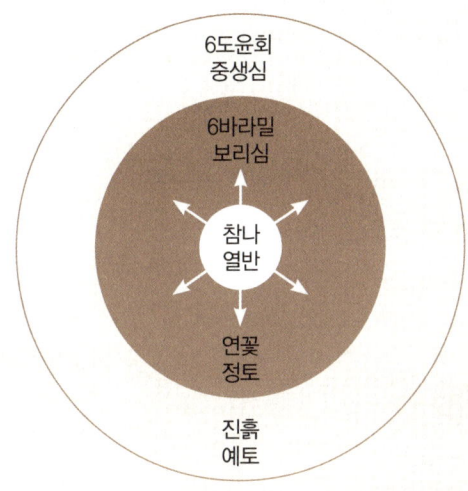

[진흙과 연꽃]

유튜브(YouTube) | 정토, 6바라밀로 6도윤회를 경영하라

이 책이 나오는 데 적극적으로 후원해 주신

〈Changjeonghee Cobb-Yuni Eunah-Kim Heykyung-Yim Hwang-Hye Hyeonjune-Kim Kevin-Oh Yoonhee-Jang Yun-Myung 가은 강건모 강경대 강경수 강도연 강두이 강문석 강문성 강미경 강병율 강성환 강소영 강승희 강신정 강연도 강영숙 강윤아 강지민 강태일 강태희 강현주 강희숙 고갑남 고경선 고근호 고동균 고옥희 고은아 고장환 고재민 고혜란 고혜숙 고혜정 공국진 공종진 공천식 공희선 곽상일 곽정수 곽찬희 구순본 권명숙 권명진 권선아 권세정 권수 권순상 권은주 권정섭 권정임 권지란 권해경 금현철 기동희 길규태 길영훈 김경미 김경신 김경화 김규열 김규찬 김근환 김기은 김난헌 김남연 김남훈 김대련 김대만 김도형 김도희 김동욱 김만일 김만홍 김명숙 김묘진 김문자 김문주 김미경 김미란 김미선 김미숙 김미영 김미정 김민경 김민아 김병석 김병철 김병호 김보경 김보엽 김상호 김선경 김선미 김선숙 김선아 김선옥 김성국 김성덕 김성석 김성희 김세영 김세완 김소민 김수미 김수연 김수현 김순기 김순자 김승희 김시열 김양임 김여진 김연수 김연우 김연회 김영 김영굉 김영동 김영미 김영민 김영수 김영순 김영애 김영우 김영익 김영자 김영준 김영진 김영필 김영하 김영환 김영희 김예준 김옥주 김옥희 김완희 김용복 김용빈 김용하 김우 김운정 김운지 김원배 김원준 김유민 김윤연 김윤철 김윤희 김은기 김은란 김은숙 김은순 김은희 김일환 김재연 김재정 김재하 김재환 김정련 김정혜 김정효 김정희 김제성 김종배 김종필 김주환 김중국 김지애 김지영 김지현 김진영 김진운 김진희 김창현 김채우 김청미 김충식 김태건 김태경 김태균

김태순 김태영 김태일 김태점 김태희 김학원 김학천 김현미 김현아 김현주 김현준
김현철 김현태 김현화 김형선 김혜란 김혜영 김홍준 김홍현 김화중 김희정 김희택
나경미 나승민 나지영 나현경 남경태 남미하 남상균 남성훈 남원배 남지현 노선미
노세영 노영희 노희철 도채은 등혜스님 류시권 류진 만석중 맹기영 맹설희 문경미
문선혜 문성진 문용희 문인호 문희숙 민세홍 민유순 민정연 민지영 민진암 박경미
박기호 박달환 박도현 박동진 박래은 박미경 박미숙 박미아 박병윤 박보람 박붕수
박비송 박상규 박상욱 박석민 박선아 박선영 박선후 박세종 박승자 박시형 박신화
박연우 박영은 박영제 박영찬 박완수 박윤희 박은규 박은주 박이선 박인숙 박재만
박재복 박재전 박재흥 박정숙 박정연 박정은 박정하 박종성 박지연 박진 박진구
박진실 박태구 박태종 박평식 박하영 박해승 박해윤 박헌 박현주 박혜진 방인숙
방형국 배병규 배성진 배승훈 배은실 배철호 백경아 백우연 백은혜 백종심 백하승
변기현 변문석 변석호 부무현 사공혜숙 사미화 서근수 서도원 서만길 서명순 서민정
서성숙 서영관 서영원 서은남 서정권 서정우 서진 서현영 석미숙 석수공 석정은 설보라
설인애 성민자 성병용 성시용 성정애 손일선 손자영 손현수 손희도 손희정 송남규
송대현 송명희 송묵심 송미숙 송미화 송봉수 송연정 송영봉 송용자 송원섭 송율성
송잉근 송준엽 송혜련 신경숙 신기철 신동욱 신동호 신만승 신명호 신미자 신선일
신수철 신영무 신인상 신재국 신정하 신정희 신현영 신효숙 심영호 안대원 안범희
안수희 안영민 안정우 안정희 양광균 양문규 양성연 양순애 양재훈 양정인 양지혜
양진운 양후남 양희임 여미숙 여상혁 여승구 여주원 연지민 염상익 염찬우 염희영

오경희 오남기 오동민 오동준 오명진 오영숙 오종숙 오지민 오창규 오태균 오한순
오현정 왕원상 왕정숙 우승화 우정옥 우지우 원명아 원명진 유경미 유근춘 유금순
유남인 유미선 유미화 유선호 유성기 유이식 유재훈 유진호 유현승 유희정 윤경애
윤경훈 윤동근 윤명옥 윤모로 윤문오 윤민정 윤상숙 윤선옥 윤성희 윤숙조 윤순영
윤재기 윤종욱 윤주현 윤태수 윤한철 윤화 이강열 이건영 이경선 이경자 이경화
이계영 이관복 이광선 이규배 이기수 이기원 이기춘 이도원 이동욱 이동원 이동주
이동훈 이락삼 이명분 이명순 이미숙 이미영 이미현 이미화 이민형 이상도 이상민
이상수 이상표 이상한 이상환 이상훈 이서영 이선아 이선자 이성준 이성화 이세엽
이세훈 이수미 이수연 이순득 이순옥 이순전 이승남 이승배 이승진 이승훈 이시영
이신화 이애란 이연웅 이영경 이영민 이영숙 이영애 이영은 이영조 이영진 이영현
이용희 이용희 이원희 이유성 이윤미 이윤석 이윤선 이윤희 이은 이은경 이은성
이은숙 이은아 이은주 이은현 이은혜 이은호 이인호 이임영 이자원 이재복 이재숙
이재웅 이재익 이재인 이재중 이재홍 이정민 이정분 이정연 이정이 이정인 이정태
이정화 이정희 이종옥 이종원 이주영 이준석 이진규 이진영 이진일 이진태 이진희
이창준 이태인 이태호 이학영 이항근 이현경 이현숙 이현영 이현주 이혜숙 이혜영
이혜원 이호국 이홍기 이화정 이희행 임경란 임규식 임병진 임선아 임심결 임은수
임정옥 임하진 임한근 임현주 임형철 임혜련 장대영 장성종 장세원 장소영 장수미
장승호 장양순 장영미 장영숙 장우석 장윤서 장인영 전대성 전명숙 전석재 전수진
전애연 전영순 전영준 전영환 전윤경 전재숙 전지완 전혜영 정경애 정경희 정기백

정남식 정민주 정보우 정봉경 정석훈 정선희 정성대 정성용 정성철 정연옥 정영일 정영철 정옥희 정우준 정이선 정인숙 정일조 정장윤 정종화 정주비 정진권 정진옥 정찬매 정창균 정철우 정태호 정하영 정학원 정한순 정향금 정현숙 정혜정 정혜주 정혜진 정희성 조갑제 조경현 조남연 조대호 조도현 조미교 조석환 조성주 조애리 조영숙 조영아 조영호 조예서 조은원 조은정 조재성 조지영 조현숙 조혜선 조홍태 주계원 주순희 주태랑 지상은 지옥희 지현진 진병욱 진성일 진연희 차경화 차윤주 차정림 채영화 채윤정 천미화 천상하 천유정 최경호 최교민 최귀영 최근명 최금정 최동대 최미자 최분남 최상욱 최상희 최성재 최성호 최숙자 최숙자(명성산업) 최영심 최영주 최영철 최이욱 최재훈 최정식 최정우 최종민 최종삼 최지선 최창희 최치영 최택수 최현숙 최현우 최형숙 최홍 추혜원 하경희 하미하 하봉학 하상국 하승용 하은숙 하조이 하창민 한경철 한광호 한근우 한덕실 한문기 한병대 한상석 한성수 한승원 한양덕 한여진 한영준 한임련 한정원 한정희 한혁 한효숙 허다원 허순옥 허완 허재원 허현희 현대숙 현재옥 현정주 현창협 홍나영 홍다린 홍동완 홍삼표 홍성태 홍정순 황대연 황석현 황수남 황연희 황영철 황운 황의중 황의홍 황정순 황준영〉님과, 그 밖에도 익명으로 후원을 해 주신 많은 분들께 진심으로 감사드립니다.

윤홍식

홍익학당 대표이며, 제19대 대통령선거에서 홍익당 후보로 출마하였다. 동서양 인문학의 핵심을 참신하면서도 알기 쉽게 유튜브를 통해 전 세계에 알리고 있는 인기 있는 젊은 철학자이자 양심경영 전문가이다. 홍익학당 유튜브 채널의 구독자 수는 15만여 명에 달하며, 6,000여 개의 인문학 강의 조회 수는 1억을 돌파했다. 연세대학교 사학과 및 동 대학원 철학과를 졸업한 후 홍익학당, 홍익선원, 출판사 봉황동래를 운영하고 있으며, 견성콘서트·고전콘서트·참선캠프 등을 열고 있다. BBS에서 수심결 강의를 진행했고, 동국대 불교학과 및 춘천 삼운사, 태고종, 원불교 등의 초청으로 '견성과 6바라밀, 대승불교'를 주제로 강의를 하였다. 그 밖에도 삼성·LG 등 일반기업과 법무부·중소기업진흥청·우정청 등 공공기관에서 고전을 통한 윤리교육과 양심리더십 교육을 맡았으며, KBS·EBS·BBS 등 방송 매체에서도 활발하게 활동 중이다. WBS원음방송에서도 "정신을 개벽하자" 특강 시리즈를 강의하였다. 다양한 강의를 통해 견성과 보살도, 6바라밀의 실천을 강조하고 있으며, 국민 전체의 인성교육을 위하여 「양심노트」를 만들어 보급하고 있다. 저서로는 「화엄경, 보살의 길을 열다」, 「한국 큰스님에게 배우는 禪의 지혜」, 「선문답에서 배우는 선의 지혜」, 「카르마 경영의 6가지 원칙」, 「양심이 답이다」, 「5분 몰입의 기술」(2009년 문화체육부선정 우수도서) 「인성교육, 인문학에서 답을 얻다」 등이 있다.

윤홍식의 수심결 강의 (홍익학당 고전강의 1)

지은이 보조국사 지눌
풀어쓴 이 윤홍식
초판 발행 2007년 9월 1일
개정판 발행 2019년 12월 1일
개정판 4쇄 2025년 2월 1일

펴낸곳 봉황동래
펴낸이 윤홍식
출판등록 제313-2005-00038호
등록일자 2005년 3월 10일
주소 서울 마포구 마포대로 92, A동 3층(도화동, 효성해링턴 스퀘어)
전화 02-322-2522
팩스 02-322-2523
홈페이지 www.bhdl.co.kr

ISBN 978-89-94950-36-5 (03220)

값: 25,000원

디자인은 엔드디자인이 꾸몄습니다.
책값은 더 좋은 책을 만드는 데 사용됩니다.